EXPLICATION
DU LIVRE
DES PSEAUMES,

OÙ

Selon la méthode des saints Peres, l'on s'attache à découvrir les Mysteres de JESUS-CHRIST, & les Régles des mœurs renfermées dans la lettre même de l'Ecriture.

TOME SECOND.
PREMIERE PARTIE.

A PARIS,

Chez FRANÇOIS BABUTY, ruë saint Jâques à Saint Chrysostome.

M. D. CC. XXXIII.

Avec Approbation & Privilége du Roi.

TABLE

DE

PSEAUMES,

Contenus dans le second Volume.

PREMIERE PARTIE.

SECONDE PARTIE.

EXPLICATION

PSEAUMES

DE

DAVID.

PSEAUME XXI.

♦. 1. **P**Seaume de David au chef des chantres, sur le bélier immolé au point du jour.

♦. 2. Mon Dieu, mon Dieu, pourquoi m'avez-vous abandonné ! Ce sont mes péchez qui éloignent de moi votre secours.

♦. 3. Mon Dieu, je crie vers vous durant le jour, & vous ne me répondez

♦. 1. **I**Nfinem, pro susceptione matutina, *Psalmus David.*

♦. 2. *Deus, Deus meus, respice in me: quare me dereliquisti? longe à salute mea verba delictorum meorum.*

♦. 3. *Deus meus, clamabo per diem, & non exaudies: & nocte, & non* ad infipientiam mihi.

℣. 4. *Tu autem in fancto habitas; laus Ifraël.*

℣. 5. *In te fperaverunt patres noftri ; fperaverunt, & liberafti eos.*

℣. 6. *Ad te clamaverunt, & falvi facti funt : in te fperaverunt, & non funt confufi.*

℣. 7. *Ego autem fum vermis, & non homo : opprobrium hominum, & abjectio plebis.*

℣. 8. *Omnes videntes me, deriferunt me : locuti*

point : je crie durant la nuit, & vous gardez fur moi le filence.

℣. 4. Mais vous demeurez inéxorable dans le Sanctuaire où vous habitez , vous qui êtes la gloire d'Ifraël.

℣. 5. Nos peres ont mis leur confiance en vous : ils ont mis leur confiance en vous , & vous les avez délivrez.

℣. 6. Ils ont crié vers vous, & ils ont été délivrés : ils ont efpéré en vous , & ils n'ont point été confondus.

℣. 7. Mais pour moi, je fuis un ver de terre, & non pas un homme : je fuis l'opprobre des hommes , & le mépris du peuple.

℣. 8. Tous ceux qui me voyent, fe mocquent de moi :

ils marquent par le mouvement des lévres le mépris qu'ils font de moi, & ils secoüent la tête.

℣. 9. Il a mis sa confiance dans le Seigneur, que le Seigneur le délivre: qu'il le sauve, puisqu'il a mis en lui (toute) son affection.

℣. 10. Mais, c'est vous, Seigneur, qui m'avez tiré du ventre de ma mere : vous m'avez rempli de confiance, dès que j'ai sucé ses mammelles.

℣. 11. J'ai été jetté entre vos bras dès que je suis sorti de ses entrailles : vous êtes mon Dieu dès le ventre de ma mere.

℣. 12. Ne vous éloignez pas de moi, parceque l'affliction est présente, & qu'il n'y a personne qui me secoure.

sunt labiis, & moverunt caput.

℣. 9. Speravit in Domino, eripiat eum : salvum faciat eum, quoniam vult eum.

℣. 10. Quoniam tu es, qui extraxisti me de ventre : spes mea ab uberibus matris mea.

℣. 11. In te projectus sum ex utero : de ventre matris mea Deus meus es tu.

℣. 12. Ne discesseris à me : quoniam tribulatio proxima est : quoniam non est qui adjuvet.

A ij

℣. 13. Circumdederunt me vituli multi : tauri pingues obsederunt me.

℣. 14. Aperuerunt super me os suum, sicut leo rapiens & rugiens.

℣. 15. Sicut aqua effusus sum: & dispersa sunt omnia ossa mea. Factum est cor meum tanquam cera liquescens in medio ventris mei.

℣. 16. Aruit tanquam testa virtus mea, & lingua mea adhæsit faucibus meis : & in pulverem mortis deduxisti me.

℣. 17. Quoniam circumdederunt me canes multi : con

℣. 13. Un grand nombre de jeunes taureaux m'ont environné : des taureaux gras & forts m'ont assiégé.

℣. 14. Ils ont ouvert leur bouche pour me dévorer, comme un lion ravissant & rugissant.

℣. 15. Je me suis écoulé comme l'eau : & tous mes os se sont détachés l'un de l'autre. Mon cœur est devenu comme la cire : il s'est fondu au milieu de mes entrailles.

℣. 16. Ma vigueur s'est desséchée comme l'argile cuite au feu, & ma langue s'est attachée à mon palais ; & vous m'avez réduit à la poussiere de la mort.

℣. 17. Car j'ai été environné par une troupe de chiens : j'ai té assiégé par une multitude de gens qui me veulent perdre. Ils ont percé mes mains & mes pieds.

℣. 18. On pourroit compter tous mes os. Ils m'ont observé & considéré avec attention.

℣. 19. Ils ont partagé entr'eux mes vêtemens ; & ils ont jetté ma robe au sort.

℣. 20. Mais vous, Seigneur, ne vous éloignez point de moi : ô mon soutien, & ma force, hâtez-vous de me secourir.

℣. 21. Délivrez mon ame de l'épée : délivrez de la violence des chiens mon ame qui est seule & sans protection.

℣. 22. Sauvez-moi de la gueule du lion : (éxaucez-moi, ou) délivrez ma foiblesse

cilium malignantium obsedit me. Foderunt manus meas, & pedes meos.

℣. 18. Dinumeraverunt omnia ossa mea. Ipsi verò consideraverunt & inspexerunt me.

℣. 19. Diviserunt sibi vestimenta mea, & super vestem meam miserunt sortem.

℣. 20. Tu autem Domine ne elongaveris auxilium tuum à me : ad defensionem meam conspice.

℣. 21. Erue à framea, Deus, animam meam : & de manu canis unicam meam.

℣. 22. Salva me ex ore leonis : & à cornibus unicornium humilita-

tem meam.

℣. 23. *Narrabo nomen tuum fratribus meis : in medio Ecclesiæ laudabo te.*

℣. 24. *Qui timetis Dominum , laudate eum : universum semen Jacob glorificate eum.*

℣. 25. *Timeat eum omne semen Israël ; quoniam non sprevit , neque despexit deprecationem pauperis.*

Nec avertit faciem suam à me : & cùm clamarem ad eum , exaudivit me.

℣. 26. *Apud te laus mea in ecclesiâ magnâ : vota mea reddam in conspectu timentium eum.*

de la puissance des forts.

℣. 23. J'annoncerai votre nom à mes freres : je vous loüerai au milieu d'une grande assemblée.

℣. 24. Loüez le Seigneur , vous qui le craignez : glorifiez-le tous enfans de Jacob.

℣. 25. Que toute la postérité d'Israël le craigne : parcequ'il n'a point méprisé, & n'a point eu en horreur l'humble priere du pauvre.

Il n'a point détourné de moi son visage : il m'a éxaucé lorsque j'ai crié vers lui.

℣. 26. Vos bienfaits seront la matiere de mes loüanges dans une grande assemblée. Je rendrai mes vœux en présence de ceux qui vous craignent.

℣. 27. Ces pauvres feront ceux qui mangeront, & qui feront raffafiés. Ceux qui cherchent le Seigneur le loüeront, & leurs cœurs vivront éternellement.

℣. 28. Tous les peuples, jufqu'aux extrémités de la terre, fe reffouviendront du vrai Dieu, & fe convertiront à lui.

Toutes les tribus des nations fe profterneront devant lui pour l'adorer.

℣. 29. Car le régne apartient à Dieu feul; & c'eft lui qui régnera fur les nations.

℣. 30. Tous les riches de la terre mangeront, & adoreront: ils fe profterneront tous, tous s'humilieront jufques dans la pouffiere.

℣. 27. *Edent pauperes, & faturabuntur, & laudabunt Dominum qui requirunt eum: vivent corda eorum in fæculum fæculi.*

℣. 28. *Reminifcentur & convertentur ad Dominum, univerfi fines terræ.*

Et adorabunt in confpectu ejus, univerfæ familiæ gentium.

℣. 29. *Quoniam Domini eft regnum: & ipfe dominabitur gentium.*

℣. 30. *Manducaverunt, & adoraverunt omnes pingues terræ: in confpectu ejus cadent omnes qui defcendunt in terram.*

℣. 31. *Et anima mea illi vivet : & semen meum serviet ipsi.*

℣. 32. *Annuntiabitur Domino generatio ventura : & annuntiabunt cœli justitiam ejus, populo qui nascetur, quem fecit Dominus.*

℣. 31. Et mon ame vivra pour lui, & ma famille le servira.

℣. 32. On écrira sur les regiſtres du Seigneur une race nouvelle. *Ou* on comptera pour ſerviteur du Seigneur une race nouvelle. Des hommes viendront qui annonceront ſa juſtice au peuple qui naîtra, & qui fera l'ouvrage du Seigneur.

EXPLICATION
DES PSEAUMES
DE DAVID.

PSEAUME XXI.

TITRE DU PSEAUME.

℣. 1. Pſeaume de David, au chef des chantres, ſur le Bélier immolé au point du jour.	℣. 1. *In finem, pro ſuſceptione matutinâ, Pſalmus David.*

LES termes de l'Original ſont ſi obſcurs, que les interprétes y ont donné diverſes explications, qui n'ont pas contenté les autres, & dont les Auteurs mêmes ont paru peu ſatisfaits. *Pro cervo matutino Canticum David*, S. Jerôme. *Super cervam matutinam*, quelques-uns : & c'eſt une traduction littérale. *Super ſtellam matutinam*, quelques-autres : mais ſans pouvoir juſtifier cette verſion par aucun éxemple. *Pro robore auroræ*, ce qui ne ſignifie rien, & ſuppoſe que אילת a la même ſignification que אילות, ce qui n'eſt pas. D'autres l'entendent d'un inſtrument de muſique, ſans avoir ſur cela d'autres conjectures que les ténébres mêmes, & la liberté

עלאילת
השתר

הלילל
eſt le nom de l'Etoile du matin.
Iſaï. 14, 12.

que donne l'obscurité. D'autres enfin croyent que c'est le commencement d'un air vulgaire & connu : ce qui ne convient point à la gravité du Pseaume, ni à la majesté d'une cérémonie religieuse ; & n'est fondé que sur le désespoir de dire rien de mieux.

L'interprétation des 70. toute obscure qu'elle est , mérite de l'attention, ὑπὲρ τῆς ἀντιλήψεως ἐωθινῆς. Ce que l'Auteur de la Vulgate a traduit : *Pro susceptione matutinâ.* Car il paroit que ce Pseaume devoit être chanté pendant certain sacrifice offert au point du jour : & la Paraphrase Caldaïque favorise cette conjecture : *Super potenti oblatione perpetuâ aurora.*

Le sacrifice ordonné tous les jours , étoit d'un agneau le matin, & d'un agneau le soir : mais ni le premier holocauste n'étoit offert avant le lever du Soleil , ni le second, après son coucher. C'étoit seulement dans les Néoménies, ou les premiers jours de chaque mois, qu'outre l'holocauste ordinaire, on offroit dès le point du jour un bélier en holocauste , qui étoit suivi de celui de deux veaux, & de celui de sept agneaux.

Le Pseaume que nous expliquons , devoit être chanté dans les Néoménies, pendant qu'on offroit le premier holocauste , au lever de l'aurore, & nous apprenons de son titre , que ce premier holocauste étoit celui du bélier. Car je suis persuadé qu'il faut lire ainsi ce titre : מזמור לדוד על איל את השחר *Psalmus David, à præcentore cantandus , ad oblationem arietis cum aurorâ immolandi :* c'est-à-dire, *cum ortu aurora , ad primum ortum aurora.* « Pseaume de » David qui doit être chanté par le chef des » chantres sur le sacrifice du bélier immolé au » point du jour. » Il a été très-facile de confondre les deux dictions : אל את en une seule , fur-tout avant les points : parcequ'alors on mettoit affez fouvent les voyelles, pour déterminer le fens : & quand on a vû, אלמת ne compofer qu'un feul mot, on a pû aifément, lorfque les points ont été introduits, faire difparoître l'Aleph, comme fuperflu.

Il n'eft pas dit dans le titre, que le Pfeaume devoit-être chanté pendant l'holocaufte du bélier offert aux Néoménies : parceque ce même holocaufte s'offroit pendant tous les jours de la Fête de Pâques, & de celle de la Pentecôte, dans la fête des Trompettes, dans celle de l'Expiation, dans le dernier jour & le plus folemnel de celle des Tabernacles. Mais il eft dit que le chant du Pfeaume accompagnera l'oblation du bélier au point du jour: parceque dans toutes les folemnitez, auffi-bien que dans les Néoménies, cette oblation étoit la premiere.

Voyez les chap. 28. & 29. des Nomb.

SUJET DU PSEAUME.

IL eft fi évident, qu'on ne peut l'obfcurcir. C'eft Jefus-Chrift fouffrant, expirant fur la Croix, reffufcité, confolant fes Apôtres, formant fon Eglife, y appellant toutes les nations, nourriffant les fidéles de fa chair, qui eft également Sacrement & Sacrifice, & formant un peuple nouveau par une régénération fpirituelle, qui eft une efpéce de création.

On s'efforceroit en vain de chercher dans la lettre un fens immédiat qui convint à David. Dès qu'on l'éxamine, on découvre qu'elle n'est capable que d'un sens prophétique ; & que c'est non seulement lui faire violence, mais la détruire, que de la détourner à un autre objet que Jesus-Christ. L'explication suivie en sera une démonstration perpétuelle : mais avant que d'y entrer, on peut s'en convaincre par quelques observations générales.

I. David n'a jamais été livré à ses ennemis ; & il a été maître plus d'une fois de la vie de Saül. Au lieu que celui qui est marqué dans le Pseaume, est opprimé, mis en Croix, insulté, & meurt sans protection & sans défense.

II. On n'a jamais attaché David à la Croix en lui perçant les pieds & les mains. Toute métaphore ici est froide, & insupportable.

III. On ne lui a jamais ôté les habits, dont il étoit actuellement couvert. On n'en a pas fait un partage à ses yeux. On n'a pas jetté au sort sa robe, parcequ'elle ne pouvoit être partagée, sans que les morceaux devinssent inutiles. Ce qui enferme une division réelle, & un partage réel : avec une circonstance, qui apprend pourquoi tout n'a pas été divisé.

IV. David n'est point mort dans les supplices, & n'est pas ressuscité après

sa mort. Au lieu qu'il est clair, que celui qui parle dans le Pseaume, est cloüé v. 16. 8.
à une Croix, qu'il y expire, qu'il ne 9.
lui reste que le tombeau ; & que ses ennemis n'ont point une plus forte preuve contre lui, que de voir que Dieu ne
le délivre point de leurs mains, & qu'il
l'abandonne à leur pouvoir. D'un autre
côté il n'est pas moins évident que celui qui n'est pas délivré de la Croix,
ni de la mort, est plein de vie avant la
fin du Pseaume ; & qu'il est par conséquent ressuscité.

V. Ni David, ni aucun homme,
qui ne sera point élevé jusqu'à la Divinité, ne peut inviter tout le monde à
un sacrifice qui suffise également aux v. 27.&
pauvres & aux riches, qui donne à tous 30.
une vie intérieure & spirituelle, & dont
l'effet soit de les rendre immortels.
On ne peut donc appliquer qu'à Jesus-
Christ la Prophétie d'un tel sacrifice
d'action de graces.

VI. Il est impossible, sans renoncer
à la raison, d'entendre d'un autre que de
J. C. cette prédiction claire, & réïtérée
de la conversion de tous les peuples au
vrai Dieu : *Convertentur ad Dominum* v. 28.
universi fines terræ, adorabunt in conspectu 29.
ejus universa familia gentium.... Ipse domi-
nabitur gentium. « Toutes les extrémitez

» de la terre se convertiront au Seigneur.
» Toutes les nations du monde lui ren-
» dront leurs adorations. . . . . C'est lui
» qui dominera les nations.

VII. Enfin l'on ne peut, avec la moindre vrai-semblance, entendre, ni de David, ni d'aucun autre que de J. C. ce qui est dit d'un peuple nouveau dont *v. 31.32.* il sera le pere, qui n'aura d'autre soin que celui de plaire à Dieu, & qui ne désirera que sa justice. Il est donc évident qu'on feroit d'inutiles efforts, & qu'on résisteroit au Saint Esprit, si l'on cherchoit un autre sens que le prophétique : je ne dis pas pour l'obscurcir, ou pour l'éluder, ce qui seroit une horrible impiété : mais seulement pour montrer qu'il n'est pas le seul, quoiqu'il soit le principal.

Il n'est pas nécessaire d'avertir que *S. Jean.* *19. 24.* S. Jean & S. Paul ont cité deux en- *Heb. 1.* droits de ce Pseaume en les appliquant *11.* à Jesus-Christ. Et tout le monde sçait que Jesus-Christ a prononcé lui-même *Matt.* à la Croix les premieres paroles qui le *27. 46.* *Marc. 15.* commencent ; & que rien ne peut être *34.* comparé à une telle preuve que tout le Pseaume lui est propre, & ne regarde que lui.

Explication du Pseaume.

℣. 2. Mon Dieu, mon Dieu, pourquoi m'avez - vous abandonné ?

℣. 2. *Deus* ***, *Deus meus, respice in me, quare me dereliquisti ?*

*** Heb. *Deus meus.*

L'Original n'a point *respice in me*, & le Fils de Dieu en prononçant les autres paroles, omit celles-ci. Il y a de l'apparence qu'elles sont, ou une note, ou une explication qui a passé de la marge dans le texte. προσχες μοι est comme l'équivalent de, *quare me dereliquisti ?* Comme tout le monde n'entendoit pas l'Hébreu, J. C. les prononça, selon la version Caldaïque, *Eloï, Eloï, lammasbacthani*, afin que les assistans comprissent ce qu'il disoit, & que ce peu de paroles servît un jour, ou à les éclairer utilement, ou à les convaincre.

Mon Dieu, mon Dieu.

Deus meus, Deus meus.

Jesus-Christ, dans le tems de son sacrifice, regarde son Pere comme son Dieu, plein de majesté, redoutable pour sa justice, immuable dans ses décrets, d'une sainteté si pure, qu'aucune créature ne peut la soutenir; & que non-seulement tout pécheur en doit être accablé, mais quiconque même ose être la caution du pécheur, & se mettre à sa place, s'il n'est Dieu lui-même, & par conséquent aussi saint.

Le Fils de Dieu ſçait bien ce qu'il eſt par ſa naiſſance éternelle, & ce qu'il eſt devenu par ſon union perſonnelle avec le Verbe : mais il veut remplir le miniſ-tere dont il s'eſt chargé : il veut rendre à la majeſté divine tout ce qu'elle a droit d'éxiger. Il veut faire ceſſer l'in-dignation de ſon pere contre les hom-mes en la détournant ſur ſa tête. Et il deſcend pour cela auſſi bas, qu'il eſt poſſible à un Dieu de deſcendre après s'être revêtu d'une nature étrangere, à qui la plus profonde humiliation, la crainte la plus reſpectueuſe, la douleur la plus amére, la contrition la plus par-faite, peuvent convenir. Tout ce que le pécheur auroit dû faire pour mériter ſa réconciliation, ſi la choſe avoit été poſſible : tout ce que les Saints au-roient dû penſer & ſentir, s'ils avoient été dignes d'être les réconciliateurs du pécheur : tout ce qu'il eſt juſte que le zéle pour la gloire de Dieu, & la charité pour les hommes, éxigent de celui qui eſt établi médiateur entre Dieu & les hom-mes: tout cela s'eſt réüni dans le cœur de Jeſus - Chriſt, & il a ſçû allier d'une maniere incompréhenſible toute la con-fiance & l'amour du Fils unique, avec tout le tremblement & toute la conſter-nation du pécheur devant le Saint des Saints.   Pourquoi

Pourquoi m'avez-vous abandonné !	*Ut quid dereliquisti me ?*

Il falloit que le Sauveur des hommes mourût dans les douleurs, & dans l'ignominie ; & qu'il parût abandonné de son Pere : parce que c'est une loy inviolable, que le pécheur soit malheureux, couvert de honte, & rejetté de Dieu ; & que celui qui veut bien se mettre à sa place, doit porter ce qu'il mérite : non comme le mérite le pécheur ; car autrement il ne seroit point son Libérateur, puisqu'il seroit condamné aux mêmes peines : mais comme la justice divine l'éxige de celui qui peut la satisfaire, & qui veut la fléchir.

Une mort qui eût paru absolument volontaire, ne convenoit point : elle devoit paroître un châtiment. Une mort douce & tranquille n'étoit pas celle qui étoit duë aux pécheurs : elle devoit être sanglante & cruelle. Une mort qui n'eût pas été accompagnée de confusion, n'eût pas ressemblé à celle dont nous étions dignes : elle devoit, pour répondre à nos mérites, être aussi honteuse que cruelle. Une mort qui eût attiré la compassion universelle, & dont Dieu eût condamné l'injustice par quelque témoignage public, n'eût pas imité celle que nous devions souffrir, après un anathême général du ciel & de la terre; l'insulte, le mépris, & la mocquerie devoient y être joints; & il falloit que Dieu par son silence témoignât l'approuver, ou y être indifférent.

Mais un tel silence étoit un grand scandale pour tous les hommes. Qui pouvoit reconnoître le Fils unique de Dieu dans un tel abandon? Qui pouvoit croire en lui, en voyant que tout ce qu'il avoit dit de sa mission, se terminoit à une mort honteuse? Et n'étoit-ce pas mettre un obstacle invincible à la foy au Libérateur, & rendre par conséquent ses souffrances inutiles, que d'accompagner sa mort de tant de circonstances capables d'obscurcir son innocence, & de faire douter de sa vérité!

La sagesse de Dieu a remédié à tout. Elle a levé le scandale en le faisant prédire. Elle a rendu témoignage au Fils unique, en avertissant qu'elle suspendroit ce témoignage pendant son sacrifice. Elle a converti l'abandon même en preuve de la vérité de sa mission, en le donnant comme l'un des caractéres ausquels on devoit le reconnoître; & en voulant que le Pseaume, où sa mort étoit prédite, commençât par la plainte d'un tel abandon.

Ainsi Jesus-Christ en prononçant à haute voix les paroles que nous expliquons, déclara qu'il étoit véritablement le Sauveur que les Ecritures avoient promis: puisqu'il devoit souffrir & être abandonné comme lui ; & qu'il étoit le Fils bien aimé, que son Pere paroîtroit négliger, & qui s'en plaindroit à son Pere.

En commençant le Pseaume par ces paroles, il invitoit tous les spectateurs, qui l'avoient souvent oüi chanter dans les jours solemnels, à en continuer la suite : & à voir avec quelle éxactitude ils accomplissoient eux-mêmes dans sa personne, tout ce que le Prophéte avoit prédit. Il faisoit retomber sur eux leurs railleries, & leurs blasphêmes. Il leur prouvoit que l'abandon de Dieu, dont ils lui faisoient un reproche, étoit aussi clairement prédit que sa mort. Et sans leur reprocher leur crime, il les faisoit souvenir en quels termes le S. Esprit avoit parlé d'eux, & de leur fureur.

Il est certainement étonnant qu'aucun de ceux qui insultoient à sa patience, & qui prennoient le silence de Dieu comme une preuve qu'il en étoit rejetté, n'ait remarqué que leurs blas-

phêmes étoient prédits dans le Pseaume
dont le Fils de Dieu prononçoit les
premieres paroles ; que leurs expressions y étoient rapportées mot à mot ;
que leurs geſtes mêmes avoient été connus du Prophéte ; & qu'ils étoient par-
conſéquent ces impies , repréſentés
ſous les noms de taureaux , de lions ,
& de chiens , qui étoient altérés du ſang
du Juſte , & qui avoient attaché à la
Croix le Roy de gloire. Mais il en eſt
ainſi de l'accompliſſement de toutes les
prophéties. Les paſſions répandent des
ténébres ſi épaiſſes , qu'en éxécutant ce
qui eſt prédit , on ne voit pas qu'on
l'éxécute ; & quelquefois la corruption
du cœur eſt ſi grande , que ceux qui
ont le plus de part à de grands maux
que l'Ecriture a prévûs , ſont ceux qui
y penſent le moins , ou qui s'applaudiſſent même d'y avoir concouru.

Longè à ſalute mea verba deliſto-rum meorum.	Ce ſont mes péchez qui éloignent de moi votre ſecours.

Il y a dans l'Original (S. Jérôme traduit
ainſi) *Verba rugitus mei :* & cette différence ,
qui eſt grande , ne vient que de la tranſpoſition
d'une lettre : les 70. ſuivis par l'interpréte Latin ayant lû שגאתי *delicti mei, erroris mei.*
Au lieu que nous liſons dans le texte שאגתי
rugitus mei , clamoris mei ; le א mis devant , ou

après l'aleph. Il est difficile de juger laquelle de
ces deux manieres de lire est la meilleure, parce
que l'une & l'autre conviennent au sujet, &
qu'on ne peut décider si l'éxemplaire des 70.
étoit plus éxact. Aquila τȣ βιοχήματος μȣ. Symmaque τῶν ὀδυρμῶν μȣ. V Edit. τῆς βοήσεως μȣ
VI. τῆς δεήσεώς μȣ. Tous les interprêtes Grecs,
qui leur sont postérieurs, sont conformes au
texte; & ce seroit un grand préjugé, s'il ne
paroissoit qu'il a été plus aisé de changer un
terme odieux en un autre plus doux; & de préférer ensuite cette maniere de lire, introduite
ou sans dessein, ou comme une correction à
l'ancien Original, qui paroissoit un peu dur. Il
me semble aussi qu'il y a quelque chose de plus
conforme au génie de la langue, en traduisant,
verba delictorum meorum, qu'en traduisant,
verba rugitus mei : Il est pris dans le même
sens *Ps. 64. v. 4.* Le mot, *verbum*, étant pris
pour chose, pour raison, pour motif dans le
premier sens : & ne signifiant rien dans le second.

Il me semble aussi que le Prophête veut expliquer, pourquoi celui qui souffre est abandonné, pourquoi il n'est pas délivré : & il dit en
son nom, que ce qui éloigne sa délivrance,
ce sont les péchez dont il est chargé, μακρὰν ἀπὸ
τῆς σωτηρείας μȣ οἱ λόγοι τῶν παραπτωμάτων μȣ. 70.
Longe à salute meâ verba delictorum meorum.
Et ce qui acheve de me déterminer pour la
version des 70, est que dans le Pseaume 68. qui
est conforme à celui-ci, & qui s'entend certainement de Jesus-Christ souffrant, le Fils de Dieu
se plaint, comme ici qu'il crie sans être éxaucé :
Je me suis fatigué à crier, & ma gorge en a v. 4.
été enrouée : mes yeux se sont épuisez à force
de regarder vers le Ciel, dans l'attente & l'espé-
rance où j'étois, que mon Dieu vint à mon secours.

v. 6. Après quoi il ajoûte ces paroles : *Mon Dieu vous connoissez ma folie, & mes péchez ne vous sont point cachez.*

La charité incompréhensible du Pere l'a porté à mettre sur son Fils toutes *Isaï. c.* nos iniquitez : *Le Seigneur l'a chargé de* 53. 6. *toutes nos iniquitez.* Et la charité du Fils aussi excessive que celle de son Pere, lui a fait accepter ce honteux & pesant *1. Pet. 2.* fardeau : *Peccata nostra ipse pertulit in* 24. *corpore suo super lignum :* « C'est lui qui » a porté nos péchez en son corps sur » le bois. » Et ce qui surpasse toute l'admiration & toute la reconnoissance des créatures, est que celui qui étoit l'innocence même, a bien voulu se charger de nos péchez, en les avoüant, en se les imputant, en évitant de dire qu'ils lui étoient étrangers. Il laisse à ses Prophêtes & à ses Apôtres le soin de nous dire qu'il souffre pour nous, qu'il s'est fait hostie pour nos péchez, qu'il est l'Agneau qui les expie en les portant. Pour lui, il parle comme nous aurions dû le faire. Et dans les Pseaumes, où il s'explique lui - même, il imite tellement notre voix, que non-seulement il a les mains d'Esaü, mais qu'il n'a pas retenu la voix de Jacob.

Dans l'Evangile même, où il parle si souvent de ses humiliations & de ses souffrances, il ne dit point clairement que nos péchez en seront la cause. Il laisse ses disciples dans le doute & la peine sur la raison & le motif de tout ce qu'il leur prédit qui lui doit arriver. Un mot auroit pû les en instruire : & ce mot est toûjours supprimé. Après sa résurrection même, il ne dit autre chose, sinon qu'il falloit que les Ecritures fussent accomplies, & qu'il étoit nécessaire que le Christ souffrît pour entrer dans sa gloire : donnant, ce semble, lieu de croire que ç'avoit été pour son propre intérêt qu'il avoit souffert : & se contentant de donner l'intelligence des Ecritures à ses disciples, & de leur communiquer son Esprit, afin qu'ils fussent instruits par ce maître intérieur de tout ce qu'il supprimoit à leur égard, non-seulement pour leur donner l'éxemple d'une humilité qui sera toûjours inimitable : mais pour leur faire sentir qu'une charité si généreuse, si noble, si peu attentive à se faire remarquer, ne pouvoit convenir qu'à un Dieu.

℣. 3. Mon Dieu, je crie vers vous durant tout le jour, & vous ne me répondez point : je crie durant	℣. 3. *Deus meus, clamabo per diem, & non exaudies :* * *& nocte, & non ad inspicien-*

* *Respondebis.*

tiam mihi. | la nuit, & vous gar-
dez le silence sur moi.

La seconde partie de ce verset paroît fort obscure, & l'on ne peut conjecturer ce qui a porté les 70 à donner cette interprétation aux termes de l'Original, que le Caldaïque, les Versions Grecques, & S. Jérôme traduisent ainsi : καὶ ὀκ εἰς ἄνοιαν ἐμοὶ 70. *et non silentium mihi*, & ma plainte ne cesse point : ce qui est fort intelligible & fort clair. Je ne sai néanmoins, si le sens ne seroit pas plus parfait, en lisant la négation לא (לא est souvent au lieu de לו & nous en verrons un éxemple dans le vers. 31. suivant.) comme si c'étoit un pronom לו.

Deus meus, clamabo per diem, & non respondebis : & nocte, at illi silentium ergà me. | Mon Dieu, je crie vers vous durant tout le jour, & vous ne me répondez point : je crie durant la nuit, & vous gardez le silence sur moi.

L'opposition seroit alors plus sensible ; & les deux parties du verset seroient plus conformes, comme c'est l'ordinaire.

Il est étonnant que le Fils, au nom de qui les plus criminels sont écoutés, ne soit pas écouté lui-même. Qu'est donc devenu ce qu'il disoit un moment avant que de ressusciter Lazare : *Mon Pere,* *je vous rends graces de ce que vous m'avez éxaucé. Pour moi je sçai bien que vous m'éxaucez.*

Jean. 11.
℣. 41. 42.

m'éxaucez toûjours. Et ce que nous entendons eſt-il bien propre à nous inſpirer une parfaite confiance en cette promeſſe ? *Tout ce que vous demanderez à mon Pere, en mon nom, il vous le donnera...... Demandez, & vous recevrez, afin que votre joye ſoit pleine & parfaite.*

La promeſſe, & ce que nous entendons ici, ne ſont pas contraires. Nous ſerons toûjours écoutés, en priant dans la perſonne de Jeſus-Chriſt. Mais Jeſus-Chriſt en priant dans la perſonne du pécheur, ne ſera pas toûjours écouté. C'eſt lui qui prie, lorſque nous le faiſons en ſon nom : c'eſt nous qui prions, lorſqu'il le fait au nôtre. Il demande que le pécheur ne meure pas, quand il demande de ne pas mourir. Il a conſenti qu'on le prît pour lui ; & dès-lors il a conſenti à porter ſon ſupplice. Le péché ne peut être impuni : le pécheur ne peut être délivré : ſa caution ne peut l'acquitter qu'en ſatisfaiſant à tout ce qu'il doit. Il faut que la vérité de Dieu ſoit victorieuſe. Il faut que ſa juſtice triomphe. Il faut que ſes décrets ſoient immuables. Tout ce qui ſera demandé contre des droits, qui ne ſe peuvent preſcrire, ſera refuſé. La victime pour le péché, ſera clouée à la croix, comme le péché même. Une chair ſem-

blable à la nôtre , quoique très-innocen-
te , sera traittée comme nous. Le vieil
homme , dont elle est l'image , doit mourir , & la résurrection n'est promise qu'au
nouvel homme. Les malédictions por-
tées par la Loy , & la Loy elle-même ,
subsisteront toûjours , si elles ne sont
abolies par les ruisseaux de sang qui effa-
ceront ses décrets & ses menaces , & si
le pécheur chargé de ses anathêmes ne
meurt dans la chair de celui qui le représente. Nous sommes tous intéres-
sés au refus que fait le Pere à son propre Fils de l'écouter à notre préjudice.
Il est nécessaire qu'un seul souffre la
mort , pour le salut de toute la nation.
Si le souverain Pontife ne meurt , la
captivité de ceux qui attendent sa mort
sera éternelle. Aucun péché ne peut
être remis que par l'effusion du sang :
& ce n'est pas celui des victimes offertes par les Prêtres descendus d'Aaron ,
qui peut purifier la conscience.

Nous sommes donc vivement touchés d'entendre le Fils unique se plaindre , de ce qu'il n'est pas écouté , de le
voir prosterné le visage contre terre
pendant la nuit , d'être témoins des cris
qu'il pousse , les mains étenduës sur
l'autel de la croix pendant le jour :
mais nous sommes perdus , si le Pere

retracte le don qu'il nous a fait de son Fils , & s'il se laisse attendrir par ses larmes. Si le Fils est épargné , nous sommes écrasés par le poids de la colere de Dieu. Si le Christ est délivré à la fête de Pâques , Barabbas séditieux & homicide ne peut éviter le supplice.

Il n'y a cependant nulle comparaison à faire entre des esclaves rebéles & le Fils unique , si le Fils demande absolument de ne pas mourir : mais il ne le demande que sous condition , & c'est pour cela qu'il le demande sans l'obtenir. Il pourroit , s'il le vouloit , ne dire qu'un mot , & il seroit délivré. Il pourroit , sans employer la priere , s'affranchir par sa seule volonté, qui est toute-puissante. Mais il ne veut pas changer des décrets , dont il est l'auteur avec son Pere. Il a lui-même résolu de n'accorder rien à la miséricorde, que la justice ne soit satisfaite. Il nous avertit seulement par ses supplications , que ses douleurs sont extrêmes. Il nous apprend ce que le bois sec mérite , par la maniere dont le bois verd , & chargé de fruits , est traitté. Il nous rend attentifs au prix que nous lui coûtons. Il justifie la vérité de la chair qu'il a prise pour nous. Il nous mérite le courage & la patience , en s'affoiblissant

juſqu'à imiter notre crainte. Il ſanéti-
fie les diſpoſitions des plus petits de ſes
Elûs, en les adoptant, & en acceptant
en leur nom le calice qu'ils auroient
déſiré de ne pas boire, s'ils avoient pû
en être diſpenſés. Il nous applique à
conſidérer à quel excès Dieu a aimé le
monde, puiſqu'il refuſe d'écouter ſon
Fils unique pour nous ſauver.

℣. 4. *Tu autem in ſanéto habitas, laus Iſraël.*	℣. 4. Mais vous demeurez inéxorable dans le Sanétuaire où vous habitez, vous qui êtes la gloire d'Iſraël.

Cette expreſſion courte, & par conſéquent
un peu obſcure, l'eſt encore davantage dans
l'Original, qu'il eſt difficile de bien traduire.
S Jérôme l'interpréte ainſi : *Et tu ſanéte : habi-
tator, laus Iſraël* : ce qui certainement ne forme qu'un ſens imparfait & ſuſpendu. Quelques-
uns joignent יושב avec תהלות *habitans laudes*,
ou, *in laudibus*. Ce qui eſt fort dur, & fort ob-
ſcur. J'aimerois mieux, avec les 70 lire, קורש
en tranſpoſant une lettre : & interpréter ainſi
le Prophéte.

*Je prie, ô mon Dieu, & vous ne me
répondez rien ; je crie le jour & la nuit,
& vous gardez le ſilence. Vous demeu-*

rez inéxorable dans le Sanctuaire où vous habitez. Je ne paroîs devant vous qu'avec la ressemblance de pécheurs. Vous ne me considérez, que comme responsable de toutes les iniquités commises contre vous ; & plus je me suis abbaissé en voulant bien paroître devant vous comme un lépreux, plus vous vous êtes éloigné de moi par votre extrême sainteté, qui vous rend également inaccessible & redoutable.

Vous qui êtes la gloire d'Israël.

Cependant, ô mon Dieu, vous avez fait jusqu'ici la gloire & la consolation d'Israël. Non seulement vous avez permis à vos serviteurs de vous invoquer, vous leur en avez même fait un devoir. Vous n'avez pas dédaigné d'avoir un Tabernacle dans le désert, pendant le séjour qu'y ont fait nos Peres. Vous êtes entré avec eux dans la terre que vous leur aviez promise. Vous résidez parmi nous sur un trône de grace & de miséricorde, que vous avez voulu, pour cette raison, qu'on appellât le Propitiatoire. Vous êtes accessible aux plus petits. Vous écoutez avec bonté tous ceux qui vous invoquent. Vous voulez même que les enfans des hommes soient perſuadés qu'une majeſté, telle que la vôtre, trouve ſes délices à converſer avec eux. D'où vient donc, ô mon Dieu, que vous n'êtes ſaint & redoutable que pour moi ! Et pourquoi ſuis-je le ſeul, dans tout Iſraël, qui ne puiſſe m'approcher de vous avec confiance, vous loüer de vos miſéricordes, vous rendre graces de vos bienfaits.

℣. 5. *In te ſpe-raverunt* * *Patres noſtri, ſperave-runt, & liberaſti eos.*

* בטחו *Confiſi ſunt.*

℣. 5. Nos Peres ont mis leur confian-ce en vous : ils ont mis leur confiance en vous, & vous les avez délivrés.

Il n'y a pas un de ceux qui ont eu une ſincere piété, qui n'ait éprouvé votre ſecours. Vous avez quelquefois permis qu'ils tombaſſent dans quelque péril, mais ç'a toûjours été pour rendre votre protection plus ſenſible. Vous avez puni les princes qui avoient oſé toucher à vos oints & à vos prophêtes. Vous les avez conſervez comme la pru-nelle de l'œil. Et vous avez toûjours été ſi fidéle & ſi prompt à les délivrer, que c'eſt une maxime certaine parmi nous : ou qu'on eſt criminel, ſi l'on eſt aban-donné de vous ; ou qu'on n'a pas en vous une véritable confiance, ſi l'on n'en eſt pas éxaucé.

℣. 6. Ils ont crié vers vous, & ils ont été délivrez : ils ont efpéré en vous, & ils n'ont point été confondus.

℣. 6. *Ad te clamaverunt, & falvi facti funt : in te fperaverunt, & non funt confufi.*

Jamais l'efpérance en vous, ô mon Dieu , n'a trompé perfonne. Jamais vous n'avez confondu l'innocent avec le coupable. Les Ecritures , qui font l'hiftoire de la Religion , font auffi l'hiftoire des miracles que vous avez faits pour protéger vos Elûs. C'eût été un fcandale , capable d'obfcurcir la foy qu'on doit avoir en votre providence, fi un homme d'une infigne piété , expofé à quelque péril pour vôtre gloire, n'en eût pas été délivré. Et comment regardera-t-on , ô mon Dieu , votre conduite à mon égard, fi vous ne rendez aucun témoignage à l'innocence de ma vie , à la confiance fans bornes que j'ai en vous, à la vérité que j'ai annoncée , & qui m'a attiré tout ce que j'ai d'ennemis , au miniftere dont je me fuis acquitté en votre nom , à la qualité que j'ai prife de Chrift & de Meffie , & aux miracles que j'ai faits , pour prouver que j'étois votre Fils unique ! Votre filence ne rend-t'il pas tout cela douteux ! Et mes ennemis ne le tourneront-ils pas en preuve , non seulement contre moi , mais aussi contre vous , qui m'avez envoyé ?

Ils s'efforceront, je l'avouë, d'en faire cet usage : mais souffrez , ô Pontife des biens futurs, que je vous représente que votre résurrection , qui suivra de près votre mort, en effacera absolument le scandale : que c'est déja l'avoir prévenu , que de l'avoir si clairement prédit; & qu'il n'y aura que les imprudens , qui ne voyent pas l'extrême différence qu'il doit y avoir entre vous & nos Peres. Ils ont tous été délivrés , parce-qu'aucun d'eux n'étoit notre Libérateur. Ils ont tous été éxaucés , parce-qu'aucun d'eux n'étoit la victime nécessaire au salut des hommes. Ils étoient comme nous foibles & pécheurs. Ils avoient besoin comme nous d'être lavés dans votre sang. Aucun d'eux n'auroit pû se ressusciter , s'il étoit mort. Si Isaac avoit été immolé , il n'eût pû revivre sans un miracle auquel il n'auroit eu aucune part ; & c'est pour cette raison qu'il n'a eu la gloire d'imiter votre mort & votre résurrection , qu'en mystére & qu'en figure. Consentez donc, s'il vous plaît , à être abbaissé pendant quelques momens, non seulement au-dessous

des Anges; mais au-deſſous même de pluſieurs de nos Peres, qu'un prompt ſecours
a délivrés de la mort. Il vous eſt réſervé
de la vaincre, en vous y ſoumettant. Et il
n'y a que vous qui aïez le pouvoir de donner votre vie , & de la reprendre ; de deſcendre aux enfers , & d'en enlever les
captifs qui doivent régner avec vous.

| ⹔. 7. Mais pour moi, je ſuis un ver de terre , & non pas un homme : je ſuis l'opprobre des hommes , & le mépris du peuple. | ⹔. 7. *Ego autem ſum vermis , & non homo : opprobrium hominum & abjectio plebis.* |

Il n'appartient qu'à celui qui eſt le
Roy de gloire , & qui eſt la ſource de
toute celle des ſaints , d'être véritablement humble , c'eſt-à-dire , de deſcendre au-deſſous de ce qu'il eſt. Un Dieu
ne peut s'humilier : un homme , ni
même un Ange, ne peut aller auſſi bas
que le néant dont il eſt ſorti , & où
Dieu peut le faire rentrer. Mais un
Dieu fait homme peut deſcendre, parcequ'il eſt la grandeur même , dans une
nature à qui rien n'eſt dû. Si les hommes admirables , dont parle l'Ecriture ,
avoient porté tout le poids de la majeſté divine , ils en auroient été acca-

blés; & s'ils avoient dû s'humilier devant elle aussi profondément qu'elle en est digne, & que la réparation de l'orgüeil de l'homme l'éxigeoit, ils auroient été mille fois anéantis. Il n'y a que Jesus-Christ seul qui soit capable de donner à ses humiliations un prix infini, parcequ'il est Dieu; & d'être couvert d'opprobres & d'ignominies, parcequ'il est homme. Le pécheur y est condamné, mais sans aucun fruit, & par conséquent pour toûjours: Jesus-Christ s'y soumet pour lui, mais avec un mérite infini, & par conséquent pour un tems. Il descend, mais étant bien sûr de remonter. Il sçait que la grandeur, aussi-bien que la divinité, lui est naturelle, & qu'il ne l'a point usurpée; & que rien n'est capable de l'abbaisser ou de le deshonnorer, s'il ne le veut; & que c'est toûjours à cette condition, que ses humiliations mêmes deviendront la matiere d'une plus grande gloire.

Mais cela n'empêche pas que dans le tems de son sacrifice, il ne soit réduit à un état dont le dernier des hommes auroit honte; & qui convient plus à un ver de terre, que le plus foible peut écraser, & dont personne ne tient compte, qu'à un homme. La souveraine grandeur de Dieu offensée par la

révolte d'une créature auſſi foible , &
auſſi dépendante de lui qu'un ver de
terre , éxigeoit une telle ſatisfaction
d'un homme égal à Dieu même. Il
étoit juſte que l'orgüeil du pécheur fût
pleinement deshonnoré , qu'il fût permis à tout le monde de lui inſulter ,
que les plus mépriſables euſſent droit de
le mépriſer , que la riſée & la mocquerie de la part des plus indignes miniſ-
tres , ſe joigniſſent à la cenſure générale des ſaints , & au dédain plein d'in-
dignation de Dieu même : & l'amour
que Jeſus-Chriſt nous a porté , l'a réduit à cette incompréhenſible humiliation. Il a été permis à tout le monde
de le ſouffletter , de lui cracher au viſage , de le frapper autant qu'il l'a voulu , d'inſulter à ſon ſilence & à ſa douceur , de tourner en ridicule ſes plus au-
guſtes qualités , de le fouler aux pieds
avec la même licence , & la même impunité que s'il eût été un ver de terre.

Qui pourra répondre à un tel amour
par une reconnoiſſance qui y ait quelque proportion ? Qui ſera capable de ſe
laſſer d'admirer un tel ſpectacle ! Qui
ſera aſſez intelligent pour découvrir toutes les profondeurs d'un tel myſtere !
Qui ſera aſſez prudent , pour en recueil-
lir tout le fruit ! Qui refuſera de de-

meurer toute ſa vie proſterné devant ſon Dieu & ſon Seigneur, humilié ſous les pieds de tout le monde, pour le délivrer d'une confuſion éternelle? Qui ne mépriſera la fauſſe gloire du ſiécle, en la voyant ici pleinement deshonnorée par le mépris qu'en a fait le Roy de gloire? Qui n'eſtimera pas l'opprobre de Jeſus-Chriſt infiniment plus que tous les tréſors de l'Egypte? Et qui eſt-ce qui voudra parvenir au Royaume du ciel par une autre voye, que celle que ſon Libérateur a choiſie pour y arriver lui-même, quand il ſeroit poſſible d'en trouver une autre.

℣. 8. *Omnes videntes me, deriſerunt * me. Locuti † ſunt labiis, & moverunt caput.*	℣. 8. Tous ceux qui me voyent, ſe mocquent de moi : Ils marquent par le mouvement des lévres le mépris qu'ils font de moi, & ils ſecoüent la tête.

* יַלְעִיגוּ *Subſannant.*

† יַפְטִירוּ בְשָׂפָה *diſtendunt, dilatant labium* : ou ; *emittunt è labiis.*

Il n'arrive jamais que les ſpectateurs du ſupplice d'un criminel ne ſoient attendris par la vûë de ce qu'il ſouffre,

& de la patience qu'il témoigne en le souffrant. Les sentimens d'humanité se réveillent alors, & la compassion fait oublier tout le reste. Mais dans le sacrifice solemnel de l'expiation, la victime doit être brûlée hors du camp, & regardée par tout le peuple comme un anathême. C'est une circonstance du sacrifice du bouc émissaire livré à la justice divine, qu'il soit chargé d'imprécations, & que tout le monde applaudisse à la vengeance qui doit tomber sur lui. L'aveuglement & la fureur de ceux qui chargent Jesus-Christ d'injures & & d'outrages, accomplissent ces deux figures. Moins ils sçavent ce qu'ils font, plus ils sont propres à les accomplir : & cette circonstance essentielle au sacrifice du Sauveur, y eût manqué, si ceux qui en étoient les spectateurs, ou les ministres, avoient eu quelque respect pour lui.

Il étoit nécessaire que toutes les consolations humaines manquassent à Jesus-Christ, afin que Dieu seul fût sa force, & qu'il fût seul le motif de sa patience. Il vouloit être le modéle, & la source du vrai courage, & le purifier de tout orgüeil, de toute attention aux hommes, de tout désir de se donner en spectacle, de toute espérance d'être admiré.

Il préparoit à ſes Martyrs une grande
conſolation , en ſouffrant que ſa patience fût mépriſée , & qu'on ajoûtât à
ſes douleurs exceſſives les ignominies &
les outrages : parcequ'ils devoient un
jour boire dans le même calice que lui ;
& prendre part à ſes humiliations, auſſi-
bien qu'à ſes ſouffrances. Il vouloit que
dans tous les ſiécles, tous ceux qui ſeroient deshonnorés pour ſon ſervice,
euſſent la gloire de lui reſſembler. Il
fortifioit l'eſpérance de tous les ſaints,
en leur prouvant qu'il n'avoit refuſé aucun des châtimens dûs à leurs péchez,
qu'il avoit été pour eux raſſaſié d'opprobres , & qu'il avoit épuiſé toute la
colere de ſon Pere à leur égard , en acceptant tout ce que ſa juſtice pouvoit
éxiger. Enfin il méritoit pour tous ceux
qui croiroient en lui , la liberté de paroître ſans confuſion & ſans honte devant la majeſté de Dieu : tout le mépris dont ils étoient dignes , étant tombé ſur ſon Fils bien aimé , dont ils
avoient déſormais les priviléges , puiſqu'ils avoient ſon eſprit & ſon amour.

* חרב *Spera.*	℣. 9. *Speravit* * *in Domino , eri-* *piat eum : ſalvum* *faciat eum , quo-*	℣. 9. Il a mis ſa confiance dans le Sei- gneur , que le Sei- gneur le délivre :

qu'il le sauve, puis- | *niam vult eum.*
qu'il a mis en lui son |
affection.

Il vaut mieux ponctuer ‫קוה‬ *speravit : se sua-
que in Deum devolvit : ejus fidei commisit.* S. Jérôme traduit : *confugit ad Dominum :* c'est la
même chose.

Tout le crime de celui qui est insulté
par toutes sortes de personnes , & qui
souffre d'extrêmes douleurs , est d'avoir
mis toute sa confiance en Dieu ; de n'a-
voir rien espéré que de lui ; de n'avoir
pensé qu'à lui plaire & à lui obéïr ; &
de lui avoir laissé le soin de tout le reste.
Il a parlé aux hommes avec une éxacte
vérité. Il a repris leurs vices avec liberté. Il a ôté à la fausse vertu le masque
de l'hypocrisie. Il n'a craint ni les contradictions , ni les dangers. Il n'a pensé
qu'à remplir son ministere. Et il l'a sou-
tenu dignement par une vie très-sainte ,
& par une infinité de miracles. Ses ennemis les plus déclarés , en ne lui re-
prochant que sa piété , conviennent de
tout. Et ils n'opposent rien à la maniere
dont il a prouvé qu'il étoit le Messie ,
que la patience qui doit faire le principal caractere du Messie , & le silence de
son Pere , qui est clairement prédit.

Faudroit-il donc , pour rendre le

Messie plus connoissable , qu'il refusât
de souffrir ce que les Prophêtes ont prédit qu'il souffriroit! Ou que son Pere fît
un miracle pour le détacher de la croix,
après avoir déclaré par ses Prophêtes
qu'il ne le feroit pas ; qu'en vain les in-
crédules le lui demanderoient ; & que
ce feroit par la témérité avec laquelle
ils oferoient le tenter , & par le jugement qu'il éxerceroit contr'eux, en souffrant qu'ils missent à mort son propre
Fils , que le myftere de la rédemption
des hommes s'accompliroit !

Si Jesus-Christ est celui que les Ecritures annoncent, il doit être livré entre les mains des pécheurs , & leur paroître abandonné. Son efpérance en la
protection de Dieu , doit leur paroître
vaine. Ils doivent la lui reprocher avec
infulte. Ils doivent prononcer contre lui
les mêmes blafphêmes que le Prophête,
Sag. ch.
2. v. 17.
18. &
fuiv. & l'auteur du livre de la Sageffe , ont
prédits. Il ne feroit pas le Meffie pro-
mis, s'il étoit délivré avant la mort ;
s'il defcendoit de la croix ; fi fon facrifice demeuroit imparfait. Il ne feroit
pas le Meffie, fi fa mort n'étoit un fcandale ; & fi les impies ne la regardoient
pas comme une preuve qu'il n'étoit
Matt.
27. v.
43. point envoyé par fon Pere. Ils font
donc fes témoins, fes prédicateurs , fes
prophêtes

prophêtes en le renonçant, en se moc-
quant de son espérance, en tentant
Dieu, en s'aveuglant par l'impunité,
comme il étoit prédit qu'elle les aveu-
gleroit.

Ils ne connoissent point ce qui est dû
à Dieu; ce qui fait le caractere d'une
parfaite justice; ce qui est la principale
playe de l'homme, & ce qui doit en
être le reméde. Ils ne sçavent pas que
l'obéïssance est le véritable culte qu'on
doit à Dieu, & qu'une obéïssance qui
ne va pas jusqu'à la mort la plus cruelle
& la plus honteuse, n'est pas digne de
lui. Ils ne sçavent pas que la justice,
pour être parfaite, doit perdre tous les
appuis qui lui sont étrangers; & qu'elle
doit toûjours subsister, quoiqu'elle passe pour folie, ou qu'on la confonde avec
le crime, quoiqu'elle ne conduise qu'au
supplice; quoiqu'elle soit deshonnorée
avant & après la mort. Ils ne sçavent
pas que l'homme est capable de faire &
de souffrir tout, par le motif d'une
gloire humaine; que l'espérance d'être
vengé de ses ennemis, peut le soutenir
dans les plus grandes humiliations; que
le courage & la fermeté lui coûtent peu,
quand ils ont quelques admirateurs.
Enfin ils ne sçavent pas que le Messie
doit être le Sauveur des hommes, &

par conséquent leur réparateur ; qu'il doit guérir leur enflure , au lieu de l'entretenir ; qu'il doit leur inspirer le mépris de toute gloire humaine , au lieu d'en enflammer le désir ; qu'il doit leur apprendre à obéir à Dieu sans limitation & sans réserve ; à se contenter de l'avoir pour témoin dans leurs actions, & dans leurs souffrances; à compter pour rien ou la loüange , ou le blâme des injustes ; & à n'espérer de récompense que de Dieu seul : *Nescierunt sacramenta Dei , neque mercedem speraverunt justitiæ , nec judicaverunt honorem animarum sanctarum.* « Ils ont ignoré les » mystéres & les profondeurs de Dieu : » ils n'ont ni connu ni attendu la véri» table récompense de la véritable jus» tice; & ils n'ont sçû ce que c'étoit que » la solide gloire d'une ame juste.

Sap. 1. 22.

| ℣. 10. *Quoniam tu es , qui extraxisti * me de ventre : spes mea ab uberibus matris mea.* | ℣. 10. Mais c'est vous, Seigneur , qui m'avez tiré du ventre de ma mere : vous m'avez rempli de confiance dès que j'ai sucé ses mammelles. |

* יחנ bien traduit, *eductor meus.* Saint Jérôme , *propugnator.* מבטחי *fiduciam mihi præbens.*

Mes ennemis, ô mon Dieu, me re-
prochent ce qui fait ma gloire, en me re-
prochant de n'eſpérer qu'en vous. Ils ne
ſçavent pas que vous ſeul êtes mon Pere,
& que j'ai été formé dans le ſein d'une
Vierge par votre Eſprit. Ils ignorent
que je vous ai adoré dès le premier moment de ma conception, que j'ai dès-
lors connu toutes vos volontez, que
j'ai accepté avec joye toutes les ignominies que je ſouffre aujourd'hui, &
que vous m'avez appris quel en ſeroit
le fruit, & pour votre gloire, & pour
le ſalut de vos Elûs. J'ai eu depuis ma
naiſſance la croix toûjours préſente à
mon eſprit. J'ai déſiré le baptême de
ſang & de douleur où je ſuis plongé:
J'ai attendu avec impatience la derniere
Pâque où je devois être ſubſtitué à l'A-
gneau qui me figuroit. J'ai toûjours eu
en vous une pleine confiance que vous
me délivreriez de tout, & de la mort,
& des enfers; & les railleries que font
les impies d'une diſpoſition qui eſt auſſi
ancienne que ma vie, ne ſervent qu'à
l'augmenter.

℣. 11. J'ai été | ℣. 11. *In te*
jetté entre vos bras, | *projectus ſum ex*
dès que je ſuis ſorti | *utero : de ven-*
de ſes entrailles: vous | *tre matris meæ*
êtes mon Dieu dès | *Deus meus es tu.*

D ij

*ne * difcefferis à | le ventre de ma me-*
me. | re, ne vous éloignez
| pas de moi.

* Le verfet fuivant dans l'original commence à ces mots.

En entrant dans le monde, je n'y ai
point trouvé d'azile, & mes fujets ne
m'ont pas connu. Après quelques jours
un Prince défiant & jaloux m'a voulu
ôter la vie, & après m'être retiré en
Egypte, j'ai été obligé de me cacher
dans la Galilée. Mais j'ai toûjours éprouvé votre bonté & vos foins ; & je fuis
certain que dans l'affliction où je fuis,
vous me ferez auffi préfent que dans
tous les autres dangers de ma vie.

C'eft ici le premier pafteur qui parle :
mais il a mérité à la moindre de fes brebis de pouvoir parler comme lui. Elle
ofe dire à Dieu avec confiance, que fes
mains l'ont formée, que fes foins l'ont
nouri, que le lait qu'elle a fucé avoit
une fource invifible dans fa providence,
qu'elle a éprouvé dans tous les dangers
fon attention & fon fecours, qu'elle
lui doit tout ce qu'elle a trouvé de tendreffe dans fes parens & fes amis, qu'elle lui a été auffi chere, que fi elle avoit
été fa fille ou fon époufe, qu'elle a été
jettée entre fes bras dès le premier mo-

ment qu'elle a vû le jour, & avant même qu'elle le vît, qu'elle lui a été consacrée dès le berceau par le baptême, & qu'elle l'a invoqué comme son Dieu avant qu'elle sçût former quelques paroles distinctes.

| ℣. 12. Ne vous éloignez pas de moi, parceque l'affliction est présente, & qu'il n'y a personne qui me secoure. | ℣. 12. *Ne discesseris à me, quoniam tribulatio proxima est, quoniam non est qui adjuvet.* |

Je sçai que vous êtes toûjours avec moi, & que vous ne me laissez seul dans aucun tems. Vous êtes toûjours à mes côtez ; & comme je ne suis attentif qu'à ce qui vous plaît, vous êtes aussi toûjours attentif à me protéger. Mais je demande ce que j'ai déja : parcequ'il est juste que votre protection soit toûjours demandée, & que l'humilité fait la principale partie de la reconnoissance. Je demande aussi pour les Elûs que vous m'avez donnés, ce puissant secours qui doit les soutenir dans la tentation : car je suis leur chef, & ils font un même corps avec moi. Leurs périls font les miens, & leur persévérance m'est nécessaire. Je leur apprends par mon éxemple à prier toûjours ; & à redoubler leurs prieres , lorſque la tentation eſt préſente , & qu'elle eſt générale , & je les avertis qu'ils eſpéreront inutilement un autre ſecours que le vôtre.

℣. 13. *Circumdederunt me vituli ✳ multi, tauri † pingues obſederunt me. Aperuerunt ſuper me os ſuum, ſicut leo rapiens & rugiens.*

℣. 13. Un grand nombre de jeunes taureaux m'ont environné : des taureaux gras & forts m'ont aſſiégé. Ils ont oúvert leur bouche pour me dévorer, comme un lion raviſſant & rugiſſant.

✳ פרים *juvenci.* אבירי בשך bien traduit.
† כתרנני *ut corona cinxerunt ,* bien traduit, par, *obſederunt me.*

Dans le 17ᵉ. verſet , le Prophête joint à ces termes figurés, celui de *chiens:* CIRCUMDEDERUNT ME CANES MULTI : *J'ai été environné par une troupe de chiens :* & il les explique tous par cette expreſſion plus claire : CONCILIUM MALIGNANTIUM OBSEDIT ME. *J'ai été aſſiégé par une multitude de gens qui me veulent perdre.*

Tous les ennemis de Jeſus-Chriſt

méritent ces noms, qui expriment encore trop foiblement leur insolence,
leur cruauté, leur acharnement, leur
fureur. Une seule bête furieuse ne peut
en être l'image : il faut réünir l'impu-
dence du chien, son avidité, ses cris
importuns, son obstination à mordre &
à déchirer, avec la cruauté, la violence,
& le rugissement du lion ; & y ajoûter
la fougue d'un taureau, avec les bonds
extravagans d'un jeune bouvillon, qui
blesse par ses cornes naissantes, en pa-
roissant folâtrer. On peut attribuer séparément ces qualifications aux prêtres
& aux pharisiens, au peuple, aux sol-
dats, aux valets. Mais elles conviennent à tous : & il est mieux de ne les
pas séparer.

Le Saint-Esprit qui anime le Prophéte, & qui lui rend présent tout ce
que nous lisons dans la Passion du Fils
de Dieu, le remplit d'une sainte indignation contre les bêtes furieuses qui
l'environnent, & qui joignent à la
cruauté l'insolence & l'outrage. Mais le
Fils de Dieu dans le tems de sa passion,
garde le silence, & se contente de souffrir. Il ne se plaint point. Il ne me-
nace point. Il ne répond point aux calomnies par des termes qui auroient paru une récrimination. Il sçait quels

1. Pet. 2.
23.

noms le Prophête donne à ſes ennemis, & il les ſupprime. C’eſt ainſi que tout eſt divin, & dans le Prophête qui voit les ſouffrances de Jeſus-Chriſt, comme s’il en étoit le témoin, & qui en eſt indigné : & dans Jeſus-Chriſt qui ne voit que la volonté de ſon Pere dans ce que ſes ennemis lui font ſouffrir. Il n’y a que Dieu qui puiſſe découvrir à ſes Prophêtes avec tant de certitude & tant de circonſtances, les douleurs & les ignominies de Jeſus-Chriſt. Et il n’y a qu’un Dieu, qui puiſſe les ſouffrir avec la patience, la douceur, la modeſtie & le ſilence de Jeſus-Chriſt. Il n’y a que l’Eſprit de Dieu qui ait ſçû conduire les expreſſions & les ſentimens du Pro-phête, & les réprimer dans Jeſus-Chriſt. Le ſerviteur a dû être vivement touché du ſeul ſpectacle : & le maître a dû porter avec une tranquille dignité les plus ſanglans outrages. La ſeule idée a dû exciter le zéle, & l’indignation de David : le ſentiment actuel des plus vives douleurs & des plus grandes igno-minies, a dû n’exciter dans Jeſus-Chriſt, que la compaſſion pour ceux qui en étoient les auteurs.

Cette obſervation nous conduit à une autre, qui n’eſt pas moins importante. Les Prophêtes décrivent les ſouffrances

de

de Jesus-Chrift d'une maniere vive, touchante, pathétique : * ils font pleins de fentimens & de réflexions. Mais les Evangéliftes les racontent d'une maniere fimple, fans mouvement, fans ré-flexions, fans rien permettre à leur admiration & à leur reconnoiffance, fans paroître avoir aucun deffein de changer leurs lecteurs en difciples de Jefus-Chrift. Il n'étoit pas naturel que des hommes éloignez de tant de fiécles de celui du Meffie, fuffent fi touchez de fes fouffrances : il n'étoit pas naturel que des témoins oculaires de fa croix, & fi zélés pour fa gloire, parlaffent d'une maniere fi modérée du crime inoüi commis contre fa perfonne. Le zele des Evangéliftes eût été fufpect : celui des Prophêtes ne pouvoit l'être. Mais fi les Evangéliftes & fi les Prophê-tes n'avoient été infpirés, les premiers euffent écrit d'une maniere plus ani-mée, & les feconds d'une maniere plus indifférente. Les uns euffent marqué un deffein de perfuader, & les autres une timidité & une héfitation dans leurs conjectures, qui n'eût touché per-fonne. Tous les Prophêtes font ardens, zélés, pleins de refpect & de vénéra-

* David dans ce Pfeaume, dans le 68. & beaucoup d'au- tres. Ifaïe ch. 53. & 50. Jé-rémie ch. 11. & les autres.

tion pour les mysteres qu'ils annoncent; tous les Evangélistes sont tranquilles, & avec un zele égal à celui des Prophêtes, ils ont une modération inimitable. Qui peut ne pas reconnoître la main qui a conduit les uns & les autres ! Et quelle preuve peut être plus sensible de la divinité des Ecritures, que de ne ressembler en rien à tout ce qu'écrivent les hommes !

ⅴ. 15. *Sicut aqua effusus sum, & dispersa * sunt omnia ossa mea.*

ⅴ. 15. Je me suis écoulé comme l'eau: & tous mes os se sont détachez l'un de l'autre.

* התפכדו *separata, divulsa.*

Jesus-Christ par une seule parole renversa tous ceux qui oserent s'approcher de lui. Il mit ses disciples en sûreté. Il instruisit S. Pierre sur des devoirs importans. Il guérit le serviteur que cet Apôtre avoit blessé. Il parla à ses ennemis aussi long-tems qu'il lui plût de les rendre immobiles, & avant que de se livrer à eux, il les fit souvenir que jusques-là leur malice avoit été impuissante, & qu'elle le seroit toûjours, s'il ne levoit les barrieres mises à la puissance des ténébres. Mais après avoir

donné toutes ces preuves de sa divinité,
il ne pensa plus qu'à donner des preuves
de l'infirmité humaine dont il avoit bien
voulu se charger ; & alors même il
montra d'une maniere nouvelle, que son
affoiblissement étoit divin.

Il ne pensa ni à exciter la compassion, ni à se justifier, ni à faire paroître sa sagesse, ni à laisser échapper aucun signe de sa puissance. Il consentit
à porter tout le poids d'une tristesse
mortelle. Il suspendit la consolation &
la force, qui étoient la suite de son
union personnelle avec le Verbe. Il
voulut éprouver la consternation & la
crainte. Il s'écoula comme de l'eau. Il
tomba dans une défaillance, où ses os
sembloient n'être plus liés entr'eux , &
n'étoient plus capables de le soutenir.
Et il descendit jusques-là pour attirer
les hommes par un tel spectacle ; & pour
les porter à lui demander pourquoi étant
Dieu il étoit devenu si foible ! (a) Il

(a) Avec le limon dont nous avons été formés, il a bâti la petite maison de son humanité pour y faire sa demeure, & s'en est servi pour humilier les superbes, & les faire passer de l'amour d'eux-mêmes à l'amour qu'ils doivent avoir pour lui. De cette sorte il les a guéri de leur orgüeil, & rempli d'une affection toute sainte : afin que n'étant plus emportés hors de

Ædificavit sibi humilem domum de limo nostro, per quam subdendos deprimeret à se ipsis, & ad se trajiceret, sanans tumorem, & nutriens amorem. Ne fiduciâ sui progrederentur longiùs, sed potiùs infirmarentur, videntes ante pedes suos infirmam divinitatem ex participatione tunica pelliceâ nostra, &

les invitoit par-là à se pencher auprés de lui, à s'y arrêter, à ne plus présumer de leurs forces en voyant leur Dieu & leur Seigneur si abbatu & si foible, à s'unir à lui par la compassion, à s'approcher de sa bouche pour écouter de plus près ses divines instructions, à prendre confiance en son amour, à oser se reposer sur son sein, & à éprouver qu'en s'y reposant, ils étoient élevés de terre, & qu'insensiblement ils devenoient grands, courageux, invincibles par la secrette vertu d'un Dieu qui s'étoit rendu accessible par sa foiblesse, & qui n'avoit employé l'infirmité humaine que comme une espéce d'apas pour attirer les hommes, que l'orgüeil & une vaine confiance éloignoient de lui.

S'il étoit toûjours demeuré debout, l'homme ne seroit jamais relevé. S'il ne s'étoit écoulé comme l'eau, l'homme eût toûjours pris la dureté de son cœur & sa fierté pour une grandeur &

lassi prosternerentur in eam, illa autem surgens levaret eos.

la voyé du salut, par la confiance qu'ils avoient en leurs propres forces, ils reconnussent leur foiblesse, en voyant à leurs pieds un Dieu devenu foible & infirme par la participation de notre nature mortelle, & que lassés de leur égarement, ils se prosternassent devant cette divinité rabbaissée, qui en se relevant, les releveroit aussi avec elle. *S. Aug. l. 7. Conf. c. 18.*

une fermeté réelle. S'il n'eût confenti
à s'affoiblir jufqu'à n'avoir plus qu'une
chair languiffante , & que les os ne
foutenoient plus , l'homme n'auroit jamais eu ni courage , ni vertu. Son Sauveur a fait un échange de fes qualitez
avec les fiennes. Il a pris de lui fes infirmitez , & il l'a revêtu de fa force &
de fon Efprit.

Mon cœur eft de-venu comme la cire : il s'eft fondu au mi-lieu de mes entrailles.	*Factum eft cor meum tanquam ce-ra liquefcens in medio ventris mei.*

Le texte Hebreu met un divifion à *cera* ; &
alors on doit traduire : *liquefactum eft* : mais
ces minuties ne font rien.

Il n'y a perfonne qui étant maître de
fes fentimens , voulût éprouver dans
d'extrêmes douleurs , ce que c'eft que
l'abbattement intérieur & la défolation.
Il feroit même très-dangereux à une
créature , quelque grande que fût d'ailleurs fa vertu , de fe réduire à cet état ;
& s'il continuoit , elle feroit enfin ren-
verfée par une épreuve à laquelle le
cœur fuccomberoit. Les martyrs ont
été défendus par le dedans contre le dehors. Si leur cœur fe fût amoli , il eût
cédé aux tourmens. S'il fe fût fondu au

feu comme la cire, ils n'eussent pû en
soutenir les ardeurs. Mais c'est que les
martyrs n'auroient pû s'affoiblir, sans
être réellement foibles dans la vertu &
dans la patience ; & qu'ils auroient perdu tout appui, si leur cœur eût cessé
de les soutenir.

Il n'en est pas ainsi de Jesus-Christ,
qui conserve toute la source du courage, dans le tems même qu'il ne dédaigne
pas de trembler avec les foibles, & d'apprendre par sa propre expérience jusqu'où le moindre de ses Elûs peut être
abbattu sans être renversé. Cette disposition est en Jesus-Christ jointe à un
amour souverain, & à une obéïssance
sans bornes ; & dès-lors elle n'a rien
d'imparfait. Mais dans tout autre qu'un
Dieu elle deviendroit une tentation,
& elle seroit un défaut. (a) C'est ainsi
qu'il a adopté le trouble. C'est ainsi
qu'il a été ému de frémissement, d'in-
dignation, de colere. Il l'a voulu : il en
a été le maître : il a joint à ces dispositions une profonde paix, & une pleine

---

(a) Il faut juger des foiblesses intérieures de Jesus-
Christ par les extérieures.
Dans le tems même qu'il se
laissoit lier, conduire aux
différens Tribunaux, chargez
d'une Croix accablante, attacher avec des clous : il étoit
néanmoins le Tout-puissant,
& la liberté même. C'étoit
lui qui appelloit la puissance
des ténébres, qui leur donnoit le signal & la permis-
sion de tout entreprendre sur
lui, & qui cachoit sa véritable force sous le voile de ses
infirmitez volontaires.

& entiere supériorité sur ses sentimens. Mais c'est pour nous néanmoins une grande consolation que de sçavoir qu'il a pleuré, qu'il a craint, qu'il a été triste, qu'il a supplié que le calice qui lui étoit offert, passât loin de lui. Nous reconnoissons nos infirmitez dans ces sentimens, quoiqu'ils soient dans Jesus-Christ d'une maniere très-différente. Il a excité par-là notre confiance : il nous a prouvé par-là son amour. Il a consolé ceux qui craignoient que leur foiblesse ne fût méprisée : *Et lui qui* *étoit le Fils de Dieu, il n'a pas laissé* *d'apprendre l'obéissance par tout ce qu'il a* *souffert.......Car le Pontife que nous* *avons, n'est pas tel qu'il ne puisse compatir* *à nos foiblesses ; mais il a éprouvé comme* *nous toutes sortes de tentations, hormis le* *péché.*

Heb. 5. 8.
Heb. ch.
4. v. 15.

℣. 16. Ma vigueur s'est desséchée comme l'argile cuite au feu, & ma langue s'est attachée à mon palais.	℣. 16. *Aruit tanquam testa virtus mea : & lingua mea adhæsit faucibus * meis.*

* *Palato meo, S. Jérôme.*

Rien n'est plus étonnant que l'application de Jesus-Christ à faire remarquer sa foiblesse : un homme ne parleroit point ainſi. Les plus juſtes conſervent toûjours quelques ſecrettes reſſources. Ils ſont toûjours reconnoiſſables à quelques déſirs de grandeur, & à quelque crainte de l'humiliation. Et ils ſont en un ſens excuſables : parceque la grandeur leur eſt étrangere, & l'humiliation naturelle : & qu'ils croyent n'être plus rien, s'ils ſe réduiſent à ce qu'ils ſont. Mais Jeſus-Chriſt ſe plaît à confeſſer qu'il n'eſt rien, parceque tout eſt à lui, & qu'il eſt tout. Il ne cherche point à cacher ſa foibleſſe, ni à la diſſimuler. Tout eſt en lui vérité. Il confond l'orgüeil des Philoſophes, qui auroient crû deshonnorer le ſage chimérique dont ils avoient fait leur idole, s'ils lui avoient permis de ſe plaindre dans la douleur, ou d'avoüer qu'elle étoit un mal. Il guérit ce qu'il y a de faſtueux dans la patience de ceux qui ſont au déſeſpoir en ſecret, & tranquiles devant des témoins. Il rend hommage à la puiſſance & à la juſtice divine, en s'humiliant devant elle. Il apprend à ſes diſciples à la craindre, & à ne pas s'endurcir ſous ſes coups. Il ſanctifie les gémiſſemens & les larmes de ceux qui avoüent, comme Job, que leur chair n'eſt ni de bronze ni d'airain : il autoriſe les plaintes qui naiſſent de la peur

que la tentation ne devienne trop violen-
te, & qu'elle n'arrache quelques murmu-
res. Il nous déclare qu'il aime mieux une
moindre vertu avec une grande sincérité,
qu'une patience plus austere & plus ré-
guliere avec un peu d'artifice. Et il nous
console tous en montrant ce qu'il a souffert pour notre salut ; & en ôtant à ce
qui reste du calice qu'il nous présente ,
tout ce qu'il avoit d'amertume.

Ma langue s'est attachée à mon palais.
C'est une circonstance de la passion
de Notre-Seigneur , que son ardente
soif , causée par l'épuisement de ses
forces , & la perte de son sang. Il mar-
qua l'accomplissement de cette Prophétie , en disant à haute voix , qu'il
souffroit une extrême soif ; & il ne le
fit que pour donner lieu à un nouveau
tourment prédit dans un autre Pseaume : *Ils m'ont donné du fiel à manger ; &*
lorsque j'ai eu soif , ils m'ont donné du vi-
naigre à boire. Car on ne lui offrit pour
tout raffraichissement , que ces désa-
gréables liqueurs. Ainsi dans le tems que
les impies ne considéroient que son supplice , & ne pensoient qu'à l'augmen-
tèr : Jesus-Christ avoit toutes les Ecritures présentes , & en particulier ce
qui avoit été prédit de lui dans les
Pseaumes ; & à mesure que les mo-

Ps. 68.
v. 22.

mens marquez pour leur accompliſſement étoient arrivez , il s'y ſoumettoit
avec l'humilité d'une hoſtie , mais avec
l'autorité d'un ſouverain Prêtre. Il appelloit ce qu'il devoit ſouffrir , comme le maître des hommes & des événemens : & il l'acceptoit comme le plus
foible & le plus muet de tous les
agneaux : *Jeſus ſçachant que tout étoit ac-*
compli , afin qu'une parole de l'Ecriture fût
encore accomplie , il dit : j'ai ſoif . . . . .
ayant pris le vinaigre , il dit : tout eſt con-
ſommé.

Jean. ch.
19. v. 28.

| *Et in pulverem mortis deduxiſti me.* | Et vous m'avez réduit à la pouſſiére de la mort. |

Ce fût peu de tems après cette derniere parole , *tout eſt conſommé* , que Jeſus-
Chriſt expira , ſelon le rapport du diſ-
ciple bien aimé , préſent à tout : *& baiſ-*
ſant la tête , il rendit l'eſprit. Ainſi le
Pſeaume que nous expliquons fût accompli en tout : la ſoif précéda ; &
après le vinaigre , Jeſus-Chriſt baiſſa la
tête & mourût. Les termes du Prophête
ſignifient non-ſeulement la mort , mais
le tombeau. C'étoit une circonſtance
néceſſaire , pour aſſûrer la vérité de la
mort , d'où dépendoit celle de la réſur-

rection.' Mais un autre Pseaume nous Pf. 15.10. apprend que le corps du Sauveur fût éxemt de toute corruption ; & que la poussiere, dont parle celui-ci, est celle de la terre qui cache les morts, & non celle de la chair du Fils de Dieu, qui fut précieusement embaumée, & qui ne fut mise en dépôt dans le sépulchre que pour un tems fort court.

℣. 17. Car j'ai été environné par une troupe de chiens: j'ai été assiégé par une multitude de gens qui me veulent perdre.	℣. 17. *Quoniam circumdederunt me canes multi : concilium malignantium obsedit me.*

Ce verset a été expliqué avec le 13. & le 14.

Ils ont percé mes mains & mes pieds.	*Foderunt manus meas, & pedes meos.*
℣. 18. On pourroit compter tous mes os.	℣. 18. *Dinumeraverunt omnia ossa mea.*

Heb. Dinumerarem.

Ce verset, l'un des plus importans , & des plus clairs de l'Ecriture, a été obscurci dans le texte original par deux différentes causes, dont l'une a servi d'occasion à l'autre. La premiere n'est point l'effet du dessein : la seconde est l'effet , ou de la malice , ou de l'imprudence des Juifs, ennemis de l'Evangile. Il faut expliquer l'une & l'autre féparément.

Avant l'établiſſement des points, les voyelles ſervant à la prononciation, étoient quelquefois miſes pour la déterminer. Elles n'étoient point radicales, comme parlent les Grammairiens; & ainſi elles devoient diſparoître, dès que les points tenant lieu de voyelles, furent introduits. Elles furent ôtées en effet de tous les lieux où elles n'étoient plus néceſſaires : & ce fût l'uſage général. (a) Mais comme dans un grand détail, l'attention n'eſt pas toûjours égale, quelques mots retinrent des voyelles ſuperfluës avec les points : & les ſçavans en remarquent pluſieurs de ce genre, qui ne font de peine qu'à ceux qui ne ſont pas inſtruits de l'ancien uſage, & des veſtiges qui en ſont reſtés.

Le terme Hebreu rendu par les 70. ὤρυξαν *foderunt*, eſt un de ceux, où la voyelle *aleph*, qui ne ſervoit qu'à la prononciation, eſt demeurée avec le point qui devroit en tenir lieu, כארו *caarou*, au lieu de כרו *carou*.

Cette irrégularité a donné peut-être occaſion à une autre. Le *vau* a été diminué & converti en *jod* מארי, *caari* : parce que quelque copiſte a trouvé plus de ſens à cela, ou plus de conformité avec les régles de la Grammaire. Peut-être auſſi que la premiere origine d'un tel changement, n'eſt que le défaut d'éxactitude, & la conformité des deux lettres dont il s'agit, plus reſſemblantes encore dans pluſieurs manuſcrits.

On a dès-lors commencé à lire en deux ma-

(a) קאם *Conſurgit* Oſée ℣. 14. où l'aleph n'eſt que pour déterminer la pronon-ciation.

ראמה Ramah, *exalta-bitur*, ou *exaltatur*. Zach. 14: 10. où l'*aleph* n'eſt point radical, mais ſimple voyelle.

nieres le terme dont s'eſt ſervi le Prophête ; &
ſa ſignification naturelle, *foderunt*, eſt devenuë un peu moins claire & moins préciſe par
le concours d'une ſeconde maniere de l'écrire,
qui paroît ſignifier, *ſicut leo.*

Il étoit néanmoins très-aiſé de juger que la
premiére étoit inconteſtablement la légitime :
la ſeconde ne pouvant former aucun ſens raiſonnable, quelque ſoin que l'on prenne d'y ſuppléer, ce qui paroît lui manquer. *Sicut leo manus meas & pedes meos* [*mordent, lacerant.*]
Les lions & les bêtes carnacieres ne choiſiſſent
point par préférence les pieds & les mains de
leur proye. Et une telle idée n'a rien que de
froid & d'inſipide.

(*a*) Cependant comme l'ancienne maniere
de lire reprochoit trop clairement aux Juifs le
crime de leurs peres, & donnoit aux Chrétiens un avantage viſible ſur eux, ils devinrent
favorables à la ſeconde, & ils l'admirent d'a-
bord à la marge, comme digne d'être conſer-
vée : au lieu de la ſupprimer comme défectueuſe
& contraire au texte.

Ils paſſerent de ce premier dégré à un ſecond ; & ſans effacer du texte l'ancienne leçon,
ils lui préférerent la nouvelle qui étoit à la
marge : en avertiſſant que quoiqu'on écrivit,
carou, il falloit lire, *caari.*

Enfin ils devinrent plus hardis, & contre
leur coutume, ils mirent *caari* dans le texte,
ſans avertir au moins qu'on pouvoit lire autrement.

Comme cette corruption de la parole de Dieu,
pouvoit avoir contre eux-mêmes de dangereu-

___

(*a*) Le témoignage des
Septante, de S. Jérôme, de
S. Juſtin Apol. 2. & adver
ſus Tryph. prouve qu'il n'y
avoit rien alors d'altéré dans
le texte. Aucun ancien ne le
reproche aux Juifs.

ſes ſuites : la poſtérité d'Abraham n'étant pas rejettée pour toûjours, & la vérité des Prophéties devant paſſer juſqu'aux reſtes d'Iſraël que Dieu s'eſt réſervés : ſa providence les a obligez eux-mêmes à rendre témoignage contre la fauſſeté qu'ils avoient introduite, ou plûtôt qu'ils avoient préférée au texte original.

I. Dans la Maſore marginale de ce verſet, ils avertiſſent que la diction, *caari*, ſe trouve deux fois dans l'Ecriture avec un kamets : ici, & dans Iſaïe ch. 38. v. 13. mais que dans ces deux endroits, elle a deux ſignifications différentes ; & par-là ils découvrent & réparent leur faute. Car il eſt clair que cette diction ne ſignifie pas, *ſicut leo* dans ce Pſeaume : puiſqu'il eſt évident qu'elle ne peut avoir que ce ſens dans Iſaïe.

Tom. ult. p. 898. col. 4.

II. Dans la Maſore générale imprimée à la fin de la Bible de Veniſe, rédigée par le Juif R. Jacob Ben-Haïm, il eſt obſervé, dans le rang, ou la liſte d'aleph, que dans quelques exemplaires très-corrects, *carou*, étoit écrit dans le texte, & *caari*, à la marge, avec la note *Kéri*, pour montrer qu'il falloit lire ainſi, & non, *carou*. Il eſt donc conſtant par-là que, *carou*, a été ôté du texte, contre l'autorité d'excellens exemplaires.

III. La Maſore fait un reciieil de toutes les dictions, qui, quoique terminées par un *vau*, doivent ſe lire par un *jod*. *Carou*, n'eſt pas compris dans le nombre. Il eſt donc conſtant, ſelon l'obſervation de Jacob Ben-Haïm, qu'il n'étoit point lû autrement qu'il n'étoit écrit.

On pourroit ajoûter d'autres preuves (*a*) à

___

(*a*) La Maſore ſur le verſet 9. du chap. 24. des Nombres, avertit que dans le Pſeaume 22. il faut lire *caari*, quoique des exemplaires aïent *caarou*.

Dans le catalogue des dictions, qui ont un ſens diffé-

telles-ci : mais elles suffisent pour justifier ce que nous avons avancé. 1°. Que le terme original est, *carou*, *foderunt*. 2°. Que l'autre leçon est moins ancienne, & qu'elle a été introduite sans dessein à la vérité, mais retenuë avec affectation. 3°. Qu'elle n'a d'abord été qu'à la marge, & non dans le texte. 4°. Que les Juifs postérieurs ont introduit *caari* dans le texte contre l'avis de leurs peres, plus sinceres qu'eux & plus religieux. Mais il est tems de revenir au Prophéte que les Juifs n'ont pas crû, & aux mysteres dont ils ont été les ministres, sans en profiter.

Ils ont percé mes mains & mes pieds : on pourroit compter tous mes os. Non-seulement rien de tel n'est arrivé à David : mais la divine Providence n'a pas permis qu'aucun des Prophêtes, que les Juifs ont mis à mort, ait été mis en croix, de peur de confondre les serviteurs avec le maître, & de rendre douteuse la Prophétie qui le regardoit seul.

Elle est si claire cette Prophétie, que

---

rent, quoiqu'elles s'écrivent de même, *caari* du Ps. 22. & *caari*, d'Isaïe ch. 38. 13. y sont mis par Jacob Ben-Haïm. Jean Isaac Lévite, Juif converti, mais zélé pour le texte hebreu, assûre en sa conscience, qu'il avoit vû dans le Pseautier de son ayeul, *carou*, écrit dans le texte, & *caari*, à la marge. Et il ne doute pas qu'il n'en fût de même dans les anciens exemplaires. Il écrivoit

en 1558. contre Lindanus, son Traité, *De defensione veritatis Hebraicæ*, imprimé à Cologne. Ce qu'on en cite ici, est dans le second livre vers la fin.

Nota. Ce que je dis de la Masore sur le verset 9. du ch. 24. des Nombres, n'est fondé que sur l'autorité de Bellarmin, confus en cet endroit, & que Bithner ne confirme pas. Il faut voir l'endroit dans la Bible de Venize.

ſans elle l'hiſtoire même de l'Evangile auroit quelque obſcurité. Car tous les Evangéliſtes diſent bien que Jeſus-Chriſt fut crucifié : mais aucun ne nous décrit ſon crucifiement ; & ſans ce qui eſt dit des veſtiges des clous, qui paroiſſoient ſur ſon corps reſſuſcité, nous ne ſerions inſtruits que par la prédiction que nous liſons ici, que ſes mains & ſes pieds furent percés par les cloux qui l'attacherent à la croix.

Nous ne ſçaurions même quelle étoit ſa croix, & comment il y fût attaché ; le nom & le ſupplice de la croix, ne marquant rien de diſtinct, à cauſe qu'il étoit diverſifié en pluſieurs manieres : ſi le Prophête n'ajoûtoit que tous les os, toutes les jointures, toutes les articulations du corps du Fils de Dieu pouvoient être facilement comptées, parcequ'elles étoient toutes expoſées à la vûë, & que la maniere dont on avoit tendu ſes pieds & ſes mains, avoit rendu ſenſibles toutes les liaiſons de chaque membre : *Ils ont percé mes mains & mes pieds : on pourroit compter tous mes os.*

Voilà ce que Jeſus-Chriſt avoit prédit en termes myſtérieux. *Lorſque vous aurez élevé en haut le Fils de l'homme, vous connoîtrez qui je ſuis.* Il montra au ciel

ciel & à la terre, étant élevé entre les
les deux, dequoi les étonner jufqu'à la
fin des fiécles; & quoique tout autre
qu'un Dieu n'eût pû choifir une telle
voye pour fe manifefter aux hommes ;
nous devons pourtant avoüer que rien
n'étoit plus capable de le découvrir dans
ce qu'il a de plus fecret & de plus impénétrable, qu'un tel moyen. Perfonne
n'auroit connu comme il faut fa majefté fuprême, fans le facrifice de fon
Fils : fa fainteté & fa juftice, fans une
telle réparation : fa miféricorde & fon
amour fans un tel excès : la diftance de
fes penfées d'avec les nôtres, fans un
tel prodige.

Et le Fils lui-même feroit demeuré
prefque inconnu fans le myftere de la
croix, où il eft tout-à-la fois hoftie,
fouverain prêtre, médiateur, la fin de
la loy & l'auteur d'une alliance nouvelle ; la proye de la mort & fon vainqueur ; l'anathême pour le péché , &
la fource de toute juftice & de toute
bénédiction ; l'objet de la colere de fon
Pere & de tout fon amour ; le réconci-
liateur de tous ceux qui l'ont précédé , & de tous ceux qui le fuivront.

Avec fes mains étenduës, il embraf-
fe tous les fiécles. Il rappelle, & il réü-
nit à lui tous les hommes. Il les in-

corpore & les confond avec lui-même.
Il meurt au nom de tous. Et il est non
seulement le centre, mais l'abrégé de
tout l'univers.

Il n'est point offert comme les autres hosties, qui cessent de vivre dès
qu'elles sont immolées. Il est attaché
vivant sur l'autel de son sacrifice, &
aucune blessure mortelle ne l'interrom-
pra jusqu'à ce qu'il le veuille : & ce ne
sera même que lorsqu'il aura tout accompli, & rendu l'esprit, que son côté sera ouvert par la lance, qui donnera naissance à l'Eglise.

Il priera jusques-là les mains étenduës : souffrant d'extrêmes douleurs,
comme hostie ; & les offrant pour nous,
comme souverain prêtre. Il attirera
toutes choses à lui, du haut de ce trône, que les impies deshonnorent par
des blasphêmes. Il abbaissera les empi-
res, & se soumettra tous les Rois. Il
étend une main à l'extrêmité du monde, & l'autre à l'extrêmité opposée.
Et toutes les nations qui lui sont pro-
mises comme son héritage, viendront
se prosterner devant sa croix, pour l'a-
dorer.

Il paroît contraire à la liberté, avec
laquelle Jesus-Christ s'immoloit, qu'il
fût cloüé à la croix. Mais il représen-

toit le pécheur qui doit souffrir comme coupable, & comme condamné. Il étoit dans sa chair mortelle la figure du péché, qui devoit être crucifié, & cloüé pour ainsi dire au lieu même où il avoit été expié. Il attachoit lui-mê à la croix, comme à un trophée, tous ses ennemis, qui n'avoient pas sçû qu'ils se lioient eux-mêmes à son char de triomphe par les clous qu'ils enfonçoient dans ses mains.

Il cloüoit à sa croix la sentence prononcée contre nous, afin qu'elle y fût effacée par son sang, & qu'elle devint un monument éternel de notre réconciliation, & de sa victoire : *Il a effacé la sentence de condamnation qui nous étoit contraire : il l'a entierement abolie en l'attachant à la croix. Et ayant désarmé les principautés & les puissances, il les a menées hautement en triomphe à la face de tout le monde après les avoir vaincuës par sa croix.*

Jesus-Christ vouloit aussi consoler & instruire ses disciples, qui n'auroient pas comme lui la liberté de s'éxempter des souffrances, & qui seroient attachés à des croix qu'ils n'auroient pas choisies. Il leur apprennoit jusqu'où devoit aller leur obéïssance, pour imiter la sienne. Il leur méritoit la grace de

Coloss. ch. 2. v. 14. & 15.

la paix & de la patience dans les afflictions néceſſaires & inévitables. Il
les offroit à ſon Pere, en les uniſſant
aux ſiennes, afin qu'elles fuſſent regar-
dées de lui comme libres & volontaires,
en récompenſe de celles qu'il paroiſ-
ſoit ſouffrir par néceſſité. Il purifioit
la patience des ſaints par un tel remede;
& il réformoit dans leur cœur un déſir
ſecret de conſerver toûjours quelque
image de liberté dans l'humiliation & la
ſouffrance. Enfin il leur préparoit la
grace de la perſévérance dans des ſitua-
tions pénibles & crucifiantes, dont ils
pourroient ſortir par découragement,
& où ils devoient mourir pour lui être
fideles.

Ipſi verò conſide-raverunt, & inſpe-xerunt me.	Ils m'ont obſervé & conſidéré avec at-tention. Ils ont fixé ſur moi leurs regards.

Ceux qui ont percé mes mains &
mes pieds, ſe repaiſſent du ſpectacle de
mes douleurs. Ils me gardent à vûë. Ils
s'applaudiſſent du ſuccès de leurs deſſeins. Plus ils me voyent foible, épuiſé,
approchant de la mort, plus ils mépri-
ſent ma patience, qu'ils regardent comme forcée. Et plus ils me conſiderent,
moins ils me connoiſſent.

C'est-là le caractere du Juif infidele. Il ne voit dans ce mystere que son crime. Il ne le regarde qu'avec les yeux de Cham, qui insulta à la nudité de Noé, & il ne sçait pas que les malédictions, que ce Patriarche prononça à son réveil, figure de la résurrection de Jesus-Christ, comme son sommeil & sa nudité l'avoient été de sa mort sur la croix : il ne sçait pas, dis-je, que les malédictions que ce saint homme prononça contre la postérité de Cham, sont tombées sur le faux Israël, & que son aveuglement en est l'effet.

Pour les fideles choisis entre les Juifs, & entre les Gentils, ils imitent le respect de Sem & de Japhet. Ils réverent un mystere qui est au-dessus de toute intelligence. Ils ne l'éxaminent point par les lumieres de la raison. Ils opposent les salutaires ténébres de la foy au témoignage des sens, & au scandale de la sagesse humaine. Et ils regardent par des yeux spirituels, que le monde & l'orgüeil ne connoissent point un Dieu caché dans les foiblesses de l'homme. Ils le considerent avec étonnement & avec fraïeur dans un état, où ils n'auroient jamais pensé qu'une telle majesté pût descendre. Ils voyent en lui la vérité de ce qui étoit figuré par le serpent d'airain élevé dans le défert ; qui n'avoit que la reffemblance du ferpent, & qui guériffoit tous ceux que les véritables ferpens avoient bleffé. Ils n'attendent leur falut que de lui ; & leur foy puife dans fes playes la réfurrection & la vie.

Ils comprennent le fens de ces myftérieufes paroles dites autrefois à Moïfe: *Confidérez avec attention, & faites felon le modele qui vous a été montré fur la montagne.* Ils étudient ce grand modele, ils le confiderent de près, ils y paffent la nuit & le jour, ils fixent leurs regards fur l'auteur & le confommateur de la foy. Ils apprennent quelle eft la religion chrétienne de celui qui en eft le fondateur. Ils comparent fes leçons à fon éxemple : fes inftructions au témoignage qu'il leur rend par fa mort. Ils éxaminent par qui il eft mis en croix, & par qui ils doivent y être mis eux-mêmes. Ils fe fortifient dans la haine du monde, qui a crucifié leur Sauveur, & qui doit être crucifié pour eux. Ils méprifent & fa fauffe gloire, & fes délices. Ils fe croiroient deshonnorés, s'ils n'avoient part aux opprobres de leur maître. Ils s'y préparent, en méprifant une confufion d'un moment, & ils ne trouvent rien qui les confole fi puiffamment dans toutes leurs con-

tradictions & leurs épreuves, que le souvenir de leur Seigneur exposé à la violence & aux railleries des impies. *Jettant*
les yeux sur Jésus, comme sur l'auteur &
le consommateur de la foy, qui dans la vûë
de la joye qui lui étoit préparée, a souf-
fert la croix, en méprisant la honte & l'i-
gnominie; & est maintenant assis à la droite
du trône de Dieu. Pensez donc en vous-
même à celui qui a souffert une si grande
contradiction des pécheurs qui se sont éle-
vez contre lui.

Heb. ch.
12. v. 2.
3.

℣. 19. Ils ont partagé entre eux mes vêtemens ; & ils ont jetté ma robe au sort.	℣. 19. *Diviserunt sibi vestimenta mea, & super vestem meam miserunt sortem.*

Mat. ch.
27. v. 35.
Jean. ch.
19. v. 23.
24.

Les Evangélistes ont remarqué cette
circonstance, parcequ'elle est une preuve de l'accomplissement de cette Prophétie, qui de son côté est une preuve
de la mort. Celui qui est attaché à la
croix y expire. Son seul bien étoient
ses habits, & ils sont divisez. Et ce partage est si réel, comme il a été observé
dans le sujet du Pseaume, que la robe
a été jettée au sort, parcequ'elle ne
pouvoit être divisée sans devenir inutile.

Les saints Peres l'ont regardée comme la figure de l'Eglise, qui lui est unie, & qui sera toûjours unique. On ne la divisera jamais, quoiqu'on s'en sépare. On la quittera par le schisme: mais elle ne sera jamais dans un parti schismatique. On ne la peut conserver qu'en la retenant toute entiere. Elle périroit, si l'on la mettoit en morceaux. Les communions étrangeres qui portent le nom de Jesus-Christ, sont figurées par les lambeaux que chaque soldat eût par la division. Mais la robe intérieure, immédiate de Jesus-Christ, subsiste toûjours. Et ce n'est point par le mérite, qu'on y est appellé, ou qu'on y persévere : c'est par une miséricorde purement gratuite, dont le sort est le symbole.

Cette robe étoit sans doute teinte du sang de Jesus-Christ, puisqu'il l'avoit pendant sa sueur de sang, & qu'elle lui fût remise après une cruelle flagellation. C'est encore par-là qu'elle est l'image de l'Eglise, qui seule peut avoir part aux souffrances de Jesus-Christ, qui a eu seule de véritables martyrs, & qui seule aura ce privilége jusqu'à la fin du siécle. Elle est sans comparaison plus précieuse que le manteau d'Elie, qui fut l'héritage d'Elisée.

Tous

Tous les dons utiles au salut y sont attachés. Elle seule donne droit à la prophétie & aux miracles ; & sans elle on ne peut conserver le double esprit de Jesus-Christ, de vérité & de sainteté, parcequ'il ne subsiste que dans son corps , & que l'erreur , & l'injustice inondent tout le reste.

ⅴ. 20. Mais vous , Seigneur , ne vous éloignez point de moi : ô mon soutien , & ma force , hâtez-vous de me secourir.	ⅴ. 20. *Tu autem, Domine , ne elongaveris auxilium* ✶ *tuum à me : ad defensionem meam conspice.*

✶ S. Jérôme. *Tu autem, Domine , ne longè facias : fortitudo mea , in auxilium meum festina.* L'Hébreu est conforme à cette version : mais dans le fond , c'est le même sens.

Après que le Prophête a marqué en détail les souffrances , & le genre de mort du Fils de Dieu , il passe à sa résurrection , qui a été le fruit de ses prieres. Il ne faut pas les confondre avec celles qui ont été marquées au commencement du Pseaume , & qui n'ont pas eu leur effet , parcequ'elles étoient conditionnelles, & que Jesus-Christ n'en désiroit pas l'accomplissement par une volonté absoluë. Il s'est

plaint d'être abandonné, lorſqu'il demandoit d'être délivré de la croix, &
de la mort : mais il rendra bien-tôt graces de ce que ſon Pere ne l'a pas laiſſé
dans le tombeau.

J'accepte, ô mon Dieu, la mort,
qui eſt dûë au pécheur, mais qui doit
ſervir à le juſtifier. Je vous recomman-
de mon eſprit, & je le mets en dépôt
dans vos mains : hâtez-vous de me le
rendre ; & rétabliſſez bien-tôt le temple que vos ennemis & les miens vont
détruire.

℣. 21. *Erue à framea*, Deus, animam meam ; & de manu canis unicam † meam.*	℣. 21. Délivrez mon ame de l'épée, ô mon Dieu : délivrez de la violence des chiens mon ame, qui eſt ſeule & ſans protection.

* Heb. *à gladio, à morte violentâ.*
† יחידי Le vrai ſens eſt, *ſolitariam, omni ope deſtitutam* (ſupple) *animam.* Voyez dans le
Pſ. 24. v. 16. יחיד *unicus, ſolitarius, ope deſtitutus* S. Jérôme traduit : *ſolitariam.*

Il eſt juſte, & j'y conſens, que votre ancienne malédiction contre le premier prévaricateur ſoit accomplie. Le
corps qui a quelque liaiſon avec celui

d'Adam doit mourir. Mais ſi le péché eſt aboli, la mort qui en eſt la peine,
doit ceſſer. Délivrez-donc votre Fils ,
après avoir puni le pécheur. Rappel-
lez-moi du tombeau , où je deſcends.
Ne ſouffrez pas que les bêtes farouches
qui m'environnent , inſultent à mon
corps après ma mort. Ranimez-le promptement, & hâtez-vous pour votre gloire,
pour ma juſtification, pour la conſolation
de mes diſciples, de me donner une nouvelle vie, différente de celle que vous
permettez qu'on me raviſſe.

ⅴ. 22. Sauvez-moi de la güeule du lion : (éxaucez-moi, ou) délivrez ma foibleſſe de la puiſſance des forts. *A la lettre :* des cornes de licornes.

ⅴ. 22. *Salva me ex ore leonis : & à cornibus uni-cornium humilita-tem* * *meam.*

* עניתני *Exaudi me.* S. Jérôme, ou : *Exaudies.* Les 70. ont lû עניתי, ou , עניתי *afflictio-
nem, infirmitatem meam.* Et ce ſens eſt très-
bon.

Je ſouffre maintenant , tout ce qu'il
vous plaît de la part des hommes qui
n'ont rien d'humain , & qui me trait-
tent avec une cruauté égale à leur orgüeil. Mettez des bornes à leur pou-

voir ; rendez leur malice impuiſſante ;
arrachez au lion l'agneau qu'il dévore :
tirez de deſſous les pieds des bêtes fé-
roces, l'humble & le pauvre qu'elles
ſoulent & qu'elles écraſent ; & mettez un grand intervale entre elles & votre fils Joſeph, dont elles déchirent &
enſanglantent la tunique.

| ℣. 23. *Narrabo nomen tuum fratribus meis : in medio Eccleſia laudabo te.* | ℣. 23. J'annoncerai votre nom à mes freres : je vous loüerai au milieu d'une grande aſſemblée. |

Je ſuis certain que vous me rendrez
la vie, & que vous ne mépriſerez pas
les larmes avec leſquelles je vous la demande. Je ſortirai du tombeau par votre puiſſance, à qui tout eſt ſoumis.
Et mon premier ſoin après ma réſur-
rection, ſera de conſoler mes freres, que
ma mort aura jettés dans une affliction
peu différente du déſeſpoir ; de leur
faire part de ma reconnoiſſance & de
ma joye ; de leur découvrir les myſteres
de votre ſageſſe & de votre amour ;
de leur apprendre que tout ce qui m'eſt
arrivé étoit prédit par vos Prophêtes ;
que les hommes n'ont fait par leur malice, qu'éxécuter les deſſeins de votre

miféricorde ; que je n'étois pas moins
votre Fils uniquement aimé fur la
croix , que dans l'état de gloire & d'immortalité où je ferai pour lors ; & que
tout ce que j'ai fouffert de douleurs &
d'ignominies , étoit néceffaire pour
vous réconcilier avec eux , pour leur
ouvrir le chemin du Sanctuaire fermé
jufqu'à ce moment, & pour les affocier
à ma qualité de fils & d'héritier.

Ils m'étoient déja unis par une mê- *Hebr. 12.*
me nature : je l'avois prife pour leur *♥. 11. 12.*
reffembler : & je ne me trouvois point *14.*
deshonnoré de les avoüer pour mes
freres dans le tems de mon infirmité.
Mais je ne leur en ai point donné le
nom avant ma mort. J'ai réfervé cette
marque de ma tendreffe pour le jour de
ma réfurrection. Car plus il paroîtra de
diftance entr'eux & moi, plus j'affec-
terai de leur être égal ; & je ferai plus
appliqué à leur proüver ma bonté , ma
familiarité, mon humilité même , lorfque je ferai entré dans mon Royaume,
que lorfque j'étois avec eux dans l'humiliation : parcequ'ils auront alors plus
befoin d'être raffurés , & de prendre en
moi une confiance que mon retour dans
le ciel & mon abfence ne puiffent
ébranler. Je chargerai la perfonne , *Jean. 20.*
dont l'amour pour moi aura été plus *17.*

généreux & plus persévérant , d'aller
dire à mes disciples , combien celui que
j'ai pour eux est tendre ; de leur donner de ma part le nom de freres ; de
les assûrer que vous êtes mon Dieu &
leur Dieu , que vous êtes mon Pere &
leur Pere , & que je me regarde comme
étant leur aîné , plûtôt que leur maître.
Je me montrerai moi-même à eux quelques momens après avec un air de bonté , dont la tendresse de Joseph se ma-
nifestant à ses freres , n'étoit qu'une
trés-imparfaite image. Je les jetterai
dans l'étonnement , en ne leur repro-
chant rien , en oubliant tout , en ne
voulant pas qu'ils me parlent de leur
fuite , de leur incrédulité , de leur re-
noncement. Je convertirai leurs larmes
causées par la douleur de m'avoir perdu , ou par le repentir de ne m'avoir
pas été fideles , en des larmes d'admiration , de reconnoissance , & d'amour.
Je leur apprendrai à vous invoquer , à
espérer en vous , à vous rendre graces.
Je commencerai , & ils imiteront mon
éxemple. Et quoiqu'ils ne soient qu'un
petit nombre dans les premiers jours ;
cette Eglise naissante fera bien-tôt de
très-grands progrès à Jérusalem ; & de-
là elle se répandra dans tout l'univers ,
qui retentira par tout de mes cantiques ;

& qui en repétant les Pseaumes où il est parlé de moi, & de ma résurrection, s'unira à mes actions de graces, & continuëra ma reconnoissance.

℣. 24. Loüez le Seigneur, vous qui le craignez : glorifiez-le tous, enfans de Jacob.

℣. 24. Qui timetis Dominum, laudate eum : universum semen Jacob glorificate eum.

Quel exemple pour nous qu'une telle invitation ! Quelle leçon d'humilité ! Quelle preuve que nous sommes associez à tous les biens de Jesus-Christ ; puisque nous en devons rendre graces avec lui ! Quel témoignage qu'il nous regarde véritablement comme ses freres ! Mais, Seigneur, que pouvons-nous ajoûter à vos sentimens ? Et quel besoin avez-vous que nous unissions nos loüanges & nos actions de graces aux vôtres ? Ce n'est pas le besoin, mais l'amour qui nous invite. Ce n'est pas l'espérance de recevoir, mais le plaisir de donner & de répandre. Le premier fruit de votre mort & de votre résurrection, est que nous ne soyons plus séparez de Dieu, que nous commencions à le craindre utilement, que nous ne soyons occupés que de sa gran-

deur, de ses miséricordes, des biens ines-
timables que nous avons reçûs à cause
de vous. Sans vous nous ne serions que
dignes de haine, exclus de la société
des saints, incapables de loüer jamais
Dieu, ni de le bénir. Vous nous avez
rendu ses enfans, ses amis, son héritage. C'est ce que vous nous apprenez,
en nous invitant au même honneur que
le vôtre, & en voulant bien partager
avec nous l'auguste emploi de le loüer.

v. 25. *Timeat eum omne semen Israël ; quoniam non sprevit, neque despexit * deprecationem ** pauperis.*

v. 25. Que toute la postérité d'Israël le craigne: parcequ'il n'a point méprisé, & n'a point rejetté † l'humble priere du pauvre.

* שקץ *abominatus est.*
** ענות *modestiam.* S. Jérôme, *humilitatem.*

† A la lettre: *il n'a point eu en horreur.*

Il est évident que le bienfait dont il
s'agit, intéresse toute la maison de Jacob, toute la postérité d'Israël; qu'il
est lié avec ses espérances & ses promesses; qu'il est inséparable de son culte & de sa religion; & qu'il ne peut par
conséquent regarder que le Messie.

En vain ceux qui l'ont rejetté , portent le nom d'Ifraël : en vain ils confervent le Pfeaume qui les dégrade & les deshérite. Ils n'ont point de part à la joye de leur Seigneur : ils ne connoiffent pas ce qui en fait le fujet. Ils infultent à fa mort , & ils nient fa réfurrection. Ils font dès-lors des étrangers & des ennemis, que Jacob & Abraham défavoüent.

Parcequ'il n'a point méprifé , & n'a point eu en horreur l'humble priere du pauvre.	*Quoniam non fprevit , neque abominatus eſt deprecationem pauperis.*

Il femble que l'humilité de Jefus-Chrift devienne plus grande à proportion de ce qu'il eſt élevé. Qui croiroit , fi toute la fuite du Pfeaume ne nous y obligeoit , qu'il parle de lui-même en cet endroit ! Et que ce pauvre fi humble & fi reconnoiffant , eſt le Fils unique du Pere , à qui toute puiffance a été donnée dans le ciel & fur la terre ! Il marque bien qu'il eſt le plus grand de tous , felon la régle qu'il a lui-même donnée dans l'Evangile , puifqu'il eſt fi petit à fes yeux. Il eſt fans doute le Roy de gloire , puifqu'il eſt

le pauvre par excellence. Il est le chef
de tous les saints, puisqu'il est le plus
reconnoissant & le plus humble. L'orgüeil & la misere sont toûjours en même proportion : & il en est ainsi de
l'humilité & de la solide grandeur. Le
chef des réprouvez mérite cette place,
parce qu'il est plus vain & plus corrompu que tous les injustes. Le chef des
prédestinez a cette auguste qualité, parce qu'il est plus humble & plus pur que
tous les justes.

C'est un nom que le siécle ne connoît point que celui de pauvre : les sages & les prudens l'ignorent : mais les
petits en ont l'intelligence. Et il n'y a
que les pauvres qui sçachent estimer
cette précieuse qualité de Jesus-Christ,
& qui s'efforcent de lui ressembler.

Nec avertit fa-ciem suam à me★, & cùm clamarem†ad eum, exaudivit me.	Il n'a point détour-né de moi son visage: il m'a éxaucé lorsque j'ai crié vers lui.

★ *Ab eo.*

† בשועו *cum clamaret.* Les 70. ont lû *icd,*
au lieu de, *vau.* Mais c'est le même sens.

Jesus-Christ n'avoit qu'une ressemblance extérieure de l'homme pécheur ;
& il ne s'étoit chargé de nos offenses,

que pour obéir à son Pere, par zéle
pour sa justice, & par compassion pour
nous. On diroit néanmoins qu'il étoit
pécheur lui-même, & que toutes nos
iniquitez lui étoient propres, tant il
est plein de reconnoissance, de ce que
son Pere ne s'est pas rendu inéxorable
à ses cris, n'a pas eu en horreur sa priere,
& n'a pas détourné ses yeux de peur de
le voir. Il oublie ses mérites, qui sont
infinis. Il ne parle ni de ses souffrances, ni de ses ignominies, qui ont pleinement satisfait à la justice divine. Il
ne paroît pas se souvenir qu'il est le
Fils. Il n'a devant les yeux que la grace
& la miséricorde qu'il a reçûë, &
qu'il ne peut assez admirer. Que doivent donc faire les pécheurs, quand
ils prient ! Comment doivent-ils rendre
graces quand ils sont écoutez ! Et quelle
confusion n'est-ce point pour eux, d'ê-
tre si peu ressemblans à celui qui prie en
leur nom avec tant d'instance, & qui
remercie pour eux avec tant d'humilité
& tant d'amour.

℣. 26. Vos bien-	℣. 26. *Apud* ∗ *te*
faits seront la matiere	*laus mea in eccle-*
de mes loüanges dans	*siâ magnâ : vota*

∗ מאתך תהלתי, *à te laus mea* : c'est la même
chose, que, *in te gloriabor* : & ce qui est dans
le Ps. 33. *In Domino laudabitur anima mea.*

mea reddam in conspectu timentium eum.

uné grande assemblée. Je rendrai mes vœux en présence de ceux qui vous craignent.

Comme la vie que vous m'avez renduë sera éternelle, mes actions de graces seront aussi éternelles. Comme c'est pour la réconciliation de ceux que vous me donnerez pour disciples, que vous m'avez ressuscité, je les assemblerai pour vous en loüer. Je les inviterai au sacrifice que je vous ai promis, lorsque j'étois dans l'affliction. J'offrirai avec eux une victime qui suffira pour tous, & qui subsistera toûjours, quoiqu'elle soit toûjours immolée; & je rendrai leur joye continuelle, en les appellant à un festin de religion, qui ne sera jamais interrompu.

℣.27. *Edent pauperes, & saturabuntur, & laudabunt Dominum, qui requirunt eum: vivent corda eorum * in saeculum saeculi.*

℣.27. Les pauvres mangeront & seront rassasiés, ceux qui cherchent le Seigneur le loüeront: & leurs cœurs vivront éternellement.

* לבבכם *cor vestrum.* Mais un léger changement fait cette différence qui n'est point importante: & il est certain que le sens des 70. est meilleur.

Tous les pauvres feront admis : ils feront tous raffafiez : ils loüeront tous le Seigneur : ils ne penferont tous qu'à lui plaire. Leur cœur fe nourira du facrifice offert. Ils y puiferont l'immortalité ; & ils feront ainfi éternellement affociez à mes actions de graces, & au culte fouverain que je vous rendrai en m'acquittant de mes vœux & de mes promeffes.

Il n'eft pas poffible de ne pas reconnoître l'Euchariftie à des caractéres fi vifibles, & de ne pas avoüer qu'elle eft un vrai facrifice, puifqu'elle eft offerte ; & que les pauvres y font invitez, commé aux facrifices qu'on offroit dans le tems de la loi pour des actions de graces. *Deut. 16. v. 11. 14.*

Mais il eft à propos de pénétrer un peu plus avant dans ces myfteres : fans nous mettre en peine, fi des hommes aveuglez par l'infidélité, y verront les mêmes chofes que nous.

Lorfque le Fils de Dieu s'offroit fur la croix, perfonne n'y étoit attentif. J'excepte la très-fainte Vierge, dont la foy a toûjours été conftante, & qui fe fouvint alors de la prophétie de Simeon : les difciples étoient difperfez par la fuite ; & nous n'oferions pas dire que S. Jean qui demeura aux pieds de

la croix , comme Magdelaine , & d'autres faintes femmes , eût alors plus
d'intelligence qu'elles de ce profond
myftere. Tous les autres fpectateurs ou
infultoient aux fouffrances de Jefus-
Chrift , ou n'étoient touchez que d'une
compaffion humaine. Aprés fa réfurrection les Apôtres & les autres fideles
connurent la vérité : mais l'action étoit
paffée ; & il leur feroit refté un regret
éternel de ne l'avoir point comprife ,
fi l'inftitution de l'Euchariftie, dont Je-
fus - Chrift leur découvrit alors tous
les motifs , ne les avoit mis en état d'affifter avec foy & avec piété au myftere
de fa mort.

Il étoit effentiel à un facrifice offert
pour les hommes , qu'il eût de leur
part de faints miniftres , qui s'uniffent
à Jefus-Chrift , à fes prieres , à fon ado-
ration , à fon humilité , à fa douleur
pour nos fautes , qui demandaffent pardon avec lui & par lui , qui le préfen-
taffent à fon Pere avec fes fouffrances ,
fes ignominies , fon fang & fes larmes.
Tout cela manquoit fur le Calvaire. Les
miniftres alors étoient des hommes furieux , qui ne méritoient que les noms
de lions & de chiens. Et fi l'Euchariftie
n'avoit pas rappellé le facrifice , qui y
fût immolé par des impies & des fcé-

lérats, le sacrifice de Jesus-Christ n'auroit jamais été offert par des mains pures, & n'auroit jamais eu parmi les hommes de saints ministres, quoiqu'ils y eussent un extrême intérêt, & qu'ils fussent obligez de l'offrir.

Dans tous les sacrifices de l'ancienne loi, la victime offerte pour quelqu'un, étoit présentée au Prêtre par lui. L'une des cérémonies prescrites, étoit qu'il lui imposât le premier les mains ; & qu'il marquât par-là qu'elle tenoit sa place aux yeux de Dieu. C'étoit donc à nous à conduire Jesus-Christ à l'autel, c'est-à-dire, à sa croix. C'étoit à nous à lui imposer & nos obligations, & nos fautes. Il étoit notre don, puisqu'il étoit notre victime : & c'étoit par conséquent à nous à l'offrir. Nous aurions perdu tous ces droits sans l'Eucharistie, qui nous les restituë ; & nous ne pouvons assez admirer le moyen que la sagesse & la bonté de Dieu ont établi pour nous les rendre.

Lorsqu'on offroit à Dieu des victimes pacifiques, ou pour rendre graces, ou pour s'acquitter d'un vœu, ou pour demander quelque bien ; l'hostie étoit partagée entre l'autel, qui étoit l'image de Dieu ; le Prêtre, qui l'immoloit ; l'Israëlite, qui la présentoit ;

& ceux de sa famille ou de ses amis qu'il avoit invités au sacrifice. Cette communion d'une même hostie entre Dieu, le Prêtre, & l'Israëlite, étoit un signe de paix & d'unité, qui inspiroit de la confiance, & nourrissoit la piété. Si le sacrifice de Jesus-Christ s'étoit terminé à ce qui se passa aux portes de Jérusalem, nous eussions été privez de la partie la plus capable de nous consoler. Nous serions tous demeurés dans une espéce d'excommunication. Et ce n'est que par l'Eucharistie que nous sommes admis à manger la victime offerte pour nous : qu'on appelleroit vainement pacifique, s'il ne nous étoit pas plus permis d'y participer, qu'à l'holocauste, & au sacrifice pour le péché de l'ancienne loi.

On répondroit inutilement que la communion par la foy, & en esprit ne seroit pas interdite. Elle devoit être réelle dans les sacrifices pacifiques. Et si l'on la réduit à l'esprit, on ne met aucune différence entre l'holocauste, & les sacrifices où le peuple & le prêtre étoient admis, & dont ils se nourrissoient.

Comme les sacrifices anciens ne pouvoient remettre les péchez, & que la loi n'étoit capable de justifier personne,

Dieu

Dieu n'avoit pas voulu que les victimes offertes pour le péché fussent communiquées au pécheur. L'usage lui en étoit interdit. Une partie * étoit brûlée sûr l'autel ; le reste étoit la nourriture du Prêtre. Et le pécheur apprennoit par cette privation, qu'il étoit toûjours désagréable à Dieu ; & qu'il avoit besoin du sang d'une victime plus pure pour lui être réconcilié.

Au jour solemnel de l'expiation, le souverain Prêtre lui-même n'avoit aucune part aux hosties dont il portoit le sang dans le Sanctuaire. Elles étoient brûlées hors du camp, sans que qui que ce fût en pût retenir une partie : *On brûlera dans le feu la peau, la chair, & la fiente du veau & du bouc.* Ce qui marquoit d'une maniere plus sensible une entiere excommunication. Celui qui étoit chargé du soin de brûler ces hosties, devenoit impur jusqu'au soir. *Quiconque les aura brûlées, lavera dans l'eau ses vêtemens & son corps, & après cela il rentrera dans le camp.* Et par-là tout le monde devoit juger combien une telle victime étoit incapable de purifier la conscience, puisque celui qui avoit été employé à la porter hors du camp, &

* Les graisses, comme on le voit Lévit. ch. 4. v. 8. 19. 26. 31. 35.

à la brûler , devenoit impur ſelon la
loi.

Rien n'étoit plus ſolemnel que le
ſacrifice de la géniſſe rouſſe , immolée
au nom de tout Iſraël par le ſouverain
Prêtre : puiſque c'étoit de ſes cendres
que toutes les purifications légales ti-
roient leur vertu. Mais perſonne n'avoit
droit d'en rien réſerver ; & tout Iſraël
n'étoit que ſpectateur : *Il la brûlera à
la vûë de tous , en conſumant par la flam-
me tant la peau & la chair , que le ſang
& les excrémens de l'hoſtie.* Il devoit reconnoître à ce ſévere interdit , que tous
ſes péchez étoient retenus ; & Dieu l'en
avertiſſoit par une autre voye , qui n'é-
toit pas moins propre à le détromper :
en déclarant impur le grand Prêtre qui
avoit ſacrifié la géniſſe , impur celui
qui l'avoit brûlée , impur celui qui en
avoit ramaſſé les cendres , impur celui
qui en les mêlant avec de l'eau vive ,
s'en ſervoit pour purifier l'impureté
d'un autre.

L'hoſtie offerte pour les péchez du
ſouverain Prêtre , commis par ignorance , & celles qui étoient offertes pour
les péchez de tout le peuple , qui ve-
noient auſſi d'ignorance , étoient brûlées hors du camp avec la même éxactitude , excepté qu'on en ſéparoit les

Nomb.ch.
19. ⅴ. 11.
& ſui-
vans.

Ibid. ⅴ.7.
8. 9. 10.

ⅴ. 21.

graisses * pour le brûler sur l'autel des holocaustes : *Pour ce qui est de la peau & de toutes les chairs, avec la tête, les pieds, les intestins, les excrémens, & tout le reste du corps, il les emportera hors du camp dans un lieu net, & il les brûlera.*

En un mot toutes les victimes, dont le sang étoit porté dans le Sanctuaire, (a) où étoit l'autel des parfums, étoient brûlées hors du camp ; & il étoit défendu aux Prêtres, avec la même sévérité qu'au peuple, ni d'en manger, ni d'en rien retenir : *Quant à l'hostie qui s'immole pour le péché, dont on porte le sang dans le tabernacle du témoignage pour faire l'expiation dans le Sanctuaire, on n'en mangera point, mais elle sera brûlée par le feu.* Parceque ces victimes paroissoient plus capables que les autres de fléchir la colere de Dieu, leur sang ayant été porté dans la premiere partie du tabernacle, ou même dans le Saint des Saints, comme au jour de l'expiation : Dieu avoit voulu marquer d'une maniere éclatante, qu'il ne les avoit point admises, que sa justice n'étoit point satisfaite, que les pécheurs étoient encore souillés, & que ni la loi, ni le sacerdoce d'Aaron, ni les victimes pres-

______
(a) Les sacrifices pour le souverain Prêtre, & pour tout le peuple, dont on vient de parler, étoient de ce genre.

crites dans les plus folemnelles expia-
tions, n'étoient capables d'obtenir le
pardon des péchez, ou particuliers, ou
publics.

Il eft donc manifefte que ce feroit
réduire le facrifice de Jefus-Chrift, offert pour nous fur la croix, à la même
condition que tous ceux de la loi,
s'il ne nous étoit pas permis de manger
fa chair, s'il nous étoit défendu d'en
rien réferver, fi nous n'étions que fim-
ples fpectateurs d'un tel myftere.

Il eft évident que nous ne ferions
alors traités que comme les Juifs, qui
attendoient la vérité, & qui n'avoient
que la figure ; que nous n'aurions comme eux, que l'efpérance au Meffie, &
non le privilége d'y être réellement
unis ; que nous n'aurions que la vûë fpirituelle de fon facrifice, & non la grace
& l'effet.

Il eft vifible que nous ne pourrions
nous affûrer que fon facrifice ait obtenu
la rémiffion de nos péchez, qu'il nous
a pleinement réconciliez, qu'aucune
autre victime après celle-là n'eft néceffaire, que ce feroit un crime d'en attendre une autre : s'il nous étoit défendu de nous y unir : fi la communion
entr'elle & nous, étoit rompuë : fi nous
avions les mêmes raifons de douter de

notre réconciliation, que les Juifs : si les
mêmes signes & les mêmes preuves que
Dieu donnoit aux Juifs, qu'il n'acceptoit pas leurs sacrifices, subsistoient à
notre égard : si Jesus-Christ ayant souffert hors du camp, comme l'a observé
S. Paul, étant mort pour les péchés
de tout Israël & de tous les hommes,
& ayant pris la place de la victime so-
lemnelle de l'expiation, il étoit en
tout semblable à elle, & que l'excommunication par rapport à nous, fût
égale.

Il étoit donc absolument nécessaire,
que nous fussions réellement admis à la
participation de la chair de Jesus-Christ,
que cette communion fût aussi réelle
que l'immolation; qu'elle fût extérieure & sensible comme dans les autres sacrifices ; que la victime nous fût donnée, comme elle étoit offerte; & que
nous ne pussions douter de notre réconciliation, non parce que nous le croi-
rions ainsi, mais parce que le Pere de
Jesus-Christ nous donneroit la chair de
son Fils, & nous assureroit par-là que
son sacrifice nous a pleinement justi-
fiés, & qu'il nous regarde désormais
comme ses enfans.

Toutes les Ecritures, & principalement celles qui prescrivent les cérémo-

nies des sacrifices anciens, nous conduisent à cette vérité essentielle au Chris-
tianisme : mais comme on peut tout
contester, & tout affoiblir, c'est pour
nous une consolation indicible, que S.
Paul ait ajoûté la certitude de la révélation divine à des raisonnemens qui
avoient déja l'évidence de la démonstration.

Ce grand Apôtre voulant affermir
dans la foi les Hebreux convertis à l'E-
vangile, mais un peu touchés de la majesté extérieure des cérémonies de la
loi, de l'éclat & des superbes édifices
du temple, & de la pompe des sacrifices, leur dit que toutes les victimes
offertes par les Juifs n'ont aucune vertu, qu'ils n'en sont pas devenus plus
justes, & que c'est la grace seule qui
donne & qui conserve la véritable justice. * « C'est une chose excellente d'af-
» fermir son cœur par la grace, au lieu
» de s'appuyer sur des viandes (de sa-
» crifices) qui n'ont servi de rien à
» ceux qui y ont mis leur confiance. »
Et il ajoûte que les Chrétiens ont une
victime dont ils peuvent manger, mais
dont l'usage est interdit aux Juifs ; qu'ils
ont un autel dont les Juifs ne peuvent

____

* καλὸν
λαντ.m.

* Optimum * est gratia stabilire
tor, un escis, quâ non profue.

runt ambulantibus in eis, Hebr.
cap. 13. v. 9.

approcher ; & que leur sacrifice unique tient lieu de tous ceux de la loi : *Nous avons un autel, dont ceux qui rendent un culte au tabernacle judaïque, n'ont pas pouvoir de manger :* car, continuë saint Paul, il est défendu aux Juifs de manger des victimes offertes pour le péché ; la loy ordonne qu'elles soient brûlées hors du camp, & qu'on n'en fasse aucune part aux spectateurs : au lieu que nous avons le privilége de manger l'hostie véritable, qui a été offerte pour les péchez du monde hors des portes de Jérusalem. *Car les corps des animaux, dont le sang est porté par le souverain Pontife dans le Sanctuaire pour l'expiation du péché, sont brûlés hors le camp. Et c'est pour cette raison que Jésus devant sanctifier le peuple par son propre sang, a souffert hors la porte de la ville.*

Rien n'est plus clair que ce raisonnement de l'Apôtre, pour établir la présence réelle de Jesus-Christ dans l'Eucharistie, la manducation réelle de sa chair, & l'oblation réelle de son corps par les prêtres de la loi nouvelle. Il y a un autel parmi nous, & une victime. Elle est offerte pour nos péchez ; & la défense de participer réellement aux victimes offertes pour le péché, est levée. C'est Jesus-Christ qui est cette victime.

C'eſt donc lui qui s'immole parmi nous.
C'eſt donc ſa chair que nous recevons.

L'union ſpirituelle qu'on voudroit
ſubſtituer à la manducation réelle, détruit le raiſonnement de l'Apôtre : car
nous avons, ſelon lui, ce qui étoit refuſé aux Juifs par rapport aux ſacrifices
offerts pour le péché. Or il leur étoit
permis de s'y unir en eſprit. Le Juif
charnel n'y avoit que trop de confiance ;
& le Juif ſpirituel, allant au-delà du
ſacrifice viſible, s'uniſſoit par la foy au
Meſſie attendu, & avoit le même avantage que les Chrétiens, ſi les Chrétiens
n'ont point une autre union avec Jeſus-
Chriſt que celle de la foi.

Ceux qui s'en contentent, ne ſçavent pas qu'ils confondent les tems,
& les choſes ; qu'ils ôtent la diſtinction
entre la loi & l'évangile ; qu'ils n'ac-
cordent aux Chrétiens, que ce qu'a-
voient les anciens avant la venuë de
Jeſus-Chriſt ; qu'ils ne donnent aux uns
& aux autres, que la vûë de ſes myſteres,
l'eſpérance d'être réconciliés, le déſir
que le ſang d'une victime digne de
Dieu les délivre, l'attente des biens &
non la joüiſſance.

Ce n'eſt point ainſi que Jeſus-Chriſt
s'explique. *Prenez*, dit-il à ſes diſciples, *& mangez : c'eſt ici mon corps qui eſt*
livré

livré pour vous. Il ne leur propose point une figure, ou un signe qui le promette. Il ne leur met pas dans les mains une hostie qui tienne sa place. Il ne les oblige point à porter leur foi & leurs désirs au de-là de ses dons. Comme il est venu en personne, victime en personne, sauveur en personne : il se donne comme présent, comme victime, comme sauveur. Et c'est renverser tout l'ordre, & toute l'œconomie du salut, que de rappeller les promesses lorsqu'elles sont accomplies, & les figures lorsque la vérité est présente.

Il en est de même, lorsque Jesus-Christ met la coupe où est son sang entre les mains de ses Apôtres , & qu'il leur commande de le boire: *Bûvez-en tous ; car ceci est mon sang , le sang de la nouvelle alliance.* Il abolit alors la défense de boire , ou de manger le sang des victimes : (*a*) parceque le sang de la nouvelle alliance est répandu, ou prêt à l'être ; & que la raison, qui avoit fait interdire si séverement de participer en aucune maniere au sang des victimes incapables de justifier l'homme, cesse à l'égard de Jesus-Christ.

Si l'on ne s'y unit qu'en esprit , & si

Matt. ch. 26. v. 27. 28.

(*a*) Toute personne qui | du milieu de son peuple , aura mangé du sang, périra | *Levit. ch. 7. v. 27.*

on le voit couler, sans oser le boire aussi
réellement qu'il est répandu ; on le
confond avec un sang inutile & ineffi-
cace, qui laisse le pécheur dans ses iniquitez, & qui doit être versé seulement
sur l'autel , sans qu'aucun assistant y
prenne aucune part, à cause que Dieu
n'en est pas satisfait, & qu'il en veut un
autre plus saint & plus pur.

C'étoit dans l'attente du sang de Jesus-Christ, que Dieu avoit déclaré qu'il
se réservoit tout le sang des victimes,
& qu'il avoit défendu sous peine de la
vie aux hommes de s'en nourrir. Il leur
apprennoit par-là qu'ils ne pouvoient
lui être réconciliés, que par l'effusion
du sang : mais que ce sang n'étoit pas
celui des victimes , prescrites par la
loi , & offertes par les ministres du tabernacle. *Le sang tient lieu d'ame à la*
chair, dit-il à Moïse. *Et c'est pour cela*
que je vous l'ai donné, afin qu'il vous ser-
ve sur l'autel pour l'expiation de vos
ames, & que l'ame soit expiée par le sang.
C'est pourquoi j'ai dit aux enfans d'Israël :
que nul d'entre vous, ni même des étran-
gers qui sont venus d'ailleurs parmi vous,
ne mange de sang.

Depuis que le sang du Médiateur a
été répandu, non-seulement la défense
de la loi ne subsiste plus : mais c'est le

Fils de Dieu lui-même , qui nous me-
nace de mort , si nous ne bûvons pas
son sang : *Si vous ne mangez la chair du* Jean. c. 6.
v. 54.
Fils de l'homme , & ne bûvez son sang ,
vous n'aurez point la vie en vous. Et il est
clair qu'il nous exhorte à le boire comme
il a été répandu ; qu'il oppose le commandement nouveau à l'interdit ancien ; qu'il veut que nous bûvions dans
le même sens, que les Juifs ne pouvoient
boire le sang des victimes ; qu'une maniere purement spirituelle, ne nous donne que ce qu'avoient les Juifs , dégrade
le sacrifice de Jesus-Christ , & laisse
subsister une défense de se nourrir réellement de son sang , qui lui est inju-
rieuse , qui le rabbaisse à la condition
des hosties légales , & qui est directe-
ment contraire à l'efficace du sang qu'il
a répandu , & au commandement qu'il
nous fait de le boire: *Bibite ex hoc omnes,*
» bûvez-en tous. «

Après ce long éclaircissement que
j'ai crû nécessaire , je reviens à l'explication du verset qui y a donné occasion.

Les pauvres seront ceux qui mangeront.
Celui qui invite est pauvre , ennemi de
l'avarice & de l'orgüeil , souveraine-
ment humble , obéïssant jusqu'à la mort
de la croix , plein d'une religion infinie.
Les conviez lui ressemblent. Ils n'ai-

I ij

ment point les fauſſes richeſſes, ni les
biens qui ne durent qu'autant que la
vie. Ils ſont humbles & petits. Ils connoiſſent leur indigence , & l'avoüent.
Ils ont faim & ſoif, mais c'eſt de la
juſtice. Ils demandent , mais ſe croyent
indignes de tout. Ils portent les délais,
ou même les refus avec patience. Ils ra-
maſſent les miettes, & s'en contentent.
Ils admirent tout ce qu'on leur donne,
& plus encore la bonté de celui qui le
leur diſtribuë. Ils ſont pleins de reconnoiſſance , & néanmoins ils demandent
toûjours. Ils ne croyent pas mériter le
pain matériel dont ils ſe nourriſſent ,
& ils oſent cependant s'aſſeoir à la table du Seigneur , & l'y recevoir lui-
même ſous la figure des alimens.

Et qui ſeront raſſaſiez. Ils ſont raſſaſiez
à proportion de leur faim , & leur faim
eſt leur amour. Ils reçoivent autant
qu'ils déſirent. Ils ſont remplis autant
qu'ils ſont vuides. Ils élargiſſent leur
cœur,en le purifiant. Ils connoiſſent le
prix de ce qu'on leur donne. Ils ne
confondent pas le pain du ciel avec
les viandes des Egyptiens. Ils ne le
mangent pas avec dégoût. Ils ne ſe laſſent pas de vivre dans le déſert , où tombe cette manne céleſte. Ils craindroient
d'en être privés , s'ils touchoient aux

fruits de la terre. Ils ne regardent les autres alimens que comme dangereux, ou comme des viandes en peinture. Rien ne les rassasie & ne les soutient, que cette viande des forts, & qui devient aussi le lait des enfans.

Ceux qui cherchent le Seigneur, le loüeront. Leur vie se passe à loüer Dieu, parcequ'elle se passe dans l'innocence. Ils se préparent au festin par la priere, & le festin devient pour eux le sujet d'une perpétuelle action de graces. Ils bénissent continuellement le Pere céleste qui les nourrit. Ils ne s'accoutument point à sa bonté & à sa magnificence. Ils n'oublient point qu'ils auroient dû être toûjours séparés de lui, & condamnés même à la mort, au lieu d'être admis à sa table: Ils ne murmurent jamais dans les épreuves. Ils ne perdent jamais patience dans l'affliction. Ils se soutiennent contre les tentations du dehors, par la consolation & la joye qu'ils ressentent au dedans. Et ils marchent dans un désert aride & brûlant jusqu'à la montagne, où Dieu leur a promis de se rendre visible, par la force que leur communique la chair vivifiante de leur Sauveur.

Ceux qui cherchent le Seigneur. Ils le possedent, & ils le cherchent. Ils le goûtent,

1. Livre des Rois ch. 19 v. 28.

mais ils ne le voïent pas. Ils sçâvent qu'ils en sont vûs, & ils ne pensent qu'à lui plaire. Ils désirent ardenment de le voir, & ils tâchent de s'en rendre dignes. Ils marchent avec lui les yeux fermez, mais avec un cœur brûlant d'amour. Ils reçoivent de lui l'intelligence de ses mysteres, & des Ecritures qui les ont prédits, mais ils n'en deviennent que plus empressez pour le chercher, & pour le retenir. Les autres hommes s'arrêtent, se reposent, se croyent heureux par la joüissance des biens qu'ils rencontrent sur leur route. Mais les pauvres dont parlent le Prophête, ne trouvent rien dans leur chemin, qui vaille ce qu'ils cherchent, ou qui soit digne de lui être comparé. Le goût & l'odeur leur en sont demeurez. Ils suivent l'attrait qui les a touchez ; & tout le reste leur paroît insipide & méprisable.

Leurs cœurs vivront. Le fruit de vie dont ils sont nourris, n'est pas comme celui dont l'usage fût interdit au premier homme après son péché, & qui n'eût servi qu'à l'empêcher de mourir. C'est un fruit qui renouvelle l'ame, qui la guérit de ses langueurs, & de ses foiblesses, qui est le contre-poison de la cupidité, qui chasse l'esprit impur des plus secrettes & plus profondes retraites du cœur où il se tient caché. Ce n'est pas seulement une chair sainte, mais sanctifiante ; c'est le Verbe fait chair, créateur de l'homme qui vient le réparer. Il lui est plus intime que lui-même. Il est esprit & vie. Et comme le Fils éternel vit de son Pere & pour son Pere, il communique le même principe de vie à celui qui mange sa chair. Il lui fait part de sa divinité, & de l'union naturelle qu'il a avec son Pere ; & il l'éleve à la même gloire dont il joüit : *Comme mon Pere,* *qui est vivant m'a envoyé : & que je vis* *par mon Pere & pour mon Pere, de mê-* *me celui qui me mange , vivra aussi par* *moi & pour moi.* Et le soir même où il venoit d'instituer la sainte Eucharistie, il dit dans la belle priere qu'il fait à son Pere: *Je leur ai donné la gloire que vous m'a-* *vez donnée ; afin qu'ils soient un comme nous* *sommes un. Je suis en eux , & vous en* *moi, afin qu'ils soient consommez en l'unité.*

Jean. c. 6. v. 58.

Id. ch. 17. ⱴ. 22. 23.

Eternellement.	*In saeculum* *saculi.*	* * לעָד *In æternum.*

Ce n'est pas la manne du désert , qui n'empêchoit pas de mourir , bienloin de pouvoir ressusciter les morts. C'est un pain vivant capable de ressusciter les cendres de ceux qui l'ont man-

gé. C'est une sémence de vie plus puissante, que la condamnation à la mort
transmise avec le péché d'Adam à tous
ses enfans. C'est un germe d'immortalité, qui se mêle avec toutes les parties
du corps des fideles; qui demeure secret & caché dans le tombeau; qui suit
tous les changemens qui arrivent aux
cendres des Saints jusqu'au jour de la
résurrection. C'est le sceau de l'agneau
auquel les Elûs seront reconnus, lorsque
les Anges seront envoyez pour en faire
le discernement. On reconnoîtra Jesus-
Christ incorporé dans eux, à l'odeur de
vie qu'ils répandront dans le sépulchre
même. Et comme ils font partie de son
corps, puisqu'ils ont été nourris de
sa chair; & que le corps de Jesus-Christ
ne peut souffrir de corruption, ils deviendront comme lui immortels & in-
corruptibles. *Vos peres ont mangé la man-*
Jean. c.6. *ne dans le désert, & ils sont morts. Mais*
v. 49.50. *voici le pain qui est descendu du ciel, afin*
52. *que celui qui en mangera, ne meure point....*
v. 40. *Si quelqu'un mange de ce pain, il vivra*
éternellement. |. Je le ressusciterai au der-
nier jour.

<table>
<tr><td>℣. 28. Remi-
niscentur, & con-
vertentur ad Do-</td><td>℣. 28. Tous les
peuples, jusqu'aux
extrémités de la ter-</td></tr>
</table>

re, se ressouviendront du vrai Dieu, & se convertiront à lui. | *minum* * *universi* * יהוה
Le vrai Dieu.

fines terræ.

Ce dernier caractere joint à tous les autres, rend Jesus-Christ tellement re-connoissable, qu'il est étonnant que les Juifs ayent été capables de s'y méprendre. Sa passion est clairement prédite. Sa résurrection est évidente. L'établis-sement d'un sacrifice nouveau, auquel tous les pauvres & tous les justes sont appellés, est manifeste. Mais si l'on peut répandre des ténebres sur tous ces points : comment réüssiroit-on à obscur-cir la prédiction de la conversion des gentils, qui est essentiellement liée à la mort, & à la résurrection de celui dont parle le Prophête ? Un autre que le Messie doit-il être la lumiere des na-tions ? Est-ce lui, ou quelqu'autre, qui a droit de les demander comme son hé-ritage ? Le succès n'explique-t-il pas la Prophétie ? Les gentils n'adorent-ils pas le vrai Dieu ? N'est-ce pas la foi en Jesus-Christ qui les a détrompez ? Ne sont-ce pas ses disciples qui ont été leurs maîtres ? N'ont-ils pas été envoyés par lui à tous les peuples de l'univers, avec ordre de les enseigner & de les laver dans le baptême, & avec une promesse certaine du succès ?

La croix de Jesus-Christ est un scandale pour le Juif qui demande des prodiges : mais ce scandale n'est-il pas bien levé par le miracle de la conversion de tous les peuples ? Ils refusent de croire à Jesus-Christ, parcequ'ils l'ont crucifié : mais n'est-il pas clair que les nations ne se convertiront, qu'après qu'ils auront percé les pieds & les mains de celui qui doit les rappeller à la connoissance du Dieu qu'elles ont oublié ? Ils ne peuvent accorder une si grande humiliation avec une si auguste promesse ; mais Dieu a uni visiblement l'humiliation à la promesse. Les faits sont évidens : leurs peres ont crucifié le Sauveur : nos peres ont crû en lui : la prédiction est accomplie. Il n'est plus possible de l'obscurcir.

Ils se ressouviendront du vrai Dieu, & ils se convertiront à lui. La vérité est plus ancienne que le mensonge ; & les fausses religions sont plus nouvelles que la vraïe. Elles sont comme l'erreur d'une infinité d'espéces, contraires les unes aux autres, sans principes, ni pour la doctrine, ni pour les mœurs, sans avoir rien qui mérite l'estime d'un homme sage, sans pouvoir remonter jusqu'à une origine divine. Mais dans leurs ténebres mêmes, elles ont conservé quelques vestiges de l'ancien culte qu'elles ont altéré. On remonte par leurs traditions même jusqu'au tems où tous les peuples étoient réünis dans une même famille; & où le Dieu, qui avoit submergé toute la terre, étoit adoré par le petit nombre de ceux qu'il avoit conservés dans l'arche. La division des langues, dont l'orgüeil de leurs descendans fût puni, fit cesser le canal de la tradition, & donna occasion à continuer l'histoire générale du monde par des fables particulieres. Chaque famille séparée des autres, se fit un culte séparé, où la connoissance du vrai Dieu fût néanmoins conservée malgré de grandes altérations. Enfin l'oubli prévalut : & l'ame naturellement chrétienne, parcequ'elle est naturellement portée à n'invoquer qu'un Dieu tout-puissant, & à se croire indigne de lui plaire par elle seule, fût plongée dans mille superstitions qui étoufferent une partie de ses lumieres. Mais à la prédication de l'Evangile, ce qui restoit de sagesse dans les hommes, étant éclairé par la foy, & conduit par la grace, leur fit reconnoître leur égarement. Ils se réveillerent comme d'un profond sommeil. Ils se ressouvinrent du Dieu de leurs peres, après un très-long oubli. Ils retournerent aux traditions auſſi anciennes que le monde ; & ils n'adorerent plus que le Créateur de toutes choſes, & le Sauveur promis au premier homme , & enſuite à Noë, dont ils deſcendoient tous.

| *Et adorabunt in conſpectu ejus* ✻ , *univerſa familiæ gentium.* | Toutes les nations ſe proſterneront devant lui pour l'adorer. |

✻ Heb. תחו, 70. αὐτῶ eſt meilleur.

Il eſt important de remarquer ces expreſſions réïtérées : *univerſa fines terræ : univerſa familiæ gentium.* « Tous les » peuples juſqu'aux extrémités de la » terre : toutes les tribus des nations : parcequ'elles ne peuvent convenir qu'à Jeſus-Chriſt, & qu'elles ſont une pleine démonſtration, que ce Pſeaume ne regarde que lui. Le progrès de l'Evangile eſt meſuré par la divine providence. Certaines nations l'ont connu les premieres : d'autres l'ont reçû plus tard. La mer a long-tems ſervi de barriere pour des nations inconnuës, que la curioſité & l'avarice ont découvertes, mais que la miſéricorde de Dieu appelloit par ce moïen à la piété & au ſalut. Certains peuples ſe ſont univerſellement convertis :

dans quelques-autres la religion a toûjours été persécutée. Ces différences sont
impénétrables à la sagesse humaine. Mais
tout est soumis à Jesus-Christ, & ceux
qu'il délivre, & ceux qu'il condamne.
Il gouverne tous les peuples, mais il
en brise plusieurs par le sceptre de fer
dont parle l'Ecriture. *Vous les conduirez
avec une verge de fer, & vous les briserez
comme un vase d'argile.*

Ps. 2. v. 9. Apoc. ch. 19. v. 15.

℣. 29. Car la roïau- | ℣. 29. *Quoniam
té apartient à Dieu | Domini * est re-
seul; & c'est lui qui | gnum: & ipse do-
régnera sur les na- | minabitur gentium.*
tions.

* יהוה
le vrai
Dieu.

La terre est pleine de fausses divini-
tez, qui ont usurpé le nom & la gloire
du seul vrai Dieu : mais tous les usur-
pateurs sont des esprits de ténebres,
que la justice divine a déja condamnés, & qu'elle réléguera dans les abî-
mes creusés pour eux, quand le moment en sera venu. C'est par un juste
jugement que les hommes ennemis de
la vérité, & esclaves de leurs passions,
ont été abandonnez à de si indignes maîtres. Mais lorsque Dieu se sera réconcilié le monde par son Fils, il repren-
dra un empire, qui n'est dû qu'à lui.

Il établira son Fils sur tous les peuples. Et il récompensera son obéïssance & ses humiliations par une autorité universelle sur toute la terre.

Les sociétez qui auront moins d'étenduë que l'univers, ne seront pas l'héritage du Fils, parcequ'elles ne seront pas l'empire du Pere. Ce qui n'est qu'une partie, n'est pas digne de celui à qui tout est dû. C'est faire schifme avec Dieu, que de le faire avec son Eglise. C'est ôter à Jesus-Christ la conquête du monde, que de le réduire à certaines nations, & à certains tems. Ce font ses ennemis qui bornent son pouvoir. Et ce sont des sujets rebelles, qui tâchent de faire perdre aux autres, l'honneur de lui être soumis. (a) *Car le régne appartient à Dieu seul ; & c'est lui qui régnera sur les nations.*

(a) Quoniam Domini est regnum, & ipse dominabitur gentium. *

* *Gentibus.*

℣. 30. *Manducaverunt, & adoraverunt omnes pingues terræ.*	℣. 30. Tous les riches de la terre mangeront, & adoreront.

On pouvoit penser que les pauvres dont il est parlé dans le 27ᶜ. verset,

l'étoient extérieurement, & que le repas auquel ils sont invitez, étoit semblable à ceux qui accompagnoient les
solemnitez & les sacrifices des Juifs, ou
pour le moins à ceux que les Chrétiens
appelloient *Agapes*. Mais le Prophête
nous apprend que les riches & les hommes puissans selon le siécle, sont compris sous le nom de pauvres, qu'ils
sont assis à la même table qu'eux, &
que la victime, dont ils se nourissent
suffit à tous, quoiqu'ils soient appellés de toutes les parties du monde. Les
Apôtres & leurs disciples sont marqués
en particulier sous le nom de pauvres.
Edent pauperes. « Les pauvres man- «
geront. » Les Gentils convertis, les
grands de l'Etat, les Empereurs sont
marqués sous celui de riches. *Manduca-*
verunt omnes pingues terræ. Mais les uns &
les autres ont le même respect pour la
viande divine, dont ils se nourrissent. Ils
la reçoivent avec les mêmes dispositions.
Ils s'en approchent avec la même religion & la même foy : *Manducaverunt, &*
adoraverunt. « Ils mangeront, & adoreront. »

Il n'y a qu'une victime indivisible
qui puisse suffire à tous les pauvres &
à tous les riches. Il n'y a qu'un sacrifice toûjours subsistant, qui puisse

fournir la matiere d'un continuel festin.
Il n'y a que l'hostie qui a réüni les
Juifs & les Gentils, qui puisse leur
être commune. Il n'y a que l'oblation
de la nouvelle Loi, qui abolisse toutes
les autres, & toutes les exclusions por-
tées par la loi de Moïse contre les peuples
incirconcis. Il n'y a que l'Eucharistie
à qui il convienne qu'elle soit adorée,
avant qu'on la reçoive. Il n'y a que ce
sacrifice, dont on ne puisse séparer la
manducation sans le rendre imparfait.

C'étoit un défaut de l'holocauste ancien, de ce que le sacrificateur, & l'Israëlite qui fournissoit la victime, en
étoient exclus. Le commerce entre
Dieu & l'homme, dont l'exercice extérieur de la religion est le signe, n'y paroissoit point.

C'étoit un défaut de tous les sacrifices offerts pour le péché, de ce que la
participation en étoit interdite aux pécheurs qui présentoient l'hostie, &
souvent aux Prêtres mêmes qui l'im-
moloient. La colere de Dieu étoit sen-
siblement marquée par une telle excommunication.

C'étoit un défaut de tous les sacrifices pacifiques, de ce qu'ils étoient par-
tagez entre Dieu, le Prêtre & l'Israëlite à qui la victime avoit appartenu. On
ôtoit

ôtoit à Dieu une partie considérable de
l'hostie, quoique tout lui soit dû. Et
il restoit toûjours une ombre de divorce, en ce que les trois parts étoient différentes : celle de Dieu n'étant pas la
même que celle du sacrificateur, ni du
Juif.

L'Eucharistie remédie à tous ces défauts : à celui de l'holocauste, en y
admettant l'homme : à celui du sacrifice offert pour le péché, en y réünis-
sant le prêtre & le pécheur avec Dieu,
réconcilié par son Fils : à celui des sacrifices pacifiques, en donnant tout à
Dieu ; & en unissant dans une hostie
indivisible Dieu même, l'unique Médiateur, qui est son Fils, le Prêtre qui
est son ministre, & le fidele qui en
mangeant la chair de Jesus-Christ, a la
consolation d'être admis à cette ineffa-
ble unité. *Je suis en eux, & vous en
moi, afin qu'ils soient consommez en l'unité.* ^{Jean. ch.}

Jean. ch.
17. v. 23.

Ils se prosterneront tous, tous s'humilieront jusques dans la poussiere.	*In conspectu ejus cadent omnes, qui descendunt in terram.*

Il y a quelque obscurité dans cette expression, & elle est augmentée ce semble, par le
texte original, qui met, *in pulverem* : car on
ne voit pas à qui le Prophéte attribuë ce qu'il

dit. On découvre néanmoins avec un peu d'attention, qu'il dit ici la même chose que dans les versets précédens, où il a prédit la conversion de tous les peuples. Il ajoûte seulement ici qu'ils se prosterneront devant Dieu, & devant son Christ ; qu'ils mettront leur bouche dans la poussiere ; & que les plus puissans descendront de l'élévation où ils sont, selon le siécle, pour s'humilier profondément devant lui.

Adorabunt omnes pingues terra : coram illo incurvabuntur : *omnes descendent in pulverem.*	Tous les riches de la terre adoreront : ils se prosterneront tous, tous s'humilieront jusques dans la poussiere. [*A la lettre :* tous descendront jusques ....]

* Il faut mettre une virgule après יכרעו, *incurvabuntur, posternent se.*

℣. 31. *Et anima mea illi vivet :* *& semen meum serviet ipsi.*	℣. 31. Et mon ame vivra pour lui, & ma famille le servira.

Et anima ejus non vivat : semen serviet ipsi : semen sans affixa. Lisez נפשי, *anima mea.* לו *illi,* & non, לא *non.* זרצי *semen meum,* & non, זרע *semen.*

Le texte original, tel que nous l'avons aujourd'hui, change fort le sens que donnent les 70. & la vulgate ; & n'en sçauroit former qu'un autre, qui est violent & forcé, & qui n'a aucun rapport, ni à ce qui précéde, ni à ce qui suit. Il est d'ailleurs visible qu'avec de très légéres corrections, on peut lire aujourd'hui ce que les 70. ont certainement lû. Et nous ne devons pas faire difficulté de préférer dans cette occasion l'éxemplaire qu'ils ont suivi à celui qui nous reste.

C'est Jesus-Christ qui continuë de parler, comme il le fait dans tout le Pseaume. Je serai le premier adorateur de mon Pere. Je serai toûjours son Pontife, & son hostie. Je ne vivrai que pour sa gloire. Je conserverai dans le ciel même, & durant toute l'éternité, les précieuses marques de mon sacrifice. Mes mains demeureront ouvertes : mes pieds paroîtront toûjours percés : mon côté laissera toûjours un accès libre à mon cœur. Je ne cesserai, à la droite même de mon Pere, de faire la fonction de Médiateur. Et je ne me réjoüis de ma résurrection, que parceque j'apprendrai à tous les esprits célestes & à tous les justes, avec quelle religion mon Pere mérite d'être adoré. Ils trouveront en moi ce qui manque à leurs sentimens. Et je les consolerai de leur impuissance, en faisant pour eux & avec eux ce que Dieu seul, & la créature seule ne sçauroient faire, mais ce qu'un Dieu homme fait divinement.

Ma postérité sera celle qui naîtra de mon esprit, & de l'eau, devenuë fé-

1. Ep. de
S. Pierre
ch. 2. v.
9.

conde par sa vertu. Ce sera un peuple
nouveau, un peuple de rois & de prêtres, un peuple consacré à la piété &
à la justice, un peuple semblable aux
Anges, & qui n'aura comme eux que
l'unique soin de loüer Dieu, & de lui
obéïr.

| ℣. 32. *Annuntia-*bitur * Domino ge-neratio (ventura.) | ℣. 32. On écrira sur les registres du Seigneur une race nouvelle. Ou: on comptera pour serviteur du Seigneur une race nouvelle. |

* *Annuntiabitur Domino de generatione*, ou:
in generationem. Ou: *numerabitur, accensebitur
in generationem.* יבאו *venient.* L'original sépare ce mot de ce qui précéde, & en fait le
commencement d'un nouveau verset ; & c'est
mieux.

Ce ne seront plus les seuls Juifs qui
feront son peuple. Ce ne sera plus à la
seule famille d'Abraham que son culte
sera confié. On écrira sur les registres
du Seigneur une race nouvelle, on
comptera parmi ses serviteurs des hommes qui ne seront, ni prosélytes, ni circoncis. Ils viendront des extrêmitez de
la terre. Et ils seront admis avec Abraham, Isaac & Jacob au festin d'où

leurs enfans selon la chair seront exclus.

Des hommes viendront qui annonceront sa justice au peuple qui naîtra, & qui fera l'ouvrage du Seigneur.	*Et annuntiabunt cœli * justitiam ejus, populo qui nascetur, quem fecit Dominus.*

* *Cœli* n'est pas dans l'hebreu, ni dans les 70. Ceux-ci ajoûtent à la fin du verset, *Dominus*, & cette addition rend le sens plus clair. Il faut pour le rendre parfait, mettre au commencement, *venient & annuntiabunt.*

Des hommes pleins de lumiere & de zele, se répandront dans tout le monde pour y porter les nouvelles du salut & de la liberté ; pour y annoncer une autre justice que celle qui vient de la loi, qui n'est qu'extérieure, & qui est toûjours fausse & présomptueuse. Ils montreront le chemin à la vie, par la vérité. Ils conduiront à la connoissance du Pere, par celle du Fils. Ils publieront sans énigmes, & sans figures, les mysteres de l'Evangile & du royaume du ciel. Ils apprendront aux hommes à devenir justes par une foi sincere au Libérateur, par le sentiment de leur indignité, par l'aveu de leur impuissance pour le bien, par une pleine persuasion qu'ils ne peuvent être ni convertis, ni réconciliés que par la grace du sauveur ; par un changement général de leurs mauvaises inclinations, & un attachement sincere à toutes les volontez de Dieu, qui répandra dans leur cœur l'esprit de grace & d'adoption, & mettra sa justice à la place de la justice humaine, qui n'étoit qu'hypocrisie & qu'orgüeil : *Des hommes viendront qui annonceront sa justice.*

L'un de ces hommes divins, envoyez dans toute la terre, & qui porte le nom d'apôtre des nations, nous explique la commission de tous, en nous rapportant la sienne ; & nous ne pouvons avoir un meilleur interprête que lui, d'une prophétie qui a été accomplie par son ministere : *Levez-vous.... lui dit Jesus-Christ, car je vous ai apparu afin de vous établir ministre & témoin des choses que vous avez vûës, & de celles aussi que je vous montrerai en vous apparoissant de nouveau : & je vous délivrerai de ce peuple & des gentils ausquels je vous envoye maintenant, pour leur ouvrir les yeux, afin qu'ils se convertissent des ténebres à la lumiere, & de la puissance de satan à Dieu ; & que par la foy qu'ils auront en moi, ils reçoivent la rémission de leurs péchez, & qu'ils ayent part à l'héritage des saints.*

Act. ch. 26. v. 16. & suiv.

Au peuple qui naîtra. Ce n’est donc pas Israël selon la chair, qui est ici marqué : il est déja très-nombreux, & il est répandu dans tous les païs. C’est un peuple qui n’est pas encore, dont parle le Prophête. C’est celui dont un autre Prophête admire la naissance subite & miraculeuse : *Quis genuit mihi istos ?* « Qui m’a engendré » ces enfans ! » Et cette naissance est une espéce de création plus étonnante, & plus sublime que la premiere, qui n’avoit donné qu’une vie temporelle, au lieu que celle-ci donne une vie éternelle, & tout ce qui doit en être le prix & le mérite.

Isaïe. ch. 49. v. 21.

| Qui sera l’ouvrage du Seigneur. | *Quem * fecit Dominus.* |

* כי est ici la même chose que אשר.

On ne parlera plus d’Adam, qui n’a pû transmettre que le péché & la mort. On ne parlera même plus d’Abraham, qui n’a pû transmettre ni sa foi, ni sa justice à ses descendans. Dieu seul sera le Pere de ces hommes nouveaux : *Il leur a donné le pouvoir d’être faits enfans de Dieu. . . . . qui ne sont pas nés du sang, ni adoptés par le choix de la volonté humaine ; mais qui sont nés de Dieu*

Jean. ch. 1. v. 12. 13.

même. Ils seront sa gloire & son ouvrage ; & sa grace les rendra riches en bonnes œuvres par une vertu & une puissance semblable à celle qui a tiré toutes choses du néant. *Car nous sommes son ouvrage, étant créés en Jesus-Christ dans les bonnes œuvres, que Dieu a préparées avant tous les siécles, afin que nous y marchassions.*

Avant que de finir l'explication de ce Pseaume, il me paroît très-important de revenir un moment sur mes pas, & de considérer avec étonnement combien il nous révéle de mysteres, peu connus même de la plûpart des chrétiens ; & de nous persuader par une preuve si claire & si sensible, que les mysteres de Jesus-Christ étoient connus des Prophêtes, & non seulement en général, mais dans un grand détail, & avec toutes leurs circonstances : que leur foi étoit absolument la même que la nôtre ; & qu'ils connoissoient Jesus-Christ comme nous le connoissons : sous les mêmes idées, & dans l'attente des mêmes biens, & du même salut : qu'étant pleins de ce qu'il devoit faire, & souffrir, & des suites que ses souffrances & ses travaux devoient avoir, il étoit naturel qu'ils en remplissent aussi leurs prophéties, & sur-

tout

tout les Pseaumes, qui ajoûtent à la simple prédiction les loüanges & les actions de graces ; & qu'il seroit fort étrange qu'ils eussent tenu une autre conduite : qu'on est par conséquent très-éloigné de les entendre, quand on évite de voir dans leurs expressions ce qu'ils ont toûjours eu dans l'esprit, & quand on s'applaudit, comme d'une découverte importante, lorsqu'on a pû substituer quelque événement historique aux mysteres de Jesus-Christ.

Comme Dieu n'a jamais considéré les hommes que par rapport à son Fils, il est nécessaire qu'il en ait toûjours été occupé. Il ne voit que lui, depuis qu'il est venu : il ne voyoit aussi que lui avant sa venuë. Il ne justifie maintenant que ceux qui croyent & qui esperent en Jesus-Christ : il ne justifioit autrefois que ceux qui avoient la même foi & la même espérance. Il éxige de nous que nous prenions part à ses souffrances & à ses ignominies : il a toûjours éxigé la même chose de tous les saints. La vraye piété a été dans tous les tems inséparable de l'attente du vrai Libérateur & d'un vrai Sauveur, ennemi des passions des hommes, incapable de les favoriser, & assez puissant pour les guérir. Sans cette lumiere, & sans cette espérance,

on auroit toûjours vêcu dans l'erreur.
On n'auroit eu que de fausses idées des
biens & des maux. On n'auroit pû connoître la véritable justice, ni les moyens
de l'acquérir. On auroit ignoré en quoi
l'on déplaisoit à Dieu, & par quelle
voye l'on devoit retourner à lui.

Les Prophêtes étoient instruits de
tout ; & le même esprit qui leur révé-
loit distinctement les véritez salutaires,
en mettoit l'amour dans le cœur de
tous les justes, qui avec une connoissance plus confuse d'un Médiateur,
avoient les mêmes sentimens sur tous
les points de morale que les Prophêtes;
& n'espéroient leur réconciliation, que
par les mérites de celui qui devoit être
Fils d'une femme, selon la promesse faite
au premier homme, mais incomparable-
ment au-dessus de la nature humaine.

Les Prophétes voyoient de loin, ce
que les Apôtres ont vû de près. Ceux-
ci ont été plus heureux : mais les autres n'ont pas été moins occupés de
Jesus-Christ. Les Chrétiens sont éta-
blis sur la doctrine fondamentale des
uns & des autres, dont Jesus-Christ
est le lien & comme la pierre angu-
laire. (a) Et l'on se tromperoit beau-

(a) Sur le fondement des Apôtres & des Prophêtes, dont Jesus-Christ est lui-même la principale pierre de l'angle: i pn. ch. i. v. 20.

coup si l'on faisoit consister la vertu &
la lumiere des Apôtres, en ce qu'ils
ont vû de leurs yeux, ce que les Prophêtes n'ont vû qu'en esprit. Il ne faut
pas confondre la lumiere ni la vertu,
avec la consolation. On peut être moins
consolé que certains disciples de Jesus-
Christ, qui ont eu le bonheur de le
voir, & n'être pas moins parfait. Au-
trement Jesus-Christ n'auroit pas dit *Jean. ch. 16. v. 7.*
à ses Apôtres qu'il leur étoit utile
qu'ils fussent privez de sa présence,
& qu'elle seroit un obstacle à la venuë
du Saint-Esprit. Il ne les auroit pas
avertis que dans les dures épreuves où *Luc. ch. 17. v. 22.*
ils seroient exposez pour sa gloire, ils
désireroient ardemment d'être un seul
jour consolez par sa présence, mais
que cette consolation leur seroit refu-
sée, pour rendre leur vertu plus coura-
geuse & plus pure. Enfin il n'auroit *Jean. ch. 20. v. 19.*
pas appellé plus heureux, c'est-à-dire,
plus saints & plus fideles, ceux qui
croyent sans voir, que ceux qui croyent
parce qu'ils ont vû.

PSEAUME XXII.

℣. 1. P*Salmus David.*

Dominus regit me, & nihil mihi deerit.

℣. 2. In loco pascuæ ibi me collocavit.

Super aquam refectionis educavit me.

℣. 3. Animam meam convertit.

Deduxit me super semitas justitiæ : propter nomen suum.

℣. 4. Nam & si ambulavero in medio umbræ mortis, non timebo mala : quoniam tu mecum es.

Virga tua, & baculus tuus; ipsa me consolata sunt.

℣. 1. PSeaume de David.

Le Seigneur est mon pasteur, je ne manquerai de rien.

℣. 2. Il me fait reposer dans d'agréables pâturages.

Il me conduit doucement le long des eaux, qui inspirent la tranquilité.

℣. 3. Il rend la force à mon ame.

Il me fait marcher dans les sentiers de la justice, pour la gloire de son nom.

℣. 4. Aussi quand je marcherois dans une vallée couverte de l'ombre de la mort, je ne craindrai aucun mal ; parce que vous êtes avec moi.

C'est votre houlette & votre bâton, qui me rassurent & me consolent.

℣. 5. Vous me pré-
parez un festin (ma-
gnifique) à la vûë de
mes ennemis. *Ou :*
contre ceux qui m'af-
fligent.

Vous répandez sur
ma tête les parfums
(les plus exquis ;)
& ma coupe est en-
yvrante.

℣. 6. Je compte
que votre bonté & vo-
tre miséricorde m'ac-
compagneront tous
les jours de ma vie.

℣. 7. Et j'habiterai
éternellement dans la
maison du Seigneur.

℣. 5. *Parasti in
conspectu meo men-
sam , adversùs eos
qui tribulant me.*

*Impinguasti in
oleo caput meum :
& calix meus ine-
brians quàm præ-
clarus est !*

℣. 6. *Et miseri-
cordia tua subse-
quetur me , omni-
bus diebus vita
meæ.*

℣. 7. *Et ut in-
habitem in domo
Domini : in longi-
tudinem dierum.*

℣. 1. Pseaume de
David.

℣. 1. *Psalmus
David.*

Par le titre , & beaucoup plus encore par
la matiere , ce Pseaume est certainement de
David.

OCCASION DU PSEAUME.

David l'a composé dans le tems qu'il
étoit errant dans les déserts de la Judée ,

ou des païs voifins, & apparemment dans celui de Maon, borné par la folitude de Pharan. C'eft un cantique d'action de graces pour tous les biens & tous les fecours qu'il avoit reçûs de Dieu, dans un état où il étoit abandonné des hommes, & pourfuivi par un puiffant ennemi ; & une priere pour obtenir une protection égale jufqu'à la fin de fa vie.

SUJET DU PSEAUME.

Mais David a principalement en vûë les Elûs & les Saints de tous les âges, & de tous les tems. Il rend graces à Dieu pour eux des miféricordes dont il les comble, du foin particulier qu'il en prend, des confolations dont il adoucit les peines & les afflictions inféparables de leur éxil. Et il demande pour eux, que le pafteur invifible qui veille fur leur conduite, foit attentif à tous leurs dangers, jufqu'à ce qu'il les ait mis en fureté, en les faifant entrer dans fa maifon éternelle, & dans fon repos.

EXPLICATION DU PSEAUME.

Le Seigneur est mon Pasteur, je ne manquerai de rien. | *Dominus regit me, & nihil mihi deerit.*

Il y a dans l'original. *Deus pastor meus est, nullius rei egebo.*

PREMIER SENS.

Ceux qui me voyent proscrit, éxilé, poursuivi, me croyent perdu; & ma vie leur paroît très-malheureuse. Ils me regardent, & ceux qui me suivent, comme des hommes condamnez à mourir de faim & de misere, quand nous serions assez heureux pour éviter la fin tragique dont nous sommes menacez. Ils ne comprennent pas quelles peuvent être mes ressources dans un désert tel que celui de Pharan, ou les autres solitudes, qui m'ont servi jusqu'ici de retraite. Et la mort de Samuël, (*a*) qui vient d'arriver, & qui m'ôte le seul protecteur qui me restoit parmi les hommes, acheve de les persuader que mes prétentions ne sont que des chimeres; & que bien-tôt je serai contraint

1. *Liv. des Rois ch.* 25. *v.* 1.

(*a*) L'Ecriture rapporte la mort de Samuël comme aïant donné occasion à David de s'enfoncer davantage dans le désert.

L iiij

d'en reconnoître moi-même la vanité.

Mais ces hommes qui ne voyent que ce que les sens peuvent découvrir, & qui regardent ce qui est invisible comme n'étant pas, ignorent que je suis sous la main de Dieu, qu'il arrête ses yeux sur tous mes pas, que je lui suis plus cher qu'une brebis ne l'est à son pasteur, & que c'est lui qui régle tout ce qui m'arrive. Son attention sur moi seroit moins marquée, si j'étois demeuré dans une ville au milieu de mes amis, & dans les emplois que le Prince m'avoit confiés. On ne verroit alors que les hommes, & les moyens humains, quoique sa providence fût égale. Mais en me conduisant dans le désert, comme les pasteurs y conduisent leurs troupeaux, il n'a voulu partager avec aucun autre le soin de me nourir & de me protéger. Je marche en assurance dans tous les lieux où il m'ordonne de le suivre. Je me repose sur sa bonté de tous mes besoins. Et j'éprouve que sa sagesse & sa puissance préviennent même jusqu'à mes désirs.

℣. 2. *In loco pascuæ ibi me collocavit.*	℣. 2. Il me fait reposer dans des pâturages agréables & abondans.

In amanitatibus herba , in pascuis herba-rum acclinavit me. Saint Jérôme. Dans le Pseaume 64. verset 13. *Pinguescent speciosa deserti.* Ceux qui traduisent , *in tuguriis* , ou, *caulis herbidis* , ne forment aucun sens. Et ceux qui prétendent qu'on dressoit comme des étables dans les pâturages , pour mettre à couvert les troupeaux dans l'ardeur du midi , disent une chose qui n'est ni vraye ni possible. Aquila & Symmaque avoient traduit : ἐν ὡραιότητι ποάς , *in venustate herba* , ce qui répond éxactement au texte. Ce n'est point de נוה *ha-bitavit* , mais de נאה *venustum , amanum fuit* , qu'il faut dériver נאות , dont une des principales significations enferme les deux idées , de pâturage , & d'un lieu agréable , tel que font ordinairement les collines ; & c'est pour cela que dans le Pseaume 64. le Prophéte employe ces deux termes, נאות & גבעות *col-les* , comme ayant à peu près le même sens.

v. 13.

Pour rendre tout le sens de l'original, il faut traduire : *In amanis & herbiferis locis ac-cubare me facit.*

Ceux qui sont appliquez à me poursuivre jusques dans les antres des rochers , jusques sur les sommets les plus arides & les plus escarpez des montagnes , ne peuvent concevoir comment j'y puis subsister un seul jour. Mais le pasteur qui prend soin de moi , ne ressemble pas à ceux qui conduisent les troupeaux , & qui ne peuvent changer les lieux sauvages & stériles en des collines agréables & fécondes. Le désert le plus brute devient un délicieux païſage, quand il le veut. L'herbe croît en abondance ſur les rochers les plus arides, quand il m'y conduit. Tout germe & tout fleurit ſous ſes pas. Par tout la nature reconnoît ſon maître ; & comme elle n'eſt que ce qu'il lui a plû qu'elle fût, elle devient en un moment tout ce qu'il ordonne. Depuis que je me ſuis privé de tout, pour lui obéïr, je n'ai jamais manqué de rien. Mille ſecrettes reſſources inconnuës, & impoſſibles à la prudence humaine, ſe ſont offertes à mes beſoins. Et ces miracles n'ont pas été moins ſenſibles, que ſi les landes & les bruyeres étoient devenuës tout d'un coup de fertiles & d'agréables campagnes en ma faveur.

Accubare me fecit.	Il m'a fait repoſer.

A peine ai-je un moment de repos : tous les jours je change de demeure : mille eſpions éxaminent où j'ai paſſé la nuit, pour en rendre compte dès le matin. Je ſuis, à ce que l'on penſe, dans de continuelles allarmes ; & l'on admire avec quelle vigilance, je prévois tout pendant le jour, & dans quelles inquiétudes je passe les nuits. Mais on ne voit en tout cela que les dehors. Je suis attentif à tout, je l'avoüe ; parceque je ne dois être ni téméraire, ni imprudent. Mais le fond de mon cœur joüit d'une profonde paix. Mes soins ne sont que pour la forme : ils cachent à ceux qui ont peu de foi, ce que Dieu fait pour me protéger : ils servent de voile à son amour ; & ils sont utiles aussi à l'humilité, qui seroit trop exposée, si tout ce que Dieu a pour moi de bonté & d'attention, étoit connu. Mais mon sommeil est pur, tranquile, profond, lorsqu'on me croit agité par de continuelles frayeurs. Je change de demeure, quand mon pasteur le veut : mais je le vois toûjours à mes côtez. Et je suis alors aussi plein de confiance, que si je n'avois point d'ennemis.

Il me conduit doucement le long des eaux qui inspirent la tranquillité.	*Super aquam refectionis educavit me.*

Le sens sera plus clair, & l'original plus éxactement rendu, en traduisant ainsi : * *Juxtà aquas placidissimas sensim deduxit me.*

* Juxtà aquas quietum.

Dans les déserts voisins de l'Arabie, où je suis maintenant, rien n'est plus rare que les eaux. On n'en peut avoir qu'en creusant des puits : & souvent l'eau qu'on y trouve est amere. Mais je ne ressens point cette incommodité : car non seulement j'ai des eaux en abondance ; mais je marche toûjours sur le bord d'un ruisseau, qui entretient la fraîcheur des pâturages, & qui nourrit de grands arbres qui me défendent de l'ardeur du Soleil. Je suis toûjours au frais & à l'ombre, au lieu qu'on me croit mourant de soif au milieu d'un désert brûlant, qui ne nourrit que des serpens, & des bêtes empoisonnées.

Sensim, ou, *leniter deduxit me.*	Il me conduit doucement.

Et je ne marche pas dans cette aimable prairie, avec une secrette peur qui trouble le plaisir qu'un autre seroit capable d'y prendre. Je m'y nourris, & je m'y promene, sans crainte. Je suis mon pasteur, qui se mesure sur moi, & qui ne s'avance que lentement. Il prend plaisir à tout ce qui m'en fait ; & de mon côté je mets ma joye à lui témoigner ma reconnoissance & la pleine confiance que j'ai en lui. Je doublerois le pas, s'il le falloit : mais il me le défend. Avec lui jamais on n'a fui. De

vant lui les loups ne paroissent jamais.
Les voleurs le craignent tous, & jamais il n'en a craint aucun.

℣. 3. Il rend la force à mon ame. | ℣. 3. *Animam meam convertit.*

On peut ajoûter, *refecit*, *recreavit*. Car le terme original a ces deux sens, & le dernier est plus propre au sujet.

Je ne puis quelque fois m'empêcher d'avoir de légers mouvemens de crainte, ou d'inquiétude : car je ne suis qu'une brebi, & bien éloignée de rassembler à mon pasteur. Mais dès que je jette les yeux sur lui, je suis rassuré. Et lui-même me parle avec tant de bonté, que je suis consolé pour long-tems. Il ne condamne pas, comme feroit un autre, mes foibles-ses. Il sçait combien je suis fragile ; & je ne veux pas le lui cacher. Je lui dis tout ce qui se passe dans mon cœur : & dès que je le lui ai dit, je n'ai plus de peine. Il entre lui-même dans tout : & je ne sçaurois exprimer avec quelle douceur, & avec quelle efficace, il ré-pand la joye & la force dans mon ame, quand il m'instruit, ou qu'il me console.

| *Deduxit * me super semitas justitiæ.* † | Il me fait marcher dans les sentiers de la justice. |

יֵנְחֵנִי בְמַעְגְּלֵי צֶדֶק *

† Il y en a qui entendent seulement, *vias planas, æquabiles*; mais ils se trompent. Jamais la justice n'a été prise en ce sens. Les chemins droits sont sa figure, mais elle n'est point la figure des chemins droits.

La plus grande grace qu'il m'ait faite, a été de m'inspirer un amour sincere pour la justice, & de me défendre de la tentation ordinaire à ceux qui manquent de tout, qui est de prendre ce qui leur est nécessaire où ils le trouvent. J'aurois sans doute succombé à une tentation si pressante, s'il ne m'avoit toûjours tenu par la main ; & s'il ne m'avoit affermi dans cette maxime : qu'il n'y a point d'autre mal que celui de l'offenser ; & que le seul moyen pour mériter sa protection, est de conserver l'innocence. Les premiers momens coûtent un peu : mais si l'on est fidele, on en est bien - tôt récompensé : & tous les secours s'offrent en foule à celui qui a mieux aimé exposer sa vie, que sa conscience. J'en suis une grande preuve : car je n'ai pas enlevé une seule brebi pour moi, ni pour ceux qui me

suivent, depuis que je suis sans biens.
Et il n'y a personne, parmi ceux dont
je suis le chef, qui n'ait eu sur cela la
même délicatesse, & la même éxactitude que moi. J'ai vû, avec une sin-
guliere reconnoissance pour la grace
de Dieu, à qui nous en sommes obligez, que ma troupe composée de six
cens hommes armez, a été long-tems
mêlée avec les pasteurs & les troupeaux
d'un homme très-riche; & que non
seulement elle n'a commis aucune violence, dont les bergers ayent pû se plaindre, mais qu'elle a bien voulu partager
avec eux le soin de veiller sur les troupeaux dont ils avoient la garde : *Ces
gens-là nous ont été très-utiles*, ont dit
depuis ces bergers, comme je l'ai sçû ;
*ils nous servoient de muraille tant de nuit
que de jour, pendant le tems que nous
avons demeuré au milieu d'eux avec nos
troupeaux.* Et je dois ajoûter aussi, que ni
eux ni moi n'avons jamais été dans le
besoin.

Pour la gloire de son nom.   *Propter nomen suum.*

Ce n'est point à mes mérites, que je
dois attribuer une telle protection ; c'est
à la bonté seule du pasteur qui me
conduit. Je serois semblable aux plus in-

1. *Livre des Rois.* ch. 25. v. 13.

1. *Livre des Rois.* ch. 25. v. 16.

juſtes, s'il ne m'en avoit diſcerné. Je ne connoîtrois point la vérité, s'il ne m'en avoit inſtruit. Je ne l'aimerois point, s'il ne m'en inſpiroit l'amour. Je lui dois non ſeulement la fidélité avec laquelle je lui obéïs, mais la reconnoiſſance même que j'en ai. Je lui dois, & mes prieres dont il eſt l'auteur, & mes actions de graces dont il eſt le principe. Et plus je tâche de pénétrer les raiſons de ſa conduite pleine de bonté à mon égard, plus je découvre qu'il n'y en peut avoir d'autres que ſa miſéricorde. Il eſt le maître de ſes dons : il les diſtribuë à qui il veut. Il met ſa gloire à combler de biens le pauvre & l'indigent: mais rien n'eſt plus juſte, que le pauvre ſe ſouvienne toûjours qu'il n'a rien de ſon propre fond, & qu'il n'eſt capable par lui-même que de s'écarter de la juſtice.

Je viens d'en faire depuis peu de jours une expérience, qui doit me ſervir de leçon pour toute ma vie. Nabal, cet homme ſi riche, dont les bergers étoient ſi contens de moi & de mes gens, me refuſa très-incivilement un médiocre ſecours, que je luis demandois avec des manieres non ſeulement honnêtes, mais reſpectueuſes : *Donnez à vos ſerviteurs*, lui diſois-je, par ceux que je

1. Livre des Rois c. 25. v. 8.

je lui avois envoyez, *& à votre fils Da-*
vid. Il ajoûta à son refus des discours
très-offensans; &, ce qui me fût plus
sensible, il me traita d'esclave révolté
contre son maître: attaquant ainsi dans
ma personne le Christ, & l'oint du
Seigneur, dont je suis la figure, & dont
je tiens la place. Je fis serment, dans le
premier transport de ma colere, d'ex-
terminer toute la maison de Nabal: &
sans la prudence & les sages discours
d'Abigaïl, je l'eusse éxécuté; & je me
ferois reproché toute ma vie, d'avoir
vengé moi-même mes propres injures,
& d'avoir enveloppé dans ma vengeance
des personnes très-innocentes. Dieu
seul me retint sur le penchant du pré-
cipice, & dans le moment même où
je me rendois indigne de ses soins & de
sa bonté. Car aucune des circonstances,
qui me rappellerent à moi & à mon
devoir, ne dépendit de mon choix ni
de mes desseins: elles furent toutes
ordonnées par la divine providence;
& je ne cesserai jamais d'admirer la
sagesse & la miséricorde qui les fit toutes concourir à mon salut. *Il me fait*
marcher par les sentiers de la justice pour
la gloire de son nom.

v. 4. *Nam,* * & *si ambulavero in* † *medio umbræ mortis, non timebo mala, quoniam tu mecum es.*

v. 4. Aussi quand je marcherois dans une vallée couverte de l'ombre de la mort, je ne craindrai aucun mal : parce que vous êtes avec moi.

* נם כי , *sed & si.*

† בגיא , *in valle.* Les 70. ont lû בגוא , *in medio,* ou ils ont rendu simplement le sens.

Rien ne me rassure tant contre les périls qui m'environnent, & qui menacent ma vie, que les preuves certaines que j'ai que Dieu veille sur ma vertu & sur mon innocence. Il m'exposera après cela à tout ce qu'il voudra. Je ne crains que d'être séparé de lui par ma faute. Et pourvû que je l'aye toûjours pour pasteur, je consens avec joye à avoir tout le monde pour ennemi. Mais, Seigneur, je vous vois à mes côtez. Je vous vois me devancer dans les périls. Il n'y en a plus dès que je vous ai pour protecteur & pour guide. Je traverserai avec vous les plus sombres forêts. Je descendrai dans les plus profondes vallées, où je ne pourrois éviter mes ennemis s'ils y étoient cachez. J'irai même les chercher : & je traverserai leur camp, moi seul, ou avec un seul témoin de la confiance que j'ai en vous. Je pénétrerai jusqu'à la tente de Saül : *(a)* j'enleverai d'auprès de lui sa demie-pique ; & après avoir marché dans l'ombre la plus affreuse de la mort, j'insulterai en votre nom, du haut de la montagne où vous m'avez fait arriver, mes ennemis campez dans le vallon, que votre présence aura rendus immobiles.

(a) David s'étant arrêté sur le haut d'une montagne.... appella de-là à haute voix les gens de Saül, & Abner.... I. *Livre des Rois ch.* 2. *v.* 13. 14.

C'est votre houlette & votre bâton, qui me rassurent & me consolent.	*Virga tua & baculus tuus, ipsa me consolata sunt.*

Je n'ai pas besoin d'être armé, puisque vous l'êtes pour moi. Je suis dispensé du soin de me défendre, puisque vous vous mettez en état de repousser ceux qui m'attaqueront. Votre houlette m'apprend que je suis votre brebi, & que mes ennemis sont les vôtres. Elle fera pour moi un bouclier, & contr'eux une épée. Elle fait ma confiance, & elle sera leur terreur. Je me repose pleinement sur votre vigilance & sur votre zele contr'eux : & je m'y repose aussi contre mes propres infidélités. J'espere que vous ne les punirez qu'avec un coup de houlette, & non pas en m'abandonnant. Vous me rappellerez si je m'égare. Vous me reprendrez avec une sévérité mêlée de tendresse, si je n'obéïs pas dans le moment. Vous me parlerez toûjours en pere, vous ne convertirez point la houlette du pasteur en une verge de fer : je la verrai toûjours dans vos mains; & elle sera toûjours ma consolation & mon espérance.

| ℣. 5. *Parasti in conspectu meo mensam adversus ✶ eos qui tribulant me.* | ℣. 5. Vous m'avez préparé un festin (magnifique) à la vûë de mes ennemis. *Ou :* contre ceux qui m'affligent. |

✶ נגד *è regione, coram.* ἐξ ἐναντίας *in conspectu* 70.

Vous ne vous contentez pas, Seigneur, de me donner chaque jour le pain dont j'ai besoin. Vous avez préparé pour moi des greniers abondans, où vous avez mis en réserve toutes sortes de biens. La maison de Nabal est pleine de tout ce qui est nécessaire à la vie ; & vous venez de m'en rendre le maître, en l'ôtant à cet insensé. Je n'ai qu'à

m'asséoir à la table que vous m'avez fait
servir. Vous m'avez eu en vûë dans les
bénédictions que vous avez répanduës
sur tout ce qui appartenoit à un avare ;
& je vous en rends graces, comme si elles n'avoient regardé que moi.

Mes ennemis qui sont à une très-
petite distance du lieu où vous m'avez
placé, sont presque témoins de l'abondance où je suis, & ne sçauroient y
mettre obstacle. Vous les tenez comme
liez par une vertu secrette. Vous les in-
timidez, comme la présence du pasteur intimide les loups. C'est eux qui
souffrent la faim : & moi je suis dans
les délices.

Vous répandez sur ma tête les parfums (les plus exquis :)& ma coupe est en-yvrante.	*Impinguasti in oleo caput meum, & calix meus ine-brians.*

Il est peut-être mieux de séparer les derniers
mots, & de les joindre au verset suivant, en
leur donnant un autre sens.

* אך טוב וחסד commencent dans l'original le verset suivant.

Non seulement j'ai dequoi vivre :
mais j'ai même le superflu. J'ai trouvé
d'excellens parfums, & des vins exquis.

Je n'en ai pas fait profusion : mais je n'ai pas cru aussi m'en devoir interdire l'usage, ni à ceux qui me suivent. Il est bon qu'ils connoissent que la piété est utile à tout, & que c'est même à elle seule à qui tout est promis. Il est utile qu'ils apprennent que tous les biens sont à vous. Et il est nécessaire à la cause que je défends, qu'ils voyent dans la punition de Nabal, comment vous traittez mes ennemis ; & dans le soin que vous prenez de moi, comment vous traiterez ceux qui me sont fidéles.

℣. 6. *Et misericordia tua* * *subsequetur* ** *me omnibus diebus vita mea.*	℣. 6. Je compte que votre bonté & votre miséricorde m'accompagneront tous les jours de ma vie.

* *Tua*, n'est pas dans l'hebreu : mais il est supplée à propos.

** ירדפוני *persequentur.*

Pour rendre le sens de l'original parfait, il faut traduire : † *Sed & benignitas & misericordia tua prosequentur me omnibus diebus vita mea.*

† *Sed & benignitas.* C'est ainsi que S. Jérôme traduit.

Tant de preuves de votre bonté, Seigneur, me remplissent de confiance pour l'avenir. J'attendrai ce qui me manque, de la même main qui m'a donné tout ce que j'ai reçû. Je ne me fonde ni sur mes mérites, ni sur ma justice. Mes vertus sont des dons : & dans ma personne ils sont toûjours fragiles. Mon unique appui, est votre miséricorde : mon seul titre, est votre bonté. Vous ne pouvez en manquer ; & vous n'avez besoin pour continuer à me faire du bien, que des motifs qui vous ont porté à me prévenir.

| v. 7. Et j'habiterai éternellement dans la maison du Seigneur. | v. 7. Et * ut inhabitem in domo Domini in longitudinem dierum. |

* L'une des deux particules est inutile. *Et habitabo.* S. Jérôme. וְשַׁבְתִּי *revertar*, est ici au lieu de וישבתי, car שׁוּב n'est pas la racine ; mais ישׁב *sedit, habitavit.*

Ce n'est point le désir de régner qui me fait demander avec instance, que je sois délivré de l'injuste guerre que l'on me fait. Le trône est environné de périls sans comparaison plus grands, que ceux qui me menacent. Et je préférerois avec joye mon ancienne profession de berger à un royaume, si j'étois le maître de choisir. Je serois alors bien plus

femblable à une brebi, par la dépendance & l'humiliation : & mon emploi
de pafteur me rappelleroit à tout moment le fouvenir de celui qui me conduit. Ma douleur maintenant eft de ne
pouvoir affifter aux folemnitez publi-
ques, d'être exclus des affemblées d'Ifraël, de ne pouvoir être admis à aucun
facrifice, & de n'avoir pas la liberté
d'aller à Silo, où eft le tabernacle, ou
dans le lieu où l'Arche a été mife en dépôt, depuis que les Philiftins ont été
forcez à la rendre. Si jamais je deviens
le Roy de toutes les tribus, je me fer-
virai de mon autorité pour avoir auprès
de moi cette Arche divine, & pour fui
dreffer un tabernacle dont ma maifon
fera comme le parvis. Alors je ne défire-
rai plus rien fur la terre : il n'y aura que
le ciel qui foit capable de me toucher.
Et il me feroit même indifférent, s'il
n'étoit la réfidence du Dieu que je fers.

SECOND SENS.

Si nous nous contentions du premier, nous reffemblerions à ceux, qui
après avoir levé la premiere couverture
faite avec du poil de chévre qui cachoit
le tabernacle, s'arrêteroient à confidérer avec admiration les peaux teintes en
bleu

Exod. ch.
36. v. 14.

Ibid. v.
19.

bleu céleste, ou en rouge, qui étoient sous cette premiere enveloppe, sans se mettre en peine d'aller jusqu'à l'intérieur, & sans penser même qu'il y eût rien au-delà d'une si belle surface. Il faut, s'il est possible, entrer dans le Sanctuaire ; & nous ne devons pas craindre qu'il y ait en cela de la témérité, puisque le voile, qui en défendoit l'entrée, a été déchiré, lorsque le souverain Pontife des biens futurs a rendu l'esprit. Le Juif incrédule s'arrête au dehors : mais le fidele va jusqu'au Saint des Saints ; & c'est la lettre même du Pseaume qui l'invite, & qui le force à s'avancer jusques-là.

David a souvent manqué du nécessaire ; & dès les premiers jours de sa fuite, il fut réduit à une faim si pressante, qu'elle servit d'excuse au violement de la loi, qui ne permettoit qu'aux prêtres l'usage des pains de proposition. Et nous apprenons de son histoire, que pour ne pas mourir de faim dans la petite ville de Siceleg, que le Roy Achis lui avoit abandonnée, il étoit obligé de faire des courses sur des peuples voisins, & de prendre la précaution de faire mourir jusqu'aux femmes, & jusqu'aux enfans, de peur que le Prince qui étoit son protecteur, n'en fût averti. Il falloit

1. Livre des Rois c. 27. v. 9. & 11.

que le befoin fût extrême pour être réduit à de tels moyens. Il y a donc de
l'éxagération dans tout le Pfeaume, fi
l'on ne l'entend que des biens temporels.

Mais quand David n'auroit jamais
éprouvé l'indigence, & qu'il auroit
même toûjours eu dequoi fournir aux
délices : ou les actions de graces qu'il en
rend à Dieu, lui font perfonnelles, fans
qu'on puiffe les regarder comme com-
munes à tous les juftes : ou elles font
générales, & faites au nom de tous les
ferviteurs de Dieu ; & elles renferment
alors des promeffes qui doivent s'accomplir dans tous les tems. Dans la premiere fuppofition, nous répétons inutilement un Pfeaume, qui ne nous regarde point. Il ne fert qu'à nous donner
une fauffe confiance ; & l'Eglife qui eft
perfuadée qu'il convient à fes enfans,
eft la premiere trompée, & contribuë
enfuite à nous jetter dans l'erreur.

Dans la feconde fuppofition, il faut
que tous ceux qui ont Dieu pour pafteur, ne manquent jamais d'aucun bien
néceffaire à la vie ; qu'ils n'ayent jamais
faim, qu'ils n'ayent jamais foif ; qu'ils
ayent toûjours de quoi parfumer leur
tête ; que les meilleurs vins leur foient
fournis en abondance. Et que devien-

dront alors tant de justes de l'ancienne
loy, dont il est parlé dans l'Epître aux
Hébreux, à qui tout manquoit! Que deviendront tant de martyrs, que la faim, &
la misere ont fait mourir ou dans les
prisons, ou dans les mines ? Et que ré-
pondrons-nous à S. Paul, qui parle ainsi
en son nom, & en celui des Apôtres : *Jus-*
qu'à cette heure nous avons souffert la faim
& la soif, la nudité & les mauvais traite-
mens : nous sommes errans & vagabonds.....
Nous sommes devenus comme les ordures,
du monde, comme les baliûres qui sont re-
jettées de tous. Plus nous prendrons de
telles promesses à la lettre, plus nous
serons scandalisez de les voir presque
toûjours sans effet à l'égard des plus
grands serviteurs de Dieu. Nous serons
contraints de regarder l'Ecriture comme pleine d'expressions, qui sont beaucoup au-dessous du vrai. Et nous per-
drons insensiblement le respect pour le
seul livre que les hommes ayent intérêt de croire, & qui soit incapable de
les tromper.

C'est donc s'aveugler soi-même, au
lieu de donner aux autres l'intelligence
des Ecritures, que de se borner à un
sens, qui ne peut être réduit à une
éxacte vérité, qu'avec des limitations,
& des exceptions infinies, & qui ne ré-

pond en rien à la majefté, à l'étenduë, à la certitude des promeffes que Dieu nous fait.

Une médiocre attention à certaines expreffions qu'on ne peut réduire à une félicité temporelle, fuffit pour découvrir ce que le S. Efprit a voulu cacher fous les autres. Car il eft évident que le vrai fens d'une prophétie, eft celui auquel toutes les parties fe rapportent; & que l'on s'eft mépris, fi l'on eft obligé de faire violence aux unes pour les concilier avec les autres. David en parlant de la juftice dans le troifiéme verfet, & d'une habitation éternelle dans la maifon de Dieu, dans le dernier, a détrompé tous ceux qui croyoient voir dans les autres une protection & une abondance purement temporelles.

| ℣. 1. *Dominus regit me, & nihil mihi deerit.* | ℣. 1. Le Seigneur eft mon pafteur : je ne manquerai de rien. |

C'eft ici une brebi, qui parle au nom de toutes les autres : c'eft un élû, qui rend graces au nom de tous les prédeftinez. L'Evangile auffi bien que les Prophêtes, leur donne le nom de brebis : & Jefus-Chrift en eft le pafteur. Nous en avons la promeffe dans Ezéchiel : Je

Ezech. ch. 14. ℣. 23.

fuſciterai fur mes brebis le paſteur unique pour les paître, *David mon ſerviteur : lui-même aura ſoin de les paître, & il leur tiendra lui-même lieu de paſteur.* Et Jeſus-Chriſt nous en a montré l'accompliſſement dans ſa perſonne : *Je ſuis le bon paſteur : & je connois mes brebis, & mes brebis me connoiſſent.*

Jean ch. 10. v. 14.

Je ne manquerai de rien. J'ai maintenant tout ce qui eſt néceſſaire pour arriver au terme : & lorſque j'y ſerai arrivé, je n'aurai plus de beſoins. Je ſuis foible : mais mon paſteur me ſoutient. Je ſuis malade : mais il me guérit. Je me ſuis briſé par une chute : mais il rétablit tout avec une adreſſe égale à ſa bonté. Je ſuis quelquefois par terre : mais il ne refuſe pas de me porter ou ſur ſes épaules, ou dans ſon ſein. Je m'égare ſouvent : mais il me rappelle ; & il quitte tout le troupeau, s'il eſt néceſſaire, pour m'aller chercher.

Ezech. ch. 34. v. 16.

Iſaïe ch. 40. v. 11.

Luc. c. 15. v. 5.

Non-ſeulement je ſuis ſans inquiétude, mais je fais conſiſter toute ma prudence à me laiſſer conduire, & à me repoſer ſur les ſoins de mon paſteur. Je me ſuis toûjours trouvé mal de m'être voulu conduire par mes lumieres : ou d'avoir trop raiſonné ſur la maniere dont j'étois conduit Je ne puis trop imiter la docilité d'une brebi. Je ne puis

trop m'abandonner à la sage providence
de celui qui m'a rendu tel que je suis.
Car je n'ai pas toûjours été brebi. J'étois
au commencent du nombre des loups.
Il m'a changé par une nouvelle naif-
fance ; & tous les jours il réforme ce
qui m'eft resté de farouche, & de rude,
de mon ancienne origine.

Depuis que je suis fous fa conduite,
je n'ai manqué de rien : &. je suis certain que fi je lui demeure foumis, j'aurai toutes chofes en abondance. Une
feule chofe me donne de la crainte : &
c'eft l'incertitude fi je ferai toûjours
brebi. Car je puis retourner à ma premiere figure, & à mes premieres inclinations. Il n'y a que la bonté de mon
pafteur, qui puiffe s'oppofer à une fi
étrange perverfité : & je crains que mes
infidélitez ne le laffent. Mais il a fait
tant de chofes pour moi, & je lui en
vois tant faire pour des brebis, en qui
j'obferve quelques-unes de mes défauts,
que j'efpere beaucoup plus que je ne
crains. Une telle incertitude que la confiance modere, m'eft néceffaire. Sans ce
contrepoids, je perdrois l'humilité, &
avec elle tout mon bien. Il vaut mieux
pour moi que je ne connoiffe pas l'avenir, afin que je veille & que je prie, &
que le befoin de mon pafteur me foit

toûjours préſent. Il me ſuffit d'être aſſuré, qu'avec lui j'aurai tout ; & d'eſpérer que je ſerai toûjours avec lui,
quoique je n'en ſois pas aſſuré.

v. 2. Il me fait re- | v. 2. *In loco*
poſer dans des pâtu- | *paſcua ibi me col-*
rages agréables & | *locavit.*
abondans. |

Il marche devant moi, après m'avoir *Jean ch.*
ouvert la porte pour ſortir, & il m'ap- *10. v. 3. 4.*
pelle par le nom qu'il m'a donné. Car
il connoît toutes ſes brebis, comme s'il
n'en avoit qu'une ſeule. Il me montre
les herbes ſalutaires dont je dois me
nourrir ; & il m'apprend à éviter celles
qui ne cauſent que de l'enflure. Il s'arrête où les pâturages ſont abondans :
& en s'aſſeyant auprès de moi, il m'invite à demeurer auſſi auprès de lui. La
légéreté & l'inconſtance lui déplaiſent ;
& il n'aime pas qu'on coure & qu'on
s'écarte, non pour trouver mieux,
mais pour découvrir plus de choſes
par le ſeul motif de la curioſité.

Pour peu qu'on l'écoute, on en eſt
bien récompenſé. Car ſous ſa houlette
tout ſe couvre de fleurs ; & ce qu'on
auroit pris d'abord pour des païs incul-
tes & ſtériles, devient en ſa préſence
N iiij

un lieu de délices. Il répand la douceur du miel fur des herbes auparavant féches & infipides. Il révéle les myfteres cachez. Il explique les énigmes des Prophêtes. Il étale les richeffes anciennes & nouvelles renfermées dans les Ecritures de l'une & de l'autre alliance. Il augmente l'efprit naturel. Il y joint une intelligence fupérieure aux lumieres naturelles. Il ouvre & il confole le cœur. Il infpire un ardent amour pour tout ce qui eft vrai & folide ; & un dégoût univerfel pour tout ce qui n'eft qu'illufion & menfonge. Mais rien n'approche du goût exquis que je trouve dans tout ce qui l'annonce lui-même , & dans tout ce qui le repréfente , tel que je le vois de mes yeux , & tel que je l'éprouve par mon expérience.

Je fuis par exemple tranfporté de joïe, quand il me fait remarquer dans un Prophête la prédiction de tout ce que je lui vois pratiquer en ma faveur : & je lis alors avec une confolation infinie ces paroles d'Ezéchiel : *Je viendrai moi-même chercher mes brebis , & je les vifiterai moi-même. . . . . . . Je les ferai paître fur les montagnes d'Ifraël , le long des ruiffeaux , & dans tous les lieux du païs les plus cultivez. Je les menerai paître dans les pâturages les plus fertiles. Les hautes monta-*

Ezech. ch. 34. v. 11. 13. 14. 35.

gnes d'Israël seront le lieu de leur pâture ; elles s'y reposeront sur les herbes vertes ; & elles paîtront sur les montagnes d'Israël dans les pâturages les plus gras. *Je ferai moi-même paître mes brebis ; je les ferai reposer moi-même, dit le Seigneur notre Dieu.* Je me retourne alors vers mon aimable pasteur. Je lui montre, à mon tour, ce qu'il m'a montré. Je lui dis ce que dans une autre occasion il a dit lui-même : *C'est aujourd'hui que cette Ecriture est accomplie.* Et je me nourris alors excellemment du suc de ces divines paroles, & plus encore de l'amour & de la reconnoissance qu'elles font naître.

Luc. c. 4. v. 21.

| Il me conduit doucement le long des eaux qui inspirent la tranquillité. | *Super aquam refectionis educavit me.* |

Ce n'est qu'en le suivant qu'on trouve des sources d'eaux vives : tout le reste est brûlé par les ardeurs du soleil, où l'on n'y trouve que des cîternes entr'ouvertes, qui n'ont que du limon, & une eau bourbeuse pleine d'insectes & de reptiles. Je vois avec une extrême compassion périr de soif, & de maladies tous les troupeaux qui suivent d'autres guides. Ils n'entendent pas la voix

Jerem. ch. 2. v. 13.

du Prophête qui les rappelle en ces termes. *Vous tous qui avez soif, venez aux eaux...... Je m'en vais le donner pour témoin aux peuples, pour maître & pour chef aux gentils.* Ils refusent de l'écouter lui-même, quoiqu'il les invite avec une extrême bonté : *Si quelqu'un a soif*, leur dit-il, *qu'il vienne à moi, & qu'il boive.* Ils aiment mieux s'empoisonner par quelques goutes d'eau corrompuë, qui ne servent qu'à allumer leur soif, que de venir se désaltérer avec nous ; & ce qui est étrange, l'expérience ne les détrompe point : & il semble même qu'elle fortifie leur aveuglement. Mais ils n'écoutent point la voix du pasteur, parce qu'ils ne sont point ses brebis. C'est lui-même qui nous en rend cette raison. Et il nous apprend ainsi à le remercier de ce que nous sommes ses brebis, & à voir dans l'état des autres ce que nous serions sans sa miséricorde.

Non seulement nous marchons sur le bord d'une claire fontaine, non-seulement nous pouvons nous y désaltérer de tems en tems : mais après avoir bû de ses eaux, nous n'avons plus de soif. Tous nos anciens désirs sont calmés. Nous n'aimons plus les mêmes choses. Nous les voyons comme n'étant déja plus. Nous comprenons que notre ar-

deur venoit de la fiévre. Depuis qu'elle est guérie, nous sommes tranquilles.
Si l'on vouloit même nous donner les
mêmes choses que nous avons autrefois désirées avec tant de passion, elles
nous paroîtroient affreuses. Notre cœur
a changé d'objet, & nous avons goûté
d'autres délices. Une soif a banni l'autre ; mais celle que nous éprouvons
maintenant, n'a rien de semblable à la
premiere. Une paix & une joye indi-
cibles, ont succédé à nos agitations & à
nos inquiétudes. Nous désirons : mais
nous sommes contens. Notre cœur s'é-
leve vers le ciel : mais c'est dans notre ^{Jean c. 4. v. 14.}
cœur même qu'est la source d'eau vive
qui remonte jusqu'au ciel. Nous de- ^{Jean c. 7. v. 38. 39.}
mandons la plénitude de l'esprit : mais
nous en avons les prémices. Nous marchons vers l'océan : mais sur le bord
d'une riviere, qui en tire son origine,
& qui nous y conduit.

Il me conduit dou-cement.	Sensim * dedu-xit me.	* lenè, leniter.

Ce que j'admire le plus dans le souverain pasteur qui me conduit, est sa
compassion pour les foibles, & son attention à les ménager. Il marche de-
vant nous : mais selon notre pas. Il fait ^{Isai. c. 40. v. 11.}

même de tems en tems des pauſes pour attendre de petits agneaux, ou pour ſoulager leurs meres, qu'il a la charité de porter quelque fois. *Il a avec lui des enfans fort petits, & des brebis & des vaches pleines : s'il les laſſe en les faiſant marcher trop vîte, tous ſes troupeaux mourront en un même jour......Il ſuit tout doucement, ſelon qu'il voit que ſes petits le peuvent faire.* Il n'aime point les brebis trop diligentes, qui ſe mettent en danger de s'égarer, & de quitter le troupeau en allant fort vîte, mais hors du chemin. Il veut ſur-tout qu'on ait ſoin de l'unité, & il ne peut ſouffrir les diſtinctions qui ont l'orgüeil pour principe. Celui qui aime le plus ſes freres, & qui eſt le plus humble, eſt ſelon lui le plus grand d'entre nous. Mais quoique nous en ſoyons perſüadez, nous avons tous plus d'envie d'imiter les qualitez éclatantes de notre paſteur, que ſa compaſſion & ſa tendreſſe. Et il eſt vrai que rien n'eſt plus inimitable, qu'une telle bonté & une telle humilité dans une ſi grande élévation.

Gen. c. 33. v. 13. & 14.

| ℣. 3. *Animam meam convertit.* Ou : *recreavit, refecit.* | ℣. 3. Il rend la force à mon ame. |

Mon plus grand mal , & c'étoit auffi
celui de mes freres , étoit un dégoût
général, accompagné d'une inquiétude , & d'un amour du changement,
dont je ne connoiffois point la caufe.
J'avois faim , mais je ne fçavois de quoi.
Tout ce que je voyois me tentoit d'a-
bord, & puis me devenoit infipide. Je
m'étois trompé tant de fois, que je n'a-
vois prefque plus le courage de faire de
nouveaux effais. Mon cœur cependant
étoit agité , malgré ma pareffe. Je tâ-
chois de lui impofer filence, pour mon
propre repos , mais fans y réüffir. Je
l'interrogeois quelque fois, pour fça-
voir au jufte ce qu'il vouloit : mais il
ne me répondoit que par un fentiment
confus , où je ne diftinguois rien de pa-
ticulier , mais où tout me paroiffoit
compris. Je m'étonnois qu'il fallût tant
de chofes pour me fatisfaire , & que
tout néanmoins fût capable de me re-
muer. J'étois ainfi par terre , également
tourmenté par la faim & par le dégoût,
lorfque mon cher pafteur , qui eft auffi
un excellent médecin , s'eft approché de
moi, & m'a pris par la main pour me re-
lever. Auffi-tôt mon cœur a reconnu
fon maître. Il a fenti que c'étoit lui qui
étoit fon bien : & que c'étoit lui qu'il
cherchoit depuis fi long-tems , mais où

il n'étoit pas , & en s'égarant. Dès ce moment j'ai commencé à être en paix, parce que j'ai commencé à rentrer dans la justice. Je cherchois le bonheur sans elle , au lieu qu'il en est la récompense & le fruit. Maintenant je suis consolé, à proportion de ce que je suis fidele à mes devoirs ; & j'espere que lorsqu'il n'y aura plus rien en moi qui résiste aux volontés de Dieu , il n'y aura plus rien aussi qui s'oppose à mes désirs.

Deduxit me super semitas justitiæ , propter nomen suum.	Il m'a fait marcher par les sentiers de la justice , pour la gloire de son nom.

Avant que de me soumettre à mon pasteur , & de marcher dans le chemin qu'il m'a montré , combien me suis-je lassé inutilement dans des routes , qui ne conduisoient qu'à des précipices , ou qui me ramenoient par une espéce de cercle au point d'où j'étois parti ! Combien de fois ai-je épuisé mes forces , ou pour grimper sur un rocher stérile , ou pour descendre dans des vallons pleins de fossés , & embarrassés de taillis & de buissons ! Combien de fois me suis-je abandonné au désespoir, ne voyant devant moi , ni chemin frayé , ni issuë ! Et combien me suis-je repenti alors de n'avoir point voulu de guide ; & d'avoir eu tant de passion pour une liberté qui ne servoit qu'à m'égarer, & qui devenoit mon supplice !

J'ai choisi pour lors des maîtres qui me promettoient de me rendre sage par leurs conseils, & heureux par leurs maximes. Mais quels maîtres, ô mon Dieu ! ou plûtôt quels insensez, & quels aveugles ! Ils ont ajoûté leurs vices aux miens, & l'orgüeil à ma misere. Ils étoient des étrangers, que les vrayes brebis ne connoissent & n'écoutent point. Ils étoient tous des ravisseurs, & des meurtriers, qui ne pensoient qu'à ravager le troupeau. C'est un miracle que j'aye échappé à leurs mains : car il vaut mieux être sans guides, que d'en avoir de tels ; & mon premier état n'étoit point si dangereux que le second.

C'est du milieu de ces périls que le vrai & unique pasteur m'a tiré. Il a commencé par me montrer la fausseté de tout ce que l'on m'avoit appris. Et il m'a enseigné des véritez, qui m'étoient nouvelles, mais qui avoient un tel rapport à mes maux, à mes besoins, à mes devoirs, qu'à cela seul j'ay reconnu que j'étois son ouvrage ; & qu'il falloit qu'il m'eût donné l'être, puisqu'il sçavoit si admirablement conserver ce qui venoit de lui, & réformer ce que j'avois gâté.

Mais j'en ai été encore bien plus persuadé, par la maniere dont il m'a enseigné toutes choses. Il les a placées lui-même dans mon cœur. Il les y a gravées, en m'en inspirant l'amour ; & il m'a fait éprouver un plaisir si pur & si vif dans tout ce qu'il m'a commandé, que je n'ai pû douter qu'il ne fût mon Dieu, caché sous l'extérieur d'un berger.

Il ne s'est pas contenté de me montrer de loin le lieu où je devois tendre : il s'est mis avec moi en chemin. Il ne m'a pas seulement ordonné de le suivre : il m'a pris par la main. Il ne lui a pas suffi de me donner la sienne : il a fait couler par elle un esprit de vie, & de force, dans mon intérieur, qui m'a renouvellé, & qui m'a rendu dans les derniers tems la jeunesse des premieres années : *Il m'a fait marcher par les sentiers de la justice.*

Pour la gloire de son nom. Ce n'est pas moi qui l'ai cherché : c'est lui qui m'a choisi. Ce n'est pas moi qui l'ai aimé le premier : c'est lui qui m'a aimé, lorsque je n'avois rien d'aimable, & que je n'étois digne que de

sa

Pf. 102. v. 5.

Jean ch. 15. v. 16.
1. Jean ch. 4. v. 10.

fa [...] ine. Je n'ai pû lui offrir que ses dons. Je n'ai que ce qu'il m'a préparé de toute éternité. Et mes bonnes œuvres sont comprises dans les dons que sa miséricorde avoit résolu de me faire. *Eph. ch. 2. v. 10.* Ceux qui lui appartiennent, ne sont pas stériles : mais c'est de lui que vient tout le fruit qu'ils produisent. Et avant qu'ils fussent entés sur sa racine, il ne produisoient que des épines. Le plus précieux de ces fruits est la reconnoissance. L'ingratitude fait sécher les branches auparavant très-fécondes ; & toutes les branches séches, sont séparées du tronc, & jettées au feu. Il n'y a rien qui nous allarme tant, que le danger de perdre par l'orgüeil ce que l'humilité a reçû. Nous nous redisons souvent ce qui est écrit : *C'est par la grace que vous êtes sauvés par le moyen de la foi : & cela ne vient pas de vous, c'est un don de Dieu. Cela ne vient pas de vos œuvres, afin que nul ne se glorifie.* *Eph. ch. 2. v. 8. 9.* Et nous faisons consister toute notre gloire à conserver à notre Pasteur, toute celle qui est dûë à sa miséricorde : *afin que nous soyons la gloire, & le sujet des loüanges de Jesus-Christ.* *Eph. ch. 1. v. 12.*

℣. 4. Aussi quand je marcherois dans une vallée couverte	℣. 4. *Nam & si, ou, sed & si ambulavero in medio*

umbræ mortis, non timebo mala, quoniam tu mecum es.	de l'ombre de la mort, je ne craindrai aucun mal ; parce que vous êtes avec moi.

Mais l'humilité que notre Pasteur nous inspire, n'est point opposée au courage. Elle en est au contraire le fondement : car moins nous attendons de notre foiblesse, plus nous osons tout espérer de la grace toute puissante de celui qui vit & agit en nous. Nous évitons avec soin les moindres dangers, quand la fuite est permise : parce que nous ne sçavons pas si notre heure est venuë. Mais quand la nécessité est inévitable, nous ne nous occupons plus du péril, & nous ne pensons qu'à la victoire. Nous sommes persuadés alors, que c'est le Pasteur qui combat plûtôt que l'une de ses brebis ; qu'il s'agit du dépôt qui lui a été confié par son Pere ; qu'il s'agit même de la validité du don que son Pere lui a fait de nous ; qu'il est impossible qu'on nous arrache de ses mains ; & que tout périroit plûtôt que de voir sa vérité, son amour, & sa puissance frustrées. Nous osons alors défier toutes les créatures, comme foibles & impuissantes. Nous méprisons,

Jean ch. 10. v. 28. 29.

non feulement l'ombre de la mort, mais la mort même ; & entre les genres de mort, ceux qui font les plus terribles & les plus cruels. La charité de notre Pafteur ne peut être vaincuë ; & tout ce qu'on feroit pour nous en féparer, ne ferviroit qu'à la rendre plus éclatante.

C'eft votre houlete & votre bâton qui me raffurent & me confolent.	*Virga tuä & baculus tuus ipfa me confolata funt.*

Rom. c. 8. v. 35. & suiv.

Je ne fçai, ô mon aimable Pafteur, comment il y a des brebis qui craignent votre houlete, fi pourtant elles font brebis. Que commandez-vous qui ne foit jufte ! Qu'éxigez-vous de nous, qui ne nous foit utile ! Vos défenfes peuvent être réduites à ce feul mot : je vous défends d'être malheureux ; & tous vos préceptes fe peuvent réduire à celui-ci : je vous commande de chercher votre bonheur où il eft. Tout votre loi eft abregée dans le feul commandement de vous aimer. Nous devrions être inconfolables, fi ce que vous nous commandez ne nous étoit pas permis. Et il faut, pour vous défobéïr, renonce avant tout à nos plus chers intérêts,

& à notre plus solide gloire.

S'il arrive que je m'écarte, & que vous me frappiez de votre houlete pour me rappeller, quelles actions de graces dois-je vous rendre ? & quelle consolation n'est-ce point pour moi, que vous ne m'abandonniez pas dans mon égarement, & que vous me discerniez des autres brebis, qui ne sont de votre troupeau que pour quelques jours, & à qui vous laissez la triste liberté de s'en éloigner sans retour ? Car entr'elles & nous, tout est égal au-dehors, excepté la persévérance. Souvent même elles paroissent plus aimées, & plus aimables que plusieurs autres. Mais un leger écart au commencement, & qui devient infini dans la suite, les prive de votre protection pour toûjours, parce que vous ne les traitez pas comme moi, en allant au-devant d'elles, & en les ramenant au troupeau avec quelques menaces, & quelques châtimens, infiniment moins terribles que votre silence & votre mépris.

Cette houlete même, sur laquelle vous vous appuyez, n'est point semblable à celle des autres pasteurs ; & il me semble qu'elle est terminée comme une croix. Il ne seroit pas juste que je refusasse d'être sanctifié par son atouchement ; & que j'oubliasse que je ne suis devenu votre brebi, que parce que vous avez bien voulu me laver dans votre sang, & mourir pour moi.

| ℣. 5. Vous me préparez un festin (magnifique) à la vûë de mes ennemis. *ou :* contre ceux qui m'affligent. | ℣. 5. *Parasti in conspectu meo mensam adversùs eos qui tribulant me.* |

La table que vous m'avez préparée est un sacrifice : & c'est vous qui en êtes la victime. Vous êtes venu pour nous donner la vie, & pour nous la donner avec plus d'abondance. Vous avez sacrifié la vôtre pour nous, & après votre résurrection vous continuez votre sacrifice pour nous nourrir. Ce n'est pas nous, qui vous nourrissons de notre lait : vous n'avez besoin ni de nous, ni de nos biens : c'est vous qui convertissez en lait votre divine chair, pour conserver la vie céleste & divine que vous nous avez procurée. Un autre aliment n'eût pas été digne de l'esprit de grace & de sainteté, que vous avez répandu dans nos cœurs : & il étoit juste qu'étant devenu notre chef, notre vie, notre justice, vous voulussiez bien encore de-

Jean ch. 10. v. 11. 15.

Ibid. v. 10.

venir notre pain. C'eſt un myſtere incroyable pour tous ceux qui ne connoiſſent, ni ce que vous avez fait pour nous,
ni ce que vous nous préparez. Mais il
eſt moins ſurprenant que vous nous
donniez la chair, que vous n'avez priſe
que pour notre ſalut, que de vous y être
uni pour toûjours. Il y a quelque choſe
de plus incompréhenſible dans le myſtere de votre mort, que dans celui de
l'Euchariſtie, qui eſt la ſuite & l'accompliſſement du ſacrifice que vous
avez offert pour nous. Il n'eſt pas plus
incroyable que vous vouliez bien vous
donner à nous maintenant ſous des voiles & des ſymboles, que de vous communiquer pleinement à nous dans l'é-
ternité, ſans nüages & ſans énigmes.
Vous nous avez enfantés, & vous nous
nourriſſez de vos mammelles. L'un de
ces miracles conduit à l'autre; & le premier ſeroit imparfait ſans le ſecond.

A la vûë de mes ennemis. Ou: *contre
ceux qui m'affligent.*

Vous m'avez enlevé au fort armé qui
me tenoit dans les fers : vous m'avez
affranchi de la ſervitude du péché : vous
avez vaincu pour moi le monde, & la
mort : mais ſi vous m'aviez laiſſé ſeul,
j'euſſe bien-tôt perdu tous ces avanta-
ges. Car le fort armé frémit autour de

moi comme un lion rugissant ; je sens au-dedans de moi une loi contraire à l'esprit qui en combat les saints désirs ; je suis environné de scandales au-dehors, & je porte un reste de mortalité au-dedans, qui affoiblit & qui engourdit l'ame. Mais en venant vous-même défendre votre conquête, vous mettez tout en sureté. Mes ennemis fuyent devant vous, & en entrant dans mon cœur, vous le leur rendez inaccessible. Je leur deviens terrible moi-même après vous avoir reçû. Ils ne peuvent soûtenir ni ma foi, ni mon zele : & je leur parois environné comme d'une flâme dont ils n'oseroient approcher.

Vous répandez sur ma tête les parfums (les plus exquis.)	*Impinguasti in oleo caput meum.*

Lorsque vous avez offert votre vie sur la croix, vous vous êtes livré pour moi aux plus cruelles douleurs, & aux plus grandes ignominies. Vous n'avez entendu que des blasphêmes, vous n'avez reçû que des outrages, & vous avez voulu souffrir tout ce que méritoient mes péchés. Mais ce qui a été pour vous un sacrifice sanglant, vous le changez pour moi en un festin de délices. Vous m'y comblez de consolation & de joye. Vous répandez sur ma tête une onction divine, qui dissipe toutes mes pensées tristes, & toutes mes inquiétudes. Vous me donnez la confiance de vous parler, non comme un serviteur, mais comme un ami. Je me repose sur votre poitrine, pendant le repas, & j'oublie dans ce mystérieux sommeil tous mes maux. Vous convertissez ma crainte en amour, en ne me laissant paroître que votre bonté. Et si j'oublie pour quelques momens votre sainteté & votre grandeur ; c'est qu'il me semble que vous les oubliez vous-même, aussi-bien que mes imperfections & ma misere.

| *Et calix meus inebrians.* | Et ma coupe est enyvrante. |

Le vin que vous me faites boire dans votre coupe, m'ôte le discernement, en me causant une sainte yvresse. Je pense alors, & j'agis, comme si je n'étois plus pécheur. Mes prieres deviennent plus hardies. Mon espérance va presque jusqu'à la certitude. Ma reconnoissance & mon amour n'ont plus de régle ni de mesure. Je crois que tout n'est permis, parce qu'il me semble
que

que vous m'exhórtez à tout. Je voudrois alors vous rendre vie pour vie. J'irois, ce me semble, au-devant du martyre, si l'óccasion s'en présentoit. Je me persuade que je ne sentirois ni le fer ni le feu, ou que ce seroit pour moi une consolation de souffrir quelque chose pour votre gloire. Je me sens sur-tout extrêmement pressé par cette réflexion, que si vous êtes mort pour moi, & si j'ai bû le sang qu'il vous a plû de répandre pour mon salut, je suis donc mort avec vous, & incapable désormais de vivre ni pour moi-même, ni pour le monde. Cette vérité me suit par-tout : & la peur d'y être infidele, me porte à désirer que mon éxil, où les tentations sont fréquentes, finisse bien-tôt ; & que je passe d'un festin à un autre, & de l'yvresse que cause votre mystérieuse coupe, à celle qui est l'effet du torrent de délices, dont vous inondez vos serviteurs.

2. Cor 5.
v. 14 . 15.

℣. 6. Je compte que votre bonté & votre miséricorde m'accompagneront tous les jours de ma vie.	℣. 6. *Sed & benignitas & misericordia tua subsequentur me omnibus diebus vitæ meæ.*

Je suis néanmoins plein de confiance que votre bonté & votre miséricorde ne m'abandonneront pas un seul jour de ma vie ; & que vous accomplirez à mon égard la promesse, que vous avez faite à tous vos élûs dans la personne de Jacob notre pere : *Je serai votre protecteur par tout où vous irez . . . . . & je ne vous quitterai point, que je n'aye accomplie tout ce que j'ai dit.* Car si vous m'avez aimé lorsque je ne vous aimois pas, & si vous m'avez cherché lorsque je vous avois oublié ; combien dois-je plus espérer que vous me protégerez maintenant que je vous invoque, & que je ne désire que de vous plaire. Mais ce n'est pas sur mes dispositions présentes que je me fonde : elles peuvent changer, & c'est ce que je crains. C'est sur la bonté que vous avez eüe de me les inspirer, que ma confiance est établie. Car, Seigneur, qu'avez-vous vû en moi, lorsque j'étois injuste, qui méritât votre grace ! & quels motifs avez-vous eus en me convertissant, que vous ne puissiez avoir pour m'accorder la persévérance ? Je ne la mérite pas, je l'avouë : c'est un don privilégié, & qui peut m'être refusé. Mais je la demande, & je l'espere : ce que je n'ay pû faire à l'égard des premiers mouvemens de conversion que vous m'avez inspirés. Accordez - moi donc ma priere, vous Seigneur, qui n'avez pas attendu que je vous priaſſe, pour m'appeller à votre ſervice. Et faites que ma priere ſoit continuelle, afin qu'elle ſoit éxaucée : car j'aurai certainement la perſévérance, ſi je vous la demande toûjours : mais la perſévérance dans la priere fait partie de ce don ineſtimable ; & c'eſt pour cela que je ne le puis mériter. Vous ne rejettez pas les humbles : mais de qui vient l'humilité, ſinon de vous ? Vous ne retractez point vos dons : mais ſi vous ne les défendez & contre mes paſſions, & contre mes ennemis, ils me ſeront enlevés ; & c'eſt peu de choſe que vous ne me les ôtiez pas, ſi vous n'empêchez qu'on ne me les raviſſe.

Donnez-moi donc, ô mon ſouverain Paſteur, toutes les vertus, à qui vous avez promis votre protection. Rendez-moi vigilant. Inſpirez - moi de la ferveur. Faites que ma priere ſoit continuelle. Donnez - moi de l'amour pour l'aumône, de la haine pour les délices, du goût pour vos Ecritures, de l'attrait pour la ſolitude & le ſilence : mais ſur toutes choſes, donnez-moi le cœur d'une brebi, ou plûtôt du plus petit de vos agneaux. Je crains plus ma pré-

somption, & ma fauſſe ſageſſe, que la
dent du loup, ni du lion. Je ſerai en
ſûreté ſi je marche à côté de vous, ſi je
ſuis porté dans vos bras, ſi je ſuis caché
dans votre ſein. Ne ſouffrez point que
je devienne jamais ni grand, ni prudent, ni fort à mes propres yeux. Plus
j'avancerai en âge ſelon la vie temporelle, plus je déſire de m'approcher de l'en-
fance ſpirituelle, & de devenir foible
& petit ſelon l'Evangile. Avec des che-
veux blancs, je puis être par votre grace un agneau nouvellement né, digne
de votre compaſſion & de votre tendreſſe. Je veux, & j'ai beſoin d'être
porté juſqu'à la vieilleſſe. Vous me l'a-
vez promis : & je vous repréſente votre
promeſſe dans les termes mêmes dont
vous vous êtes ſervi : *Je vous porterai
moi-même*, nous avez-vous dit, *juſqu'à
la vieilleſſe, je vous porterai juſqu'à l'âge
le plus avancé: Je vous ai créés, & je vous
ſoutiendrai : je vous porterai, & je vous
ſauverai.* Voilà mon titre : voilà ſurquoi
je me fonde: tout autre appui me tromperoit. Je vous ai pour Paſteur : ſoyez-
le toûjours. Vous m'avez rendu votre
brebi : faites que je la ſois juſqu'à la
mort. Et accompliſſez en ma faveur, ce
qui eſt dit par l'un de vos prophêtes
dans une parabole qui vous convient

admirablement, & où je crois me reconnoître. *Le pauvre n'avoit rien du tout
qu'une petite brebi.* Vous ne rougiſſez pas,
Seigneur, de la qualité de pauvre. Vous
chériſſez chacune de vos brebis en particulier, comme ſi vous n'aviez qu'elle
ſeule. *Il l'avoit achetée, & l'avoit nour-
rie : elle étoit cruë parmi ſes enfans en
mangeant de ſon pain, buvant de ſa coupe,
& dormant dans ſon ſein; & il la chériſſoit
comme ſa fille.* Il eſt aiſé de reconnoître ici
votre tendreſſe. Il eſt aiſé d'y voir tout
ce que vous avez fait pour moi. Vous
m'avez acheté, nourri, élevé comme
l'un de vos enfans : je mange à votre table, je bois dans votre coupe, je dors
dans votre ſein. Achevez de me rendre
en tout ſemblable à vos enfans; en me
rendant votre héritier, & me plaçant
pour toûjours à votre droite parmi vos
brebis.

ⅴ. 7. Et j'habiterai
éternellement dans
la maiſon du Sei-
gneur.

ⅴ. 7. *Ut inhabi-
tem in domo Do-
mini, in longitudi-
nem dierum.*

Je compte pour l'une des plus douces
conſolations de cette vie, la permiſſion
de demeurer dans les parvis du Sanctuaire où vous habitez parmi nous; de vous

Right margin note: 2. Livre des Rois ch. 12. v. 3.

offrir des facrifices ; & de vous loüer aux jours folemnels avec toutes les tribus d'Ifraël. Mais fi la religion finiffoit avec cette vie, je me trouverois bien malheureux. J'ai befoin de vous aimer & de vous loüer toûjours. Je ne puis être content d'un bien qui doit finir. Vous méritez un honneur éternel, & je défire de vous le rendre toûjours. Et je ne puis comprendre que des hommes, qui croyent vous connoître, fe bornent aux feuls devoirs qu'ils vous rendent en cette vie. J'ai plus d'ambition qu'eux; & fi je n'efpérois que vous ferez toûjours mon Pafteur, je ne verrois pas pourquoi vous auriez voulu le devenir pour quelques momens. Vous me réfervez ailleurs d'autres pâturages, d'autres fontaines, un autre repos. La table & la coupe feront les mêmes : mais j'aurai d'autres yeux, & un autre goût. Abrégez mon voyage, & terminez mon éxil. Fixez-moi pour toûjours dans le lieu de votre repos : & montrez-vous à moi, non fous une figure qui vous cache, mais dans une gloire digne de vous.

PSEAUME XXIII.

℣. 1. PSeaume de David.

La terre est au Seigneur, & tout ce qu'elle contient : le monde & tous ceux qui l'habitent sont à lui.

℣. 2. Car c'est lui qui a fondé la terre près des mers, & qui l'a disposée le long des fleuves.

℣. 3. Qui montera sur la montagne du Seigneur ? ou qui se présentera devant son Sanctuaire ?

℣. 4. Celui qui a les mains innocentes, & le cœur pur : qui ne fait point d'imprécations contre son ame, & qui n'employe point le serment pour tromper.

℣. 1. PRima Sabbati, Psalmus David.

Domini est terra, & plenitudo ejus : orbis terrarum & universi qui habitant in eo.

℣. 2. Quia ipse super maria fundavit eum : & super flumina præparavit eum.

℣. 3. Quis ascendet in montem Domini ? aut quis stabit in loco sancto ejus ?

℣. 4. Innocens manibus & mundo corde : qui non accepit in vano animam suam, nec juravit in dolo proximo suo.

℣. 5. *Hic accipiet benedictionem à Domino: & misericordiam à Deo salutari suo.*

℣. 5. Celui-là recevra du Seigneur la bénédiction, & du Dieu son Sauveur (la récompense de) la justice.

℣. 6. *Hæc est generatio quærentium eum: quærentium faciem Dei Jacob.*

℣. 6. C'est-là la race de ceux qui cherchent le Dieu leur Sauveur, qui cherchent votre visage, ô Jacob. Sélah.

℣. 7. *Attollite portas principes vestras, & elevamini portæ æternales: & introibit Rex gloriæ.*

℣. 7. Portes élevez vos têtes: portes éternelles, ouvrez-vous: & le Roy de gloire entrera.

℣. 8. *Quis est iste Rex gloriæ? Dominus fortis & potens; Dominus potens in prælio.*

℣. 8. Qui est-ce Roi de gloire! c'est le Seigneur fort & puissant: c'est le Seigneur puissant dans le combat.

℣. 9. *Attollite portas principes vestras, & elevamini portæ æternales: & introibit Rex gloriæ.*

℣. 9. Portes élevez vos têtes: portes éternelles, ouvrez-vous: & le Roy de gloire entrera.

℣. 10. *Quis est*

℣. 10. Mais quel

est donc ce Roy de gloire , ce Roy de gloire ? c'est le Dieu des armées.	iste Rex gloriæ ? Dominus virtutum , ipse est Rex gloriæ.

℣. 1. Pseaume de David.	℣. 1. Primâ Sabbati , Psalmus David.

Il n'y a point d'autre titre dans l'original que celui-ci : *Psalmus David*, PSEAUME DE DAVID. Ce qui n'en explique ni le dessein ni le sujet : mais nous assure quel en est l'Auteur. Les Septante suivis par l'interprête Latin , y ajoûtent ces mots : τῆς μιᾶς τῶν σαββάτων. *Primâ Sabbati : pour le premier jour de la Semaine :* ce qui marqueroit que ce Pseaume étoit affecté au Dimanche. Mais il y a de l'apparence que ce titre est venu de l'usage de quelques Eglises Chrétiennes ; & peut-être de celles de Syrie, qui en ont mis à presque tous les Pseaumes, & en particulier à celui-ci un titre presque tout semblable : *De die quâ cœpit Deus creare :* « Du jour auquel Dieu commença de créer : » Ce qui signifie le premier jour de la Semaine , ou le Dimanche.

OCCASION DU PSEAUME.

Elle est peu différente de celle du 14, quoiqu'elle regarde un autre tems. Lorsque David composa le premier , il se préparoit à transporter l'Arche du Seigneur de Cariathiarim à Jérusalem. La

1. *Paral.*
ch. 13. v. 6.

cérémonie fut troublée par la punition d'Oza : & l'Arche fut mise en dépôt dans la maison d'Obededom, qui, selon l'Ecriture, étoit de Geth, mais reconnu pour un grand serviteur de Dieu , & qu'il ne faut pas confondre avec un autre Obededom , célébre parmi les Lévites.

2. Livre des Rois. ch. 6. v. 10. & 11.

1. Paral. ch. 15. v. 18, & 24.

Trois mois après, David ayant été informé de toutes les bénédictions que Dieu avoit répanduës sur Obededom & sur sa maison à cause de l'Arche, & étant rassuré par cet éxemple, il convoqua une seconde fois tout le Peuple, pour transporter avec toute la magnificence possible l'Arche du Seigneur sur la montagne de Sion , où il lui avoit fait préparer un Tabernacle : & ce fut en cette seconde occasion que David composa le Pseaume que nous expliquons.

2. Livre des Rois. ch. 6. v. 11. & 1. Paral. ch. 15. v. 25. & ch. 16. v. 1.

SUJET DU PSEAUME.

Il est le même que celui du 14, mais encore plus profond ; plus mystérieux, plus prophétique ; & il cache sous une lettre dont les parties s'unissent ce semble avec peine , une prédiction très-claire & très-suivie : comme on le verra dans le détail.

Voyez le Ps. 14.

ⱴ. 1. La terre & tout ce qu'elle contient, est au Seigneur.

ⱴ. 1. *Domini est terra, & * plenitudo ejus.*

& omnia quæ terram replent & ornant.

On ne voit pas d'abord à quoi ce commencement a rapport. Il sembleroit que David devroit plûtôt dire ce qui est dans un autre Pseaume : *Le Seigneur aime plus les portes de Sion, que toutes les tentes de Jacob:* Et ajoûter ce qui est aussi dans un autre : *Il n'a fait cette grace à aucune des Nations ; & il ne leur a point fait connoître ses Jugemens.* Car c'étoit le privilége d'Israël de connoître de Dieu ; & celui de Jérusalem d'être choisie pour le lieu de sa résidence : & rien n'étoit plus capable d'obscurcir ces deux priviléges, dont il devoit être question dans ce cantique d'action de graces, que d'égaler tous les peuples à celui d'Israël, & tous les lieux du monde à la montagne de Sion.

On répond qu'il faut entendre ce premier verset dans un sens exclusif, & le limiter ainsi : quoique toute la terre soit au Seigneur, aussi bien que tout ce qui la remplit ; c'est néanmoins le privilége d'Israël d'être son héritage: & c'est aussi celui de Jérusalem d'être l'unique lieu de l'univers, où l'on puisse lui offrir des sacrifices, & où il veüille résider pour toûjours.

Mais une telle interprétation est visiblement contraire à la parole de Dieu, qui ne donne aucune idée de la limitation qu'on ose mettre à des expressions très-générales. Le Saint-Esprit a des vûës très-différentes. Il ne marque en aucune sorte ni Jérusalem ni le Peuple d'Israël, considéré comme une nation particuliere. Et c'est s'interdire l'intelligence de tout le Pseaume, que de commencer par établir le préjugé qu'il veut détruire : car voici ce que le Prophête veut dire.

Tout Israël qui assiste à cette majestueuse cérémonie ; qui voit avec quelle pompe l'Arche d'Alliance est portée par les Lèvites ; qui est témoin des victimes sans nombre qui sont offertes sur sa lente * marche, de sept en sept pas ; qui entend de toutes parts retentir les voix & les instrumens de ceux qui loüent Dieu ; qui admire avec quels transports je m'abandonne à ma reconnoissance & à ma joye : tout Israël, est persuadé par un tel spectacle,

2. Livre des Rois ch. 6. v. 13. & 1. Paral. ch. 15. v. 26.

---

* Les Lévites s'arrêtoient au septiéme pas. Cum transcendis- | sent sex passus,

qu'il eſt le ſeul peuple que Dieu con-
ſidere. Il croit que tout le culte extérieur, dont il eſt témoin, eſt celui que
Dieu éxige. Il regarde l'Arche comme
la caution d'une protection éternelle,
& Jéruſalem comme une Ville Sainte
que Dieu n'abandonnera jamais. Il m'attribuë les mêmes penſées, parce qu'il
ne voit que l'extérieur de mes actions :
mais il ſe trompe en cela, comme dans
tout le reſte ; & le Pſeaume que j'ai aujourd'hui confié aux Lévites, comme
propre à cette cérémonie, contient une
prophétie toute oppoſée à des préjugés,
qui n'ont d'autre fondement que l'orgüeil & une fauſſe juſtice.

Toute la terre eſt au Seigneur, &
tous les hommes qui la rempliſſent,
ſont également ſon ouvrage. Il n'y a
point de lieu où il ne mérite d'être
adoré : & il n'y a point de nations qui
ne ſoient auſſi dignes que nous de le
connoître. Il ne bornera pas toûjours
ſon culte à un ſeul peuple, ni à une
ſeule ville. Il viendra un tems, où l'on
ne montrera plus ni Silo, où nos peres
ont offert des ſacrifices, ni Jéruſalem
où nous en offrons maintenant, comme
des lieux plus ſaints que les autres.
Par tout des hommes purs leveront vers
le ciel leurs mains innocentes. Par tout

l'on adorera le Pere de tous, en efprit &
en vérité : Et ce culte fpirituel abolira
celui qui n'en eft que la figure.

| *Orbis terrarum,* *& univerfi qui ha-bitant in eo.* | Le monde & tous ceux qui l'habitent font à lui. |

Dieu n'a pas abandonné le ciel & la
terre à une puiffance étrangere, & beaucoup moins les hommes, qui lui font
plus chers que les créatures fans intelligence. Il les appellera quand le tems de
la miféricorde fera venu, comme il appella autrefois Abraham. Ils quitteront
leurs idoles, comme ce faint homme re-
nonça aux fuperftitions de fa famille.
Ils lui obéïront, comme fon fidéle ferviteur lui obéït. Les promeffes qui lui
furent faites, comprennent toutes les
nations. Il doit être le pere de plu-
fieurs peuples, & non d'un feul. C'eft
le monde entier, & non pas la Judée,
qui eft fon héritage. Il fût déclaré jufte
avant que d'être circoncis ; & ce fut
avant la circoncifion que tous les peuples lui furent promis. Ils font tous entre les mains de Dieu, également foumis
à fon autorité, également capables de fes
bienfaits. Et ce feroit une erreur bien
injurieufe à Dieu, que de penfer qu'il

n'eſt le Dieu que d'une ſeule famille,
& non le Dieu de toutes les nations.

℣. 2. Car c'eſt lui qui a fondé la terre près des mers, & qui l'a diſpoſée le long des fleuves.

℣. 2. *Quia ipſe ſuper maria fundavit eum: & ſuper †flumina præparavit * eum.*

* diſponit.

† Il faut expliquer, *ſuper*, ſelon le génie de la langue originale, comme s'il y avoit , *juxta :* faute de ſçavoir la vraye ſignification de *ſuper*, על en hebreu, quelques interprétes Grecs, & Saint Jean Chryſoſtome même, ont penſé que la terre étoit une grande ſurface nageant ſur la mer. Mais ce qui eſt dit des rivieres auroit dû les détromper.

Dieu a uni tous les hommes entr'eux par le commerce de la mer, & des rivieres. Il a joint par ce moyen les peuples les plus éloignés ; & il a conſervé entre les nations différentes, une image de la liaiſon qu'il a miſe entre les parties d'un même corps par les veines & les artéres. C'eſt lui qui a marqué dès le commencement à chaque famille, le pays qu'elle devoit habiter : C'eſt lui qui a diſtribué ſelon ſa * ſageſſe, l'univers entre les deſcendans de Noë. Il n'a pas oublié ceux que nous ne connoiſſons plus ; & ils ne lui ſont pas devenus indifférens.

* Deuter. ch. 32. v. 8.

quoique leur langue & leurs mœurs
foient différentes des nôtres. Les chemins pour aller à eux font ouverts. Ils
ne font pas éxilés dans un monde féparé
du nôtre. La divine providence n'a pas
mis entr'eux & nous, un abîme, qui
des deux côtés foit inacceffible. La
vraye religion peut leur être annoncée
avec la même facilité, qu'on peut faire
un voyage de notre pays au leur, ou du
leur au nôtre. Il n'y a point d'ifle où
l'on ne puiffe aborder. Il n'y a point de
nation fauvage qu'on ne puiffe reconnoître, fi elle eft bornée par la mer ; ou
qu'on ne découvre, en remontant jufqu'à elle par les rivieres. Les envoyés
qui doivent un jour annoncer à tous les
hommes fans diftinction les nouvelles
de leur falut, font déja connus de Dieu,
par leurs noms & par leurs emplois. Ils
iront non feulement dans les pays qui
font vis-à-vis de nous, en Grece, en
Thrace, en Italie, mais jufqu'aux extrémités du monde, pour y purifier les
hommes par une célefte doctrine, &
par d'autres ablutions que celles que la
loi prefcrit. Ils les confacreront comme
des hofties vivantes au même Dieu que
nous adorons. Et ils reviendront avec
les difciples qu'ils auront inftruits, avec
autant de facilité & de commodité, que

si leur voyage s'étoit fait en carrosse &
en litiére. *Je viens pour las assembler avec*
tous les Peuples de quelque pays & de quel- Isaïe ch.
66. v. 18.
19. 20.
que langue qu'ils puissent être : ils compa-
roîtront tous devant moi , & ils verront ma
gloire... J'envoyerai vers les Nations au-
delà les mers , dans l'Afrique , dans la Ly-
die ... dans l'Italie , dans la Grece , dans
les Isles les plus reculées , vers ceux qui
n'ont jamais entendu parler de moi , & qui
n'ont point vû ma gloire ... & ils feront ve-
nir tous vos freres de toutes les nations
(pour les offrir) comme un présent au
Seigneur ; ils les feront venir sur des che-
vaux, sur des chars, sur des litiéres , sur des
mulets , & sur des chariots, à ma montagne
sainte de Jérusalem , dit le Seigneur , com-
me lors que les enfans d'Israël portent un
présent au Temple du Seigneur dans un vase
pur.

Ces peuples sont maintenant regardés comme impurs , & c'est pour nous
donner de l'éloignement de leur idolâ-
trie , & de leurs mœurs corrompuës ,
que nous nous abstenons de plusieurs
animaux qui sont leur figure. Mais ces
animaux n'ont point un autre Créateur,
que ceux qui sont propres aux sacrifices , & dont nous pouvons manger. Et
il en est ainsi de toutes les nations que
nous avons en horreur. Elles ont le

même Dieu que nous pour créateur, elles auront un jour comme nous, & peut être plus que nous un même sauveur. La diftinction des animaux purs & impurs ceſſera pour lors, parce qu'il n'y en aura plus entre les hommes. Et l'on comprendra pour lors tout le ſens (*a*) caché dans ces paroles : *La terre eſt au Seigneur, & tout ce qui la remplit :* ſoit hommes, ſoit animaux ; & par conſéquent rien n'eſt impur par ſon origine : Et tout ce qui défigure l'ouvrage du créateur, peut être réparé dans les autres, auſſi-bien que dans nous.

Act. ch. 10. v. 15.

(*a*) C'eſt ce que nous apprend ſaint Paul dans la premiere aux Cor. ch. 10. v. 25 & 26. en citant cet endroit du Pſeaume pour faire connoître que la diſtinction entre les animaux n'a plus de lieu.

℣. 3. *Quis aſcendet in montem Domini ? aut quis ſtabit in loco ſancto ejus ?*

℣. 3. Qui montera ſur la montagne du Seigneur ! & qui ſe préſentera devant ſon Sanctuaire !

Jamais on n'a vû tant de monde à Jéruſalem. La montagne de Sion ne peut contenir la foule qui la remplit, & qui l'aſſiége. Les Lévites & les Prêtres ſont preſque tous préſens, & ils ont tous quelque fonction dans cette

folemnité. Je cherche cependant au milieu de cette multitude infinie d'hommes purifiés felon la loi, quelqu'un
qui foit digne de parvenir à la montagne
du Seigneur, & de le fervir dans fon
Sanctuaire. Je demande comme une
chofe rare & difficile à trouver, ce qui
feroit très-commun, fi je n'entendois
par la montagne que celle de Sion : &
par le Sanctuaire, que le Tabernacle que
j'y ay préparé pour l'Arche d'alliance.
Il y a donc une montagne plus fainte
que j'ai en vûë : & il y a un fanctuaire
plus augufte que j'ai dans l'efprit. Et
il y a une autre juftice, que celle de la
loi, que je demande. Sur la terre rien
n'eft plus faint que la montagne que
Dieu a choifie, ni que le Tabernacle où
fon Arche doit être mife. J'ai donc en
vûë le ciel, & non la terre. Parmi les
hommes, il n'y a point de loy qui
vienne de Dieu, que la nôtre : Il n'y a
point de facerdoce qui ait une origine
divine que celui d'Aaron. Je demande
néanmoins quelque chofe de plus, puifque je ne fuis content ni des œuvres
de la loy, ni des purifications dont les
prêtres font les miniftres. J'attends
donc la juftice de l'évangile, & la réconciliation que le fouverain Pontife
doit nous mériter, en devenant lui-

même nôtre victime. Tout cela est clair
& convainquant. Mais aujourd'hui prefque perfonne ne comprend ma penfée :
on n'eft attentif qu'au fpectacle extérieur, & à la majefté des cérémonies :
& l'on y applique les expreffions mêmes
les plus fortes, dont je me fers pour en
montrer l'infuffifance.

℣. 4. *Innocens*	℣. 4. Celui qui a
manibus, & mundo	les mains innocentes,
corde.	& le cœur pur.

Ma réponfe eft encore plus propre à
détromper la multitude, que ma que-
ftion. Je ne prefcris rien de tout ce
qu'elle a obfervé pour fe purifier, ni de
tout ce qu'elle éxige des autres. Je ne
nomme pas feulement la circoncifion ;
& dès-lors j'ôte la principale diftinction
entre le Juif & le Gentil. Je ne parle ni
de viandes impures, ni d'accidens invo-
lontaires, ni de foüillures purement extérieures, ni d'aucun des moyens ordon-
nés par la loi pour laver ces fortes de
tâches. Je n'éxige ni facrifices pour le
péché, ni oblations ordinaires, ni vœux,
ni cérémonies : quoique le fang des victimes que j'offre, coule par ruiffeaux,
& que je paroiffe tout occupé de ce que
le Juif admire en ce jour. Enfin je ne

parle ni d'Abraham , ni de sa race , & je détruis par mon silence, toute la vaine confiance que mes freres mettent dans le privilége d'être ses enfans. Obededom , quoiqu'originaire de Geth , a été béni par le séjour de l'Arche. Et Oza non-seulement Israëlite , mais honoré du sacerdoce , a été puni pour sa témérité. Peut-être que Dieu préférera la maison d'un étranger, pour y marquer le lieu de son Temple , & qu'il choisira un Jébuséen , plûtôt que l'un d'entre nous. Car je sçai bien en général qu'il veut établir sa demeure à Jérusalem : mais le lieu particulier qu'il a choisi ne m'est pas encore révélé. Quiconque ressemble à Abraham, est son fils. Quiconque a l'innocence & la vertu de Jacob , est Israëlite aux yeux de Dieu. C'est l'observance de la loy , & non la circoncision , qui fait le véritable Juif. Et celui qui porte la loy écrite dans son cœur & dans ses actions, sans avoir ouï parler de celle de Sinaï , condamnera tous ceux qui l'ont reçûë avec beaucoup d'éclat , mais qui ne la conservent que sur des tables de pierre.

Celui qui a les mains innocentes , & le cœur pur. Je joins ces deux choses : parce qu'elles sont essentiellement unies. Je n'éxamine pas tant les actions que les

1. Paral. ch. 21. v. 18. & ch. 21. v. 1. 2. Paral. ch. 3. v. 1.

motifs. C'est par la racine qu'on diftin-
gue les véritables vertus, de celles qui
n'en ont que l'apparence. Et c'eft l'a-
mour ou de la juftice, ou de foi-même,
qui difcerne l'homme de bien, & l'in-
jufte. Les mains de l'un & de l'autre
peuvent fe reffembler ; & quelquefois
elles paroiffent plus pures, & d'une plus
éclatante blancheur dans l'hypocrite ;
mais le cœur eft très-différent. Je fçai
où réfide la concupifcence. Je fçai où
elle tâche de fe maintenir contre les défenfes de la loi qui la condamne abfo-
lument : *non concupifces :* « Vous n'aurez
point de convoitife : » Mais qui ne peut
ni la convaincre, ni la punir : parce
qu'elle fe cache dans les plus profondes
retraites du cœur. C'eft jufques dans
ces ténébres que je la cherche, parce que
c'eft jufques-là que les yeux de Dieu la
pourfuivent. Si elle n'y régne plus,
l'homme eft jufte : Mais qui peut réprimer tous les défirs injuftes, s'il n'a
un amour conftant de la juftice ! Et d'où
peut venir un tel amour ! La crainte ne
fe donne pas : & les menaces de la loi
ne peuvent infpirer que de la crainte.

Qui non acce-	Qui ne fait point
pit in vano ani-	d'imprécations con-
mam fuam, nec ju-	tre fon ame, & qui

n'employe point le *ravit in dolo proxi-*
ferment pour trom- | *mo suo* *.
per.

* *proximo suo*, n'est-point dans l'hebreu.

Saint Jerôme traduit ainsi la premiere partie
du verset : *Qui non exaltavit frustra animam*
* *suam* : qui ne s'est point élevé vainement ; ce
qui marqueroit l'humilité.

* Les Maforetes avertiffent de lire נפשי *ani-*
mam meam : quoiqu'il y ait dans le texte נפשו
animam suam : mais dans cette occafion il ne
faut pas fuivre leur confeil ; & quelques habiles Juifs préferent le texte.

D'autres, qui traduifent avec la vulgate, *qui n'a*
point reçu son ame en vain : penfent que le Prophête
veut par cette expreffion fignifier une vie férieu-
fe, occupée de foins importans, ennemie des amu-
femens & de l'oifiveté : & condamner ceux qui
perdent le tems dont ils auroient dû faire un
faint ufage, comme des hommes indignes d'une
ame raifonnable, qu'ils ont inutilement reçuë,
& qu'ils ont abaiffée à des chofes frivoles, qui
la dégradent & la déshonorent. Ces deux fens
font très-beaux, & peuvent également convenir au texte, en le détachant de ce qui précede,
& de ce qui fuit : mais ils paroiffent compris
l'un & l'autre dans ce premier éloge : *Celui qui*
a les mains innocentes, & le cœur pur. Car il
n'y a point de vie innocente, qui ne foit férieu-
fe : ni de cœur pur, qui ne foit humble : Et ils
n'ont l'un & l'autre aucun rapport à ce qui fuit
immédiatement : *qui n'employe point le ferment*
pour tromper, quoique ces dernieres paroles
foient une efpéce de répétition de celles qui

précedent : *qui non accepit in vano animam suam.*

Il faut donc entendre du jurement cette premiere expression, auffi-bien que la feconde : & traduire ainfi le verfet : *Qui non affumpfit in vanum,* (id eft qui non juravit falsò,) *in animam suam,* ou, *contra animam suam ; nec juravit in dolo.* Qui ne fait point d'imprécations contre fon ame pour (affurer) la fauffeté ; & qui n'employe point le ferment pour tromper. Il eft à propos de remarquer avec le Prophéte, que tout jurement enferme néceffairement une imprécation contre foi-même, s'il n'eft pas conforme à la vérité ; parce qu'il eft jufte que Dieu puniffe le mépris qu'on fait de fon nom : comme il eft jufte qu'il foit le protecteur de celui qui l'appelle dans la néceffité, comme témoin de fon innocence, & comme garand de la vérité.

Il manquoit aux deux premiers traits de l'homme de bien, celui qui devoit terminer fon portrait. Ses actions, & fes penfées nous étoient connuës : mais il lui manquoit la parole. Le Prophéte nous dit en peu de mots, que fa fincérité eft éxacte, que fa fidélité eft à toute épreuve, que la prudence & la réfléxion réglent tous fes difcours, qu'il ne promet rien dont il doive fe répentir. Il peut, s'il eft néceffaire, attefter par le ferment tous fes traités, & tous fes engagemens avec fon prochain. Et dans tous les cas, fon ferment feroit véritable.

℣. 5.

⋎. 5. Celui-là re-
cévra du Seigneur la
bénédiction.

⋎. 5. *Hic acci-*
piet benedictionem
à Domino.

Celui-là, quel qu'il soit, esclave ou libre, Grec ou Romain, Juif ou Gentil, sera béni du Seigneur avec le fidéle Abraham ; non comme la loy bénit ceux qui ne connoissent que les biens de cette vie, & qui n'en craignent que les maux : mais comme les justes qui n'ont rien désiré en cette vie, & qui ont été purifiés par de dures épreuves, ont été bénis pendant leur éxil & après leur mort. Ils ont été les amis de Dieu, & ils le seront toûjours. Ils sont morts comblés de ses graces, & ils régneront avec lui dans tous les siécles. Ils seront invités à entrer dans sa gloire par ces paroles, qui mettront un éternel divorce entre eux & les injustes : *Venez vous,* *qui avez été bénis par mon Pere ; possé-* *dez le Royaume, qui vous a été préparé dès* *le commencement du monde.* Et l'on verra pour lors combien les promesses faites à la vertu, sont indépendantes de tout ce que le Juif regarde comme un avantage : & combien les malédictions prononcées contre le vice sont générales, malgré toutes les exceptions que le Juif

Matt. ch. 25. v. 34.

Tome II. R

espere & se promet. *L'affliction & le dé-*
sespoir accablera tout homme qui fait le
mal, le Juif premierement, & puis le Gen-
til. Et au contraire la gloire, l'honneur,
& la paix seront le partage de tout homme
qui fait le bien, du Juif premierement, &
puis du Gentil. Car Dieu n'a point d'égard
à la qualité des personnes.

Rom.ch.2.
ⅴ.9.10.11.

Et misericordiam	Et du Dieu son
à Deo salutari suo.	Sauveur la récom-
	pense de la justice,
	à la lettre : la justice.

Il y a dans l'original, *justitiam*, ce
que les Septante ont traduit, ᾗ ἐλεημοσύ-
νην, parce que dans le Syriaque & dans le
Caldaïque, ce terme signifie l'un & l'autre, & *la justice*, & *la miséricorde.* Dans
cet endroit, il signifie la récompense de
la justice, *corona justitiæ*, comme parle
saint Paul ; & le témoignage que Dieu
rendra devant les Anges & les hommes,
à une justice intérieure & véritable : au
lieu qu'il couvrira d'ignominie la fausse
justice, qui avoit paru, avant le dernier
jour, digne de l'admiration des hommes,
quoiqu'elle fût en abomination devant
Dieu. Mais une telle justice est un don
du Sauveur, *justitiam à Deo salutari suo,*
& elle ne mérite une récompense éter-

Voyez S.
Matt. ch.
6. ⅴ. 1. 2.

2. Tim.
ch. 4. ⅴ. 3.

Luc. ch.
16. ⅴ. 15.

nelle, que parce qu'elle est le fruit de sa
grace & de sa miséricorde. Elle est ici
clairement opposée à la justice qu'on
espere de l'observation extérieure de la
loi, & de ses propres efforts. Elle tire
sa gloire & son origine de Jesus-Christ.
Elle a commencé par lui, & se termine
à lui. Il la couronne, & il la communique.

| ℣. 6. C'est-là la race de ceux qui cherchent le ✳Dieu leur Sauveur. | ℣. 6. *Hæc est generatio quærentium eum.* |

Le dernier mot se rapporte à ce qui précede,
& il faut suppléer *Deum servatorem.*

Il n'est pas question, dit le Prophéte,
d'une nation, ou d'une famille particuliere, qui ait des priviléges par rapport
à la justice, dont les autres soient excluës. La chair & le sang n'ont ici aucun
lieu. On n'est point vertueux, par le
mérite de ses ancêtres. On n'est point
agréable à Dieu, parce qu'on descend
d'ayeux qui lui ont plu. Cham n'a point
hérité de la justice de Noë. Ismaël a été
exclus des promesses faites à Abraham.
Esaü a renoncé à celles d'Isaac. Les enfans de Jacob ont persécuté le plus juste
de leurs freres. Et le vrai Israëlite, n'est

pas celui qui le prouve par sa généalogie : mais celui-là seul qui est né comme Isaac en vertu de la promesse.

Le caractére propre de cette famille spirituelle, qui comprend tous les justes de tous les âges & de toutes les nations, est d'attendre, de désirer, de chercher le Sauveur qui doit les rendre saints. Ils le deviennent par la foy qu'ils ont en lui, & par la grace qui est accordé à leur foy. Ils l'invoquent, avant qu'il soit venu ; parce qu'ils sont certains qu'il viendra. Ils soupirent en l'attendant ; parce qu'ils ne peuvent être sauvés que par lui ; & leur unique consolation pendant son absence, est de s'occuper de ses mystéres futurs, de s'informer des tems & des circonstances de tout ce qui le regarde, & d'aller comme au-devant de lui par leurs gémissemens & leurs saints désirs. *C'est-là la race de ceux qui cherchent le Dieu leur Sauveur.*

1 Ep. de S. Pierre. ch. 1. v. 10. & 11.

*Quærentium fa-ciem * Dei Jacob.*	Qui cherchent vo-tre visage, ô Jacob ; Sélah.

Il y a dans l'original, *Quærentium faciem tuam Jacob, ô Sélah,* & la différence est importante.

* Selon une note grecque Schol. Aquila, Symmaque les Septante, la V. & la VI. édition

avoient : *faciem tuam*, *Jacob*. Mais on n'a point vû d'exemplaires qui justifiassent que les Septante eussent traduit ainsi.

Nobilius.

L'obscurité de cette expression a porté les Septante à l'éclaircir, en ajoûtant le nom de Dieu, & en lui rapportant ce qui paroissoit être dit de Jacob. Mais c'est changer le texte, & non l'expliquer dans un point, où il est dangereux de se méprendre : comme l'addition de *Sélah*, nous en avertit. Plusieurs interprétes néanmoins admettent le changement introduit par les Septante, au moins pour le sens ; & les autres qui paroissent se contenter du texte original, reviennent à l'interprétation commune, après un détour.

Il me semble qu'ils n'ont pas assez remarqué où le Prophête vouloit les conduire, & qu'ils ont perdu de vuë le but, lorsqu'ils y touchoient : parce qu'une expression obscure le cachoit à leurs yeux.

Il est évident que le Prophête dans tout le Pseaume, veut détromper les Juifs de tous les faux préjugés qui seroient un obstacle à la véritable justice, & à la connoissance du Sauveur. Il parle d'abord de la vraie justice, & en marque les vrais caractéres. Il passe ensuite au Sauveur, qu'il appelle Dieu, & qu'il veut qu'on attende, & qu'on défire. Il fait entendre par-là qu'il doit venir, & il marque indirectement fon incarnation. Il s'explique enfuite plus clairement, en donnant le nom de Jacob au Sauveur attendu : comme les Prophétes poftérieurs lui ont donné celui de David. Et il joint fi immédiatement ces deux chofes : *le Dieu Sauveur*, auquel il faut efpérer : *le Sauveur Jacob*, qu'il faut attendre ; qu'on ne peut douter, en uniffant ces deux chofes, que le véritable Sauveur ne foit Dieu, & ne foit homme : que celui qui a été promis à Jacob, comme devant bénir toutes les Nations, ne foit l'unique principe de la juftice & du falut : Et que Jacob dans les principales circonftances de fa vie, n'ait été fon Prophête, & fa figure.

La principale de ces circonftances, eft fon myftérieux combat avec un Ange qui repréfentoit Dieu ; qui fut terminé par la bénédiction que l'Ange lui donna, & par l'aveu de l'Ange que Jacob avoit été plus fort que Dieu même, & qu'il étoit demeuré victorieux, quoique Jacob eût paru être renverfé, & qu'il demeura boiteux toute fa vie. L'interprétation de ce combat a été donnée ailleurs. Et il fuffit de remarquer ici, que le combat fignifioit d'un côté la

sainteté & la justice de Dieu, contraires
à la réconciliation des hommes : & de
l'autre la charité & l'obéïssance de Jesus-
Christ, se soumettant pour nous à toutes les douleurs, & à toutes les humiliations que la sainteté & la justice divine
pouvoient éxiger d'un Dieu fait homme : que la bénédiction de l'Ange étoit
le signe de la réconciliation de Dieu :
que la victoire de Jacob étoit une preuve, que la justice de Dieu seroit désar-
mée & vaincuë par la patience & l'o-
béïssance de son fils : que l'affoiblissement de Jacob, même après sa victoire,
étoit un gage que Jesus-Christ ne con-
serveroit pas seulement dans toute l'é-
ternité, la nature humaine qu'il n'auroit pas dédaigné de prendre ; mais qu'il
retiendroit toûjours la qualité de victime, & qu'il porteroit des vestiges inef-
façables de ses douleurs & de ses ignominies ; en conservant les playes de ses
pieds, de ses mains , & de son côté.

Il n'y avoit rien dans toute l'antiqui-
té qui eût plus de rapport à Jesus-Christ,
que ce mystérieux combat ; & il n'y
avoit rien aussi dans la vie de Jacob qui
fût plus célébre. Rien n'étoit plus propre à figurer la victoire de Jesus-Christ,
& la maniere dont il devoit triompher
de tout, après avoir contraint pour ainsi

dire la justice divine à lui céder , & à le
bénir en avoüant qu'elle étoit vaincuë.
C'étoit de la victoire & du triomphe de
Jesus-Christ que David vouloit parler ,
comme nous l'allons voir: parce que c'est
à sa victoire, que nous devons la bénédiction que nous avons reçûë en lui &
par lui , pour devenir justes , & pour
rentrer dans le ciel. Et il étoit par conséquent naturel , que David donnât au
Sauveur le nom de Jacob , dans une occasion où ce nom seul rappelloit le souvenir d'un combat & d'une victoire de
Jesus-Christ. *Hæc est generatio quærentium
Deum Salvatorem suam, quærentium faciem
tuam , ô Jacob.* « C'est-là la race de ceux
« qui cherchent le Dieu leur Sauveur ;
« qui cherchent votre visage , ô Jacob.
Le Patriarche qui portoit ce nom , n'é-
toit qu'un homme , quoique très-saint.
Et il rendoit graces après sa victoire, d'a-
voir eu le bonheur de voir Dieu & d'en
avoir reçû le salut. Mais le Sauveur, à
qui le Prophête donne le nom de Jacob,
est plus qu'un homme : Il est le vrai
Dieu ; & le bonheur des justes consiste
à voir son visage : *Quærentium faciem
tuam , ô Jacob :* L'allusion à ce qui est dit
dans la Genese , est ici très-évidente.

Gen. ch.
32. v. 30.

⩊. 7. Portes élevez vos têtes : portes éternelles, ouvrez-vous : & le Roi de gloire entrera.

⩊. 7. Attollite portas principes vestras, & elevamini portæ æternales : & introibit Rex gloriæ.

(a) Les Septante & Symmaque qui les suit, ont crû voir dans le reste du Pseaume une espéce de dialogue ; en quoi ils ne se sont pas trompés ; & cette pensée les a portés à traduire רַאשִׁים capita, par celui d'ἄρχοντες, principes : comme si ceux qui accompagnoient le vainqueur, demandoient à ceux qui présidoient aux portes, de les ouvrir pour le recevoir en triomphe. (b) Mais le génie de la langue Hebraïque ne souffre pas qu'on divise le pronom, attaché au nom, pour l'attribuer à un terme éloigné : & l'on ne peut suivre que la version de saint Jerôme : Levate porta capita vestra : qui est autorisée par le Caldaïque, le Syriaque, Aquila, & les autres. Levate porta capita vestra, & elevamini porta æternales, & introibit Rex gloriæ. Portes élevez vos têtes : portes éternelles, ouvrez-vous : & le Roi de gloire entrera.

____

(a) 70. ἄρατε πύλας, οἱ ἄρχοντες, ὑμῶν. Symm. μετάρατε πύλας, οἱ ἄρχοντες, ὑμῶν.

(b) רַאשִׁיכֶם ne peut signifier que, principes vestri : si l'on veut traduire, principes, & non, capita.

Ceux qui entendent tout le reste du

Pseaume sans aucun rapport à Jesus-
Christ, le voyent ici paroître tout d'un
coup, sans qu'ils puissent rendre raison
d'une saillie si subite & si imprevuë du
Prophéte : & par-là ils sont avertis
qu'ils ne sont pas entrés dans sa pensée aussi-tôt qu'il le falloit ; & qu'ils
n'ont pas remarqué la liaison secrete,
& la dépendance de toutes les parties
d'une prophétie , dont Jesus-Christ
étoit le principal , ou même l'unique
but.

Ce seroit un moyen de concilier tout,
qui paroîtroit fort naturel, que d'exclure absolument Jesus-Christ, & que de
se borner à la seule considération de
l'Arche. Mais il faudroit être bien aveugle pour ne pas reconnoître le Roy de
gloire, victorieux après le combat, &
retournant dans le ciel avec les captifs
qu'il a délivrés ; & l'on seroit alors dans
de plus épaisses ténébres que quelques
interprêtes Juifs, qui n'ont pu dissimu-
ler qu'il s'agissoit , au moins dans le
dernier verset, du triomphe & de la
gloire du Messie.

Pour rendre plus sensible la seule
interprétation que je crois vraie , il
est utile d'y préparer par quelques observations.

I. Pendant que l'ancien tabernacle

subsistoit, le Saint des Saints étoit le lieu de l'Arche ; & ce lieu étoit inaccessible à tout autre qu'au Grand-Prêtre, une seule fois l'année, après le sacrifice solemnel de l'expiation. Le voile qui séparoit cette partie de la premiere, demeuroit toûjours abattu : & il n'étoit jamais levé, non pas même dans l'unique cérémonie dont nous venons de parler. Celui qui fermoit l'entrée de la premiere partie, étoit de même immobile. Et l'un & l'autre, selon S. Paul, marquoient que l'entrée du ciel étoit fermée.

II. David avoit préparé sur la montagne de Sion un tabernacle pour l'arche : *Ædificavit locum arca Dei, tetenditque ei tabernaculum.* Et il y avoit sans doute observé toutes les séparations que Dieu avoit ordonnées à Moyse, lui qui en connoissoit si parfaitement le mystére. *Arcam adduxerat David,* dit l'Ecriture dans un autre endroit, *in locum quem præparaverat ei, & ubi fixerat illi tabernaculum.*

III. Ç'eût été renverser tout l'ordre, abolir les figures avant le tems, égaler la loi à l'évangile, détruire le mystére de l'ancien tabernacle, que d'en ouvrir les portes, ou que de les élever d'une maniere qui eût rendu visible le fanctuaire le plus fecret. Ce n'étoit donc point par rapport à l'Arche que David demandoit que les portes fuffent ouvertes, ou qu'elles fuffent même élevées. Il n'auroit fçû ce qu'il difoit : & il eût combattu par une expreffion indifcrete, & par un défir prématuré, toute l'économie de l'ancien teftament.

IV. Les portes que le Prophéte a en vûë, font des portes éternelles, mifes dès le commencement du monde, fermées dès l'origine du fiécle : *Janua fempiterna*, comme traduit faint Jerôme. Or il eft vifible que les portes d'un tabernacle, que David n'avoit dreffé que la veille de la folemnité, & qui ne devoit fubfifter que jufqu'à la conftruction du temple, ne pouvoient, en aucun fens raifonnable, être appellées éternelles. Et l'on ne répond rien de jufte, en difant que David entend parler du temple même, dont les portes devoient être folidement fondées, & qui devoient être d'une maffe à réfifter à toutes les injures du tems.

Car en premier lieu, l'on avouë par-là, que c'eft plûtôt l'avenir, que la folemnité préfente, que David a dans l'efprit : ce qui eft contraire à l'idée qu'on avoit euë jufqu'à cette heure, en expliquant le Pseaume. En second lieu il est contre le bon sens, dans une marche pompeuse, où l'Arche est portée avec tout l'éclat & toute la majesté possible, qu'on commande à des portes qui ne sont pas, de s'ouvrir & de s'élever ; & qu'on ne s'adresse pas à celles par lesquelles l'Arche doit passer dans peu de momens, & qui sont préparées pour la recevoir. En troisiéme lieu, l'expression du texte original פתחי עולם, *portes de l'éternité*, ne souffre point qu'on la détourne à l'avenir : comme s'il y avoit, פתחים לעולם *portes pour l'éternité* : ce sont des portes anciennes : *porta ab ævo* : & non des portes nouvelles, qui subsisteront long-tems : *portam ævum*. Enfin c'est précisément tout le contraire de ce que veut le Prophéte, que de substituer des portes qui seront éternelles, à celles dont il demande qu'elles ne subsistent plus. C'est vouloir fermer ce qu'il ouvre : c'est rétablir l'obstacle qu'il veut ôter.

V. Il est sans exemple, que le nom de Dieu soit donné à l'Arche, qui n'est considérée dans l'Ecriture, que comme son marche-pied, (*a*) ou tout au plus, comme son trône. Mais sans nous ar-

---

(*a*) On disoit bien en l'élevant dans le désert : *Exurgat Deus, &c. Que Dieu se léve :* | mais on ne l'entendoit pas d'elle.

rêter à cette réfléxion , il eſt évident
que le Dieu qui doit entrer en triomphe dans un certain lieu fermé , a quelque choſe qui étonne , & qui paroît
contre l'uſage. C'eſt le ſujet d'une que-
ſtion réïtérée : *Quis eſt iſte Rex gloriæ?*
« Qui eſt ce Roi de gloire! C'eſt l'occaſion d'une réponſe auſſi réïtérée : *Do-*
minus fortis & potens : Dominus virtutum ,
ipſe eſt rex gloriæ. « C'eſt le Seigneur
« fort & puiſſant : C'eſt le Seigneur des
« armées , qui eſt ce Roi de gloire. »
Or il n'y avoit rien d'étonnant en ce
que l'Arche fût miſe dans la partie du
tabernacle , qui lui étoit deſtinée. C'é-
toit une choſe extraordinaire qu'elle
n'y fût pas ; & que , depuis que les
Philiſtins l'avoient enlevée , elle n'y
eût pas été rétablie. Et d'ailleurs , il y
avoit bien plus lieu de s'étonner , que
Dieu voulût avoir un tabernacle parmi
les hommes , que de ce qu'il en prenoit
poſſeſſion.

VI. Enfin il n'eſt pas poſſible de ne
pas voir qu'il s'agit d'un triomphe, après
une certaine victoire : mais d'un triomphe dû à Dieu , après une victoire remportée par lui. Et que peut-on imaginer
qui ſoit propre à l'Arche, dans la ſolem-
nité dont il s'agit, qu'on n'ait pû dire
d'elle dans tout autre tems ! Quelle vi-

ctoire particuliere peut-on montrer ? Quel triomphe y a-t'il rapport ? Sans compter que tout ce qu'on dira, sera plûtôt une victoire accordée aux hommes par la protection de l'Arche, qu'une victoire que Dieu ait remportée lui-même, & qui lui soit personnelle.

Toutes ces réfléxions nous conduisent nécessairement à Jesus-Christ, devant qui toutes les difficultés disparoissent. Et il ne s'agit plus, que de montrer la liaison naturelle de ce que nous expliquons, avec ce qui a précédé.

David avoit prédit la vocation de tous les peuples de la terre à la connoissance du vrai Dieu; la justice chrétienne, intérieure, spirituelle, dont l'origine étoit la foi au Messie ; la récompense éternelle préparée à ceux qui ne mettoient leur confiance qu'en lui, & qui ne désiroient que son avénement; l'incarnation de Jesus-Christ qui unissoit en lui la divinité, & une nature semblable à celle de Jacob, dont il devoit être le fils ; son combat, semblable à celui de ce Patriarche, & sa victoire. Il ne s'agissoit plus que de prédire aussi son triomphe & son retour dans le ciel, d'où dépendoit la liberté, le salut éternel, & la gloire de tous les saints. Et

c'est ce qu'il fait en ces termes magnifi-
ques :

*Attollite porta capita veſtra , & ele-
vamini porta æternales , & introibit rex
gloriæ.* « Portes élevez vos têtes :
« portes éternelles ouvrez-vous , & le
« Roi de gloire entrera.

Le commerce entre le ciel & la terre
eſt rétabli : l'anathême eſt levé : Dieu
n'eſt plus irrité contre les hommes : ils
ne ſont plus étrangers , ni bannis. Les
priſons où ils étoient retenus ſont rom-
puës. Les captifs ſont menés en triomphe par leur libérateur. Ouvrez-vous ,
portes auſſi anciennes que le péché du
premier homme , portes juſqu'à cette
heure inéxorablement fermées , portes
auſſi inacceſſibles que le ſanctuaire que
vous fermez. Le ſouverain Pontife eſt
préſent avec le ſang qu'il a répandu.
Ouvrez-vous , & ne vous refermez jamais. Le ciel eſt dû au Fils unique du
Pere qui en eſt deſcendu. Il s'eſt anéanti
pour quelque tems : mais il retourne
comme Roi de gloire.

| ⅴ. 8. *Quis eſt iſte Rex gloriæ ?* | ⅴ. 8. Qui eſt ce Roi de gloire ! |

Il y en a qui penſent que ces verſets
étoient chantés à deux chœurs ; & la
choſe

chose est vrai-semblable. Mais si l'on s'arrête à l'Arche, & si l'on ne considere dans les deux chœurs qu'une simple répétition de la même chose, l'on abaisse infiniment la pensée du Prophête, qui veut marquer l'étonnement des Anges, & préparer les hommes par cette admirable figure à l'admiration & à l'intelligence de ce mystere.

Nous sommes dans le séjour de la gloire, disent les esprits bienheureux, mais nous avons besoin qu'on nous apprenne qui est le Roi de gloire, qui veut y entrer. La garde des portes nous est confiée. Il n'entre rien de la terre ici. L'homme seroit bien plûtôt rétabli dans le paradis terrestre, qu'il n'entreroit dans le ciel. Le chérubim, qui l'a chassé du premier lieu, est encore à la porte pour lui en défendre le retour : Et nous n'osons pas le recevoir dans la vie éternelle, lorsqu'il lui est interdit de manger le fruit de vie.

C'est le Seigneur fort & puissant.	*Dominus fortis & potens.* * *Jehova.*

C'est le nom de Dieu incommunicable, qui est ici donné à Jesus-Christ par tous les justes qu'il a délivrés, par tous les patriarches, & par tous les pro-

phétes : & c'eſt une preuve complette
de ſa divinité. Le Roi de gloire, qui
veut entrer, eſt le Dieu unique, le Dieu
fort, le Dieu puiſſant. Le ciel eſt ſon
ouvrage ; & vous êtes ſes créatures. Il
s'eſt humilié au-deſſous de vous pour
un tems : mais ce tems eſt paſſé. Il s'eſt
affoibli : mais ſans perdre ſa toute-puiſ-
ſance. Il reprend une grandeur, qu'il
n'avoit pas uſurpée. Et il remonte ſur
un trône, dont il n'eſt deſcendu, que
pour acquérir un nouveau droit d'y être
aſſis.

Dominus potens in prælio.	C'eſt le Seigneur puiſſant dans le com-bat.

Il retourne après un grand combat,
& une ſignalée victoire. Mais il n'a
voulu employer dans le combat que la
foibleſſe de ſa chair, ſon humiliation,
ſon obéïſſance, ſa patience, ſes prieres,
& ſes larmes. Il a vaincu par cette foibleſſe même la juſtice de ſon pere ; il a
ſurmonté ſes décrets ; il l'a obligé à convertir ſes malédictions en bénédictions.
Et après une telle victoire obtenuë contre Dieu même, tous ſes autres ennemis ont été facilement vaincus. Le ti-
ran eſt chaſſé du monde, & rélégué dans

Gen. ch.
32. v. 28.

l'abîme. Le péché est aboli. L'homme pécheur est demeuré attaché à la croix. L'homme nouveau ne doit plus rien à la loi, & les anathêmes prononcés contre l'ancien ne le regardent pas. Le fort Samson n'est pas seulement retourné des enfers, mais il en a enlevé les portes. La mort, qui étoit le dernier ennemi à vaincre, a été engloutie par la vie. Il est juste que le ciel reconnoisse une autorité qui s'est soumis la terre & les enfers ; & que tout genou fléchisse devant celui à qui tout doit obéir, ou par choix, ou par nécessité.

<table>
<tr><td>

℣. 9. Portes élevez vos têtes. : Portes éternelles ouvrez-vous ; & le Roi de gloire entrera.

</td><td>

℣. 9. *Attollite portas principes vestras, & elevamini portæ æternales : & introibit Rex gloria.*

</td></tr>
</table>

Il faut expliquer ce verset par rapport au texte primitif, comme on a fait le septiéme, les termes étant les mêmes : *Erigite portæ capita vestra: elevamini janua sempiterna* Ces expressions ne conviennent point aux portes, ni du tabernacle, ni du temple, qui ne s'ouvroient point en s'élevant. Mais elles sont très-propres à celles du ciel, qui, par rapport à la terre, doivent s'élever pour s'ouvrir ; & il est clair aussi, que c'est du ciel que le Prophéte veut parler.

Ce commandement réïtéré renferme un grand fens. Il nous apprend combien la juftice divine eût été inéxorable fans Jefus-Chrift, puifque les portes du ciel ne s'ouvrent qu'après une recherche éxacte fi c'eft lui en perfonne qui doit entrer, & qu'après un commandement réïtéré. Il nous apprend combien nous lui devons être unis, & lui devenir femblables, puifqu'on ne veut ouvrir qu'à lui. Il nous apprend combien l'humilité & la reconnoiffance nous font néceffaires, puifque fi Jefus-Chrift n'étoit pas devenu nôtre chef, & n'avoit pas confondu fes intérêts avec les nôtres, il feroit entré feul, & nous euffions été exclus pour toûjours.

Dans le tems que tout le peuple regardoit comme un grand bonheur, que l'Arche fût mife dans le tabernacle préparé par David : ce faint Roi élevoit fes yeux vers le ciel; & il tournoit toute fon attention vers Jefus-Chrift. Il fçavoit que l'Arche étoit fa figure, & le tabernacle celle du ciel ; & que tant que le tabernacle fubfifteroit, le ciel feroit fermé. O portes éternelles, difoit-il, jufqu'à quand ferez-vous fermées ! Jufqu'à quand ferons-nous privés de la vérité, & n'aurons-nous que des figures ! jufqu'à quand mettrons-nous fous des voiles, & retiendrons-nous dans les ténébres, le signe extérieur de l'alliance & de la réconciliation que nous espérons! Une telle cérémonie, qui met aujourd'hui tout le peuple dans la joye, & qui m'en cause à moi-même une très-sensible; parce que c'est une grande consolation que d'avoir des gages d'une félicité future, quoiqu'on soit encore malheureux : une telle cérémonie m'avertit que les tems du salut sont différés; que d'autres seront plus heureux que nous ; que je mourrai sans avoir vû le libérateur; & que je descendrai avec mes peres dans ces sombres rettaites, où l'on ne se console que par l'espérance, que le pontife des biens futurs ouvrira un jour le ciel qui nous est fermé. O portes redoutables, ouvrez-vous! ô sanctuaire inaccessible, découvrez-vous. O Roi de gloire, entrez dans votre royaume, & souvenez-vous de nous lorsque vous y serez entré.

Luc, ch. 23. v. 42.

ŷ. 10. Mais quel est donc ce Roi de gloire! | ŷ. 10. *Quis est iste Rex gloria?* *

* מי הוא זה & non simplement, מי זה, comme dans le huitiéme verset. Il y a dans l'original une plus grande marque d'étonnement, & qu'on peut rendre en notre langue par ces mots : *Mais quel est donc ce Roi de gloire?*

Le dessein du Prophéte, en attribuant aux Anges tant d'étonnement & tant de surprise, après qu'on leur a répondu, que le Roi de gloire est le Dieu tout-puissant, est de faire entendre qu'il est caché dans une nature qui le rend un peu méconnoissable, & qui paroît le changer : Car s'il est seulement Dieu, comment ces esprits bienheureux hésitent-ils à le reconnoître & à l'adorer ! Ne le voyent-ils pas dans le ciel ! Et peuvent-ils s'y méprendre ! Pourquoi faut-il lui ouvrir les portes du lieu où il régne ! Et en quel sens y retourne-t-il, n'en étant jamais descendu ! Il est donc évident que ce Roi de gloire est Jesus-Christ véritablement Dieu, mais véritablement homme ; & que le mystere de son incarnation le rend comme incompréhensible aux Anges mêmes.

*Dominus * virtutum, ipse est Rex gloriæ.*	Ce Roi de gloire, c'est le Seigneur des armées.

* *Jehova Sabaoth.*

A cette réponse tout se prosterne & tout s'humilie. C'est le Dieu des esprits célestes : c'est l'unique Seigneur : c'est l'auteur de la nature, & de toute la beauté du ciel & de la terre : c'est le principe, & la fin de tout : c'est celui qui a la clef du ciel, & qui l'ouvre à qui il lui plaît : c'est le Verbe fait chair, à qui toutes les armées célestes obéis- *Apoc. ch.* sent. *Il s'appelle le Verbe de Dieu, & 9. v. 13. les armées qui sont dans le ciel le suivent.* & 14.

La divinité de Jesus-Christ ne peut être marquée en termes plus forts, que ceux-ci : *Dominus virtutum, Deus Sabaoth, ipse est Rex gloriæ.* « Ce Roi de « gloire, c'est le Seigneur des armées.

PSEAUME XXIV.

℣. 1. DE David.

Seigneur, j'éleve mon ame vers vous.

℣. 2. Je mets ma confiance en vous, ô mon Dieu, je ne serai point confondu.

℣. 3. Que mes ennemis ne se moc-quent point de moi : car tous ceux qui vous attendent, ne seront point trompés dans leur attente.

℣. 1. IN finem, Psalmus David.

Ad te, Domine, levavi animam meam.

℣. 2. Deus meus in te confido, non erubescam.

℣. 3. Neque irrideant me inimici mei : & enim universi, qui sustinent te, non confundentur.

℣. 4. *Confundantur omnes iniqua agentes, supervacuè.*

℣. 4. Tous ceux qui commettent l'injustice gratuitement, tomberont dans la confusion.

Vias tuas, Domine, demonstra mihi : & semitas tuas edoce me.

Seigneur, faites-moi connoître vos voyes : Enseignez-moi vos sentiers.

℣. 5. *Dirige me in veritate tuâ, & doce me ; quia tu es Deus Salvator meus, & te sustinui totâ die.*

℣. 5. Conduisez-moi dans votre vérité, & instruisez-moi ; parce que vous êtes Dieu, & que vous êtes mon Sauveur : je vous attend pendant tout le jour.

℣. 6. *Reminiscere miserationum tuarum, Domine : & misericordiarum tuarum, quæ à sæculo sunt.*

℣. 6. Souvenez-vous de vos miséricordes, Seigneur, de ces miséricordes que vous éxercez dès le commencement du monde.

℣. 7. *Delicta juventutis meæ : & ignorantias meas ne memineris.*

℣. 7. Ne vous souvenez point dès péchés de ma jeunesse, ni des infidélités que j'ai commises.

Secundùm misericordiam tuam

Mais souvenez-vous de moi selon votre miséricorde,

féricorde, Seigneur, dans la vuë de votre bonté.

℣. 8. Le Seigneur est bon & juste : c'est pourquoi il instruit & corrige ceux qui s'égarent dans la voie.

℣. 9. Il conduit les humbles dans les sentiers de la justice : il enseigne sa voye aux humbles.

℣. 10. Toutes les voyes du Seigneur sont miséricorde & vérité, pour ceux qui gardent son alliance & ses loix.

℣. 11. Seigneur pardonnez-moi pour la gloire de votre nom ; & remettez-moi mon iniquité, parce qu'elle est grande.

℣. 12. Qui est l'homme qui craint le Seigneur! Il l'instruit & le conduit dans la voye qu'il doit choisir.

memento mei tu : propter bonitatem tuam, Domine.

℣. 8. *Dulcis & rectus Dominus : propter hoc legem dabit delinquentibus in viâ.*

℣. 9. *Diriget mansuetos in judicio : docebit mites vias suas.*

℣. 10. *Universæ viæ Domini, misericordia & veritas : requirentibus testamentum ejus, & testimonia ejus.*

℣. 11. *Propter nomen tuum, Domine, propitiaberis peccato meo : multum est enim.*

℣. 12. *Quis est homo qui timet Dominum? Legem statuit ei in viâ, quam elegit.*

℣. 13. *Anima ejus in bonis demorabitur : & semen ejus hæreditabit terram.*

℣. 14. *Firmamentum est Dominus timentibus eum : & testamentum ipsius ut manifestetur illis.*

℣. 15. *Oculi mei semper ad Dominum : quoniam ipse evellet de laqueo pedes meos.*

℣. 16. *Respice in me, & miserere mei : quia unicus & pauper sum ego.*

℣. 17. *Tribulationes cordis mei multiplicatæ sunt : de necessitatibus meis erue me.*

℣. 18. *Vide humilitatem meam & laborem meum : & dimitte universa delicta mea.*

℣. 13. Son ame reposera dans l'abondance des biens: & sa race possédera la terre.

℣. 14. Le Seigneur découvre ses secrets à ceux qui le craignent, & il leur donne l'intelligence de son alliance.

℣. 15. J'ai toûjours les yeux élevez vers le Seigneur, parce que c'est lui qui dégagera mes pieds du filet.

℣. 16. Regardez-moi, & ayez pitié de moi; parce que je suis seul & pauvre.

℣. 17. Les détresses dont mon cœur est serré, se multiplient: délivrez-moi des maux qui me pressent.

℣. 18. Jettez les yeux sur mon humiliation & ma peine: & pardonnez-moi tous mes péchés. A *la lettre* : Portez tous mes péchés.

℣. 19. Considérez que le nombre de mes ennemis est grand, & que la haine qu'ils me portent est injuste.

℣. 19. Respice inimicos meos, quoniam multiplicati sunt : & odio iniquo oderunt me.

℣. 20. Gardez mon ame, & délivrez-moi : que je ne demeure point confus, puisque je mets mon espérance en vous.

℣. 20. Custodi animam meam, & erue me : non erubescam, quoniam speravi in te.

℣. 21. L'innocence, & la droiture me conserveront : parce que je vous ai attendu avec patience.

℣. 21. Innocentes & recti adhæserunt mihi : quia sustinui te.

℣. 22. O mon Dieu, délivrez Israël de toutes ses afflictions.

℣. 22. Libera, Deus, Israël, ex omnibus tribulationibus suis.

TITRE DU PSEAUME.

℣. 1. De David.

℣. 1. In finem, Psalmus David.

Le titre est très-simple dans l'original. לדוד

Davidi, ou, *Davidis*. DE DAVID. Les Septante ajoûtent, *Pfalmus*, *Pfeaume*, & l'interpréte latin, *in finem*. Ceux qui prétendent que les titres des Pfeaumes en expliquent le fujet, ne peuvent tirer aucun éclairciffement de celui-ci, ni de tous ceux qui n'ont rien de plus précis; & il eft peu vrai-femblable qu'ils faffent partie des Pfeaumes.

(*a*) Tous les verfets de celui-ci commencent par l'une des lettres de l'alphabet, & dans le même ordre; mais le *beth*, & le *vau*, font précedés d'un autre terme : le *coph*, eft omis : & le *pé*, outre fa place naturelle, eft répeté au dernier verfet. Les plus habiles conviennent que l'affectation de lier les verfets à l'ordre alphabétique, a eu pour but de foulager la mémoire : Mais il faut ajoûter, que le deffein de faire retenir le Pfeaume, eft une preuve que le Saint-Efprit a voulu nous le faire confidérer comme très-utile & très important. Il y en a quelques autres, qui font écrits avec le même ordre, tels que le 33. le 118. & le 144; & ils paroiffent plus touchans, plus inftructifs, & plus conformes aux difpofitions des juftes que les autres.

(*a*) Dans tous les Pfeaumes alphabétiques, c'eft le premier verfet, & non le titre, qui commence par, *Aleph*. Ce qui eft une preuve que le titre eft poftérieur.

Il y a de l'apparence que cette divifion de verfets de quelques Pfeaumes, a donné occafion à celle de tous les autres, & enfuite de toute l'Ecriture.

OCCASION DU PSEAUME.

Il y a de l'apparence que David l'a compofé, lorfqu'il étoit perfécuté par Saül, abandonné de tous, foible, fugitif, fans retraite, & fans protection,

comme on le voit par les verſets, 2. 17.
18. 19. 20. 21. Et ces circonſtances ne
permettent pas qu'on le rapporte à la
guerre que lui fit Abſalom, parce que les
meilleures troupes lui demeurerent alors
fidéles, & le rétablirent ſur le trône.

L'état de David, errant dans le déſert, environné d'ennemis, marchant
au milieu des piéges, n'eſpérant de ſecours que de Dieu, n'en pouvant recevoir que de lui, mais plein de confiance
en ſa bonté, & ne s'appuyant que ſur
ſa miſéricorde : étoit une vive image de
l'état des juſtes en cette vie. Son deſſein
dans ce Pſeaume, a été de les inſtruire,
& de les conſoler. Et il a tellement meſuré ſes expreſſions, qu'il paroît beaucoup plus occupé de leurs biens & de
leurs maux ſpirituels, que de ſes intérêts temporels : comme on peut le remarquer dans les verſets 4. 5. 9. 10. 11.
13. 14. 15. & ſur-tout dans le dernier.

On ſe tromperoit ſi l'on regardoit ce
Pſeaume comme une ſimple priere. Il
eſt prophétique en tout, & les myſtéres
qu'il nous révele, nous intéreſſent autant que ceux dont l'évangile a été l'accompliſſement. Il nous découvre les
penſées les plus ſecrettes de Dieu ſur
ſes ſerviteurs. Il nous apprend les motifs de ſa conduite ſur eux. Il nous an-

T iij

nonce ses promesses. Il nous instruit &
nous console de sa part. Et c'est Dieu
même plûtôt que David, que nous
devons écoûter sur des matieres qui ne
dépendent que de sa liberté ; & sur lesquelles nous n'aurions que de vaines
conjectures, s'il ne s'étoit expliqué lui-
même pour notre bien & pour notre
salut.

Ad te, Domi-	Seigneur, j'éleve
ne, levavi animam	mon ame vers vous.
meam.	

C'est une expression propre aux Hebreux, pour marquer un grand désir,
de dire qu'on éleve son ame vers l'objet
qu'on désire. On en peut remarquer des
exemples dans l'Ecriture ; & ce qui est
dans Jéremie suffit pour le prouver :
Jérem. ch. *Ils éleveront leur ame vers cette terre, &*
22. v. 27. *néanmoins ils n'y reviendront jamais.* Ce
sens est néanmoins trop limité pour répondre à toute l'étenduë des sentimens
du Prophête.

Je suis, Seigneur, environné d'ennemis, & je marche au milieu des dangers.
Je n'ai sur la terre aucun azile : & je
n'ai ni la force ni la sagesse nécessaires
pour vaincre, ou pour éviter ceux qui
ont conjuré ma perte. Mais du milieu

des périls, j'éleve mes yeux & mon esprit vers vous, & je vous expose mes
craintes, & mes dangers. Je suis seul,
& je ne puis rien : mais je suis à vous,
& je vous invoque. Je me remets & ma
cause entre vos mains. Je m'éleve au-
dessus de tout ce qui m'intimide & me
presse, pour chercher auprès de vous
ma consolation & ma sureté. J'impose
silence à mes pensées qui ne servent qu'à
m'affliger, & je m'élance jusqu'à vous.
Ma foi est la seule chose qu'on ne puisse
m'ôter. Mes ennemis ne peuvent me
fermer le chemin qui conduit à vous.
Mon ame est libre de ce côté; & plus
elle se trouve malheureuse sur la terre,
plus elle fait d'efforts pour aller respirer
auprès de vous, & pour déposer dans
votre sein ses inquiétudes & ses déplai-
sirs.

℣. 2. Je mets ma	℣. 2. *Deus meus,*
confiance en vous, ô	*in te confido, non*
mon Dieu : je ne serai	*erubescam.*
point confondu.	

Ce n'est point, ô mon Dieu, la seule
nécessité qui m'oblige de recourir à
vous. Elle m'en avertit : mais elle n'est
pas la principale raison. Au milieu de
l'abondance & de la paix, vous seriez

également mon Dieu , & je devrois n'être attentif qu'à vous : Car c'est de vous que j'ai tout reçû ; & c'est vous seul qui pouvez me le conserver. Dans tous les tems , vous voyez tout, & vous faites tout. Je ne vous apprends rien , quand je vous fais le récit de mes peines. Je ne vous appelle point à une chose qui vous soit indifférente , quand je vous appelle à mon secours. Vous êtes mon Dieu ; & dès-lors j'ai droit de vous tout dire , parce que vous ne pouvez rien ignorer ; & j'ai lieu de tout espérer, parce que votre secours est préparé à ceux qui vous invoquent.

La confiance que j'ai en vous , n'est mêlée ni d'incertitudes , ni de variations. Je sçai à qui je me fie. Je sçai quelle différence il y a entre le Dieu d'Israël , & les idoles muettes qu'adorent les nations. Je sçai que rien ne vous distrait, que rien ne vous est difficile, que rien ne vous est indifférent. Un seul homme attire vos regards : la priere du pauvre monte jusqu'à votre trône. Son danger vous occupe autant que le gouvernement du monde entier. Tout cela m'est connu, parce que vous me l'avez révélé : Car si vous n'aviez pas découvert les richesses de votre miséricorde : qui de nous auroit pû s'en former une idée conforme à la vérité ! Qui auroit osé s'adresser à vous avec une pleine confiance ! Et qui n'auroit pas été combattu par mille doutes, aussi raisonnables en apparence que les motifs qui l'auroient porté à vous invoquer ! Mais je vous connois, ô mon Dieu, parce que vous vous êtes manifesté à mes peres, & que vous m'avez choisi pour votre prophête. Je me repose sur vous : sur votre vérité : sur votre miséricorde : sur vos promesses. Il n'est pas possible qu'un tel appui me trompe. La honte & la confusion sont dûes à une espérance vaine. Ceux qui parlent au bois, & à la pierre, méritent de rougir d'une telle stupidité. Les impies qui veulent vous rendre complice de leurs injustes desseins, sont dignes d'être rejettés. Mais le pauvre, qui n'est opprimé que parce qu'il vous est fidéle, ne sçauroit vous invoquer en vain.

ⅴ. 3. Que mes en-	ⅴ. 3. *Neque ir-*
nemis ne se moc-	*rideant me inimici*
quent point de moi.	*mei.*

Saint Jérôme : *ne latentur inimici mei mihi.*

Si je ne suis pas éxaucé, Seigneur, mes ennemis insulteront plus à la piété,

qu'à mes malheurs. Ils sçavent tous
quelle est ma confiance en vous , &
que c'est sur votre parole que je m'expose à tant de dangers. L'événement
leur apprendra si mon espérance est bien
fondée ; & ils croiront avoir rendu vos
promesses vaines , si leurs desseins réus-
sissent. Ils abusent déja de votre patience à leur égard , & je suis devenu le
sujet de leurs railleries , parce que je suis
abandonné de tous , & que je n'ai d'autre protection que la vôtre. Leur vain
triomphe ne m'affoiblit pas. J'attends la
fin, & que vous vous déclariez pour l'innocence, dans le tems même qu'on croira l'avoir opprimée. Mais si vous permettiez que je tombasse entre les mains
de ceux qui persécutent vos dons & votre miséricorde dans ma personne, le
scandale seroit presque général , & le
nombre de ceux qu'il affoibliroit, seroit
infini. Humiliez-moi aussi long-tems
qu'il vous plaira par l'éxil, & par l'indigence. Ajoûtez, si vous le voulez, à mes
inquiétudes , & à mes craintes. Mais
n'affligez pas vos serviteurs qui connoissent, ce que vous avez révélé à Samuël
sur mon sujet, & qui sçavent avec quelle
vérité je vous invoque , en m'exposant
à la risée des impies, qui croyent que la
vertu n'est qu'un nom , & que la con-

fiance qu'on a en vous, n'eſt qu'une ſim-
plicité & une imprudence.

Car tous ceux qui vous attendent , ne feront pas trompés dans leur attente.	*Etenim univerſi qui ſuſtinent te , non confundentur.*

ᴆ *etiam , ſed & univerſi.*

Je ne ſerai point excepté de la régle
générale , & je ſerai même un jour un
éxemple illuſtre , que tous ceux qui eſ-
perent en vous , ne ſont point trompés
dans leur attente. Je repaſſe dans ma
mémoire tous les ſiécles paſſés ; & je
n'y vois que des preuves de votre miſéricorde, qui s'étend d'âge en âge ſur tous
ceux qui vous craignent. La fin de tous
les autres a été malheureuſe; leur orgueil
les a conduits à une éternelle ignominie,
& une fauſſe apparence de bonheur à
une miſere infinie. Ils ſe ſont hâtés de
jouir des biens préſens , & ils n'ont pas
connu ceux que vous réſervez à vos
amis. Leur impatience les a trompés.
Ils n'ont pu ſe réſoudre à vous attendre, & ils vous ont perdu. Vos ſerviteurs font le contraire. Ils vous attendent, ils ſupportent vos délais, ils ne ſe
laiſſent jamais vaincre par vos retarde-

mens : parce qu'ils sçavent que vous viendrez certainement ; & que si vous différez , c'est pour rendre leur foi plus ferme & plus constante par cette épreuve.

Elle dure quelquefois cette épreuve, autant que la vie ; & l'on meurt quelquefois dans l'humiliation , sans qu'il paroisse que vous ayez discerné le juste d'avec l'injuste. Mais vous m'apprenez qu'alors même ceux qui ont espéré en vous, ne sont point trompés dans leur espérance ; & que les pécheurs, qui insultent à leur mort, comme s'ils n'étoient plus , ne connoissent pas votre magnificence à récompenser vos serviteurs. *Car tous ceux qui vous attendent , ne seront point trompés dans leur attente.* Je les regarde comme immortels , & comme jouissant d'une paix profonde dans le lieu que vous leur avez préparé ; & je m'estimerois très-heureux , si vous m'aviez choisi pour être immolé comme Abel. Mais vous avez voulu que je fusse la figure du régne du Messie , comme Abel l'a été de son innocence & de son sacrifice. Et si ce que vous avez prédit de moi n'étoit pas accompli , toutes les prophéties qui regardent le Sauveur que nous attendons, deviendroient incertaines. C'est donc , ô mon Dieu , sur le même principe qui a soûtenu les justes opprimés dans tous les tems, que je suis persuadé que je ne mourrai pas dans l'oppression. Vos promesses après cette vie les ont consolés : vos promesses pendant cette vie me consolent. C'est le même fondement : mais l'application en est différente.

| ⁊. 4. Tous ceux qui commettent l'injustice gratuitement, tomberont dans la confusion. | ⁊. 4. *Confundantur omnes iniqua* * *agentes,* † *supervacuè.* |

* בגדים *prævaricantes, perfidè agentes.*
† *frustrà, gratuitò.*

On peut traduire : *confundentur.* Et la liaison avec ce qui précede, le demande.

Les injustes ne font, dans la prospérité, que comme une herbe tendre qui se séche du matin au soir. C'est une fleur qui passe en un moment. Et c'est parce que l'on ignore ce qu'ils deviennent après la mort, qu'on admire leur gloire pendant cette vie. Mais à quelque élevation qu'ils soient parvenus, ils tomberont tous dans l'humiliation. La condamnation est générale, aucun ne sera excepté. Les princes qui meurent après de grandes victoires, & à qui on rend après la mort des honneurs exceſſifs, feront comme les autres, couverts de honte, s'ils ont été injuſtes. Tout ce qu'ils ont fait fera détruit. Tous leurs deſſeins s'en iront en fumée. Il ne reſtera deleurs vains projets que l'orgueil & l'injuſtice, dont l'ignominie fera la peine. On en peut juger par tout ce que l'on fait contre moi. Rien ne ſubſiſtera que ce que Dieu a réſolu. On me hait fans raiſon. On me pourſuit avec chaleur. On me déclare l'ennemi public. On joint la calomnie à la violence. On employe tout pour m'exclure du trône. La main de Dieu ne m'y placera pas moins, quand le moment en fera venu. Et tout ce qu'on fait pour m'en éloigner, ne fert qu'à avancer ce moment. Il en eſt ainſi de toutes les entrepriſes contre les gens de bien. Elles feront toûjours malheureuſes, & l'injuſtice fera toûjours impuiſſante & déshonorée.

Vias tuas, Domine, demonſtra mihi, & ſemitas tuas edoce me.	Seigneur, faites-moi connoître vos voyes : enseignez-moi vos sentiers.

Plus je fuis certain, ô mon Dieu, que vous êtes le protecteur des juſtes, plus je défire de l'être, & plus je crains de m'écarter de votre loi. Je fçai qu'on ne peut trop fe fier à votre bonté, fi l'on veut vous obéïr. Mais quand on connoît fa foibleffe & fes ténébres, qui peut s'affurer qu'il voudra toûjours vous obéïr? Inftruifez-moi de peur que je ne me trompe. Marquez-moi le chemin où je dois marcher, de peur que je ne m'égare. Votre loi extérieure ne me fuffit pas. Je la connois, & je la médite: mais j'ai befoin d'un autre maître. Elle eft hors de moi; & c'eft mon efprit qu'il faut perfuader. Vous feul êtes plus intime à mon ame, qu'elle ne l'eft à foi-même. Apprenez-moi, ce que je ne puis apprendre utilement que de vous. Parlez à mon cœur comme étant fon Dieu; & rendez-le docile, dans le tems que vous m'éclairez.

⩊. 5. Conduifez-moi dans votre vérité, & inftruifez-moi; parce que vous êtes Dieu, & que vous êtes mon Sauveur, je vous attends pendant tout le jour.

⩊. 5. Dirige * me in veritate tuâ, & doce me: quia tu es Deus falvator meus, & te fuftinui totâ die.

* הדריכני *deduc me.*

Ne permettez pas que je suive l'erreur & le menfonge, en croyant fuivre
la vérité. Ne m'abandonnez pas à ma
propre fageffe, qui n'eft qu'imprudence. Ne fouffrez pas que de fecrettes paf-
fions répandent des ténébres qui me cachent vos volontés, & qui m'engagent
dans des routes où je ne vous aye plus
pour guide & pour pafteur. Ne vous
contentez pas, Seigneur, de me montrer le chemin, & de m'avertir des dangers que j'y trouverai. Conduifez-moi
par la main : foutenez-moi à chaque pas:
ne confiez ma fureté & mon falut qu'à
votre attention fur moi, & à votre
amour. Je fuis encore plus foible, qu'a-
veugle. J'ai une fecrette pente à fortir
du fentier étroit de la juftice & de la vérité. Et je ne puis que me jetter dans
les précipices dont il eft bordé, fi vous
m'abandonnez un moment à mon in-
clination pour la liberté & pour l'indé-
pendance. Veillez, s'il vous plaît, continuellement fur mes penfées, & fur
mes défirs. Suggérez-moi de fages con-
feils. Infpirez-moi des fentimens conformes à votre loi. Ne laiffez point votre ouvrage imparfait, en m'éclairant
d'un côté, & me laiffant dans les ténébres de l'autre. Conduifez-moi en tout
par votre vérité, en me l'enfeignant,

&

& en me la rendant aimable ; & ne souffrez pas que je m'applaudisse en voyant
sa lumiere, & que je demeure cependant
privé de sa chaleur , & ennemi de ses
corrections salutaires.

Parce que vous êtes Dieu. | *Quia tu es* Deus. * Heb. Deus sa-
lutis mea.

Je ne puis, Seigneur, m'adresser à un
autre qu'à vous. Je suis votre ouvrage ,
& non celui d'une divinité étrangere ,
ou d'une créature qui me soit supérieu-
re. Mon esprit ne peut être éclairé que
par vous. Ma volonté est dans vos mains,
mais elle est indépendante de toute autre puissance. Personne ne peut entrer
dans le secret, où je suis à vos yeux tout
ce que je suis. Personne ne peut substituer des pensées que je n'aye pas , à celles que j'ay. Personne ne peut réformer
mes désirs , en m'en inspirant de contraires. Je ne sçaurois donc, ô mon Dieu,
avoir un autre maître & un autre guide
que vous. Tous les autres, qui me parlent en votre nom , sont vos disciples
comme moi. Vous êtes leur lumiere,
& ils ne sont pas la mienne. Ils vous
écoutent , & ils me répétent ce que
vous leur dites : Mais si vous ne me parlez comme à eux, je suis sourd à leur

voix, qui ne sçauroit pénétrer jusqu'à moi, & qui s'arrête à la porte. Le commerce entre vous & moi est donc absolument nécessaire. Aucun interpréte ne peut se mettre entre nous, ni remplir votre place. Vous êtes Dieu, & la grandeur même: & je suis tiré du néant, & par conséquent je n'ai rien de mon propre fond. Cependant ces deux extrémités infiniment éloignées doivent être immédiatement unies. Et vous avez rendu votre serviteur si grand par ses besoins & sa capacité, que ce qui n'est point infini ne peut le remplir. Faites que je conserve précieusement une telle gloire, & que je ne m'abaisse point par un choix honteux, sous une autre autorité que la vôtre. Car il ne m'est pas permis d'obéïr à un autre qu'à vous. Comme je ne suis point ma régle, une créature ne peut pas l'être non plus. Tous les esprits vous environnent, vous écoutent, vous admirent: & plus ils sont justes & saints, plus ils sont éloignés d'usurper votre place, & de donner leurs volontés comme des loix & des régles. *Et que vous êtes mon Sauveur.*

Si je ne voyois que votre majesté, je n'oserois m'adresser à vous. Si je me souvenois seulement que je suis votre ouvrage, je ne penserois qu'à éviter vos

regards, comme celui qui nous a tous
condamnés à la mort par son péché.
Car votre ouvrage est bien différent de
ce qu'il étoit, quand il sortit de vos
mains. Mais la promesse du Sauveur est
presque aussi ancienne que notre perte :
Et depuis le commencement du monde,
vous avez séparé de la corruption générale, tous ceux qu'il vous a plû de choisir. J'espere que je suis de ce nombre ,
& vos signalées miséricordes justifient
mon espérance. Je vous regarde donc
comme mon Sauveur, & non seulement
comme mon Dieu. Et je ne vous cache
point ce qui défigure en moi votre ouvrage, parce que je sçai que vous aurez
la bonté de le réformer. C'est une nouvelle raison qui me presse de recourir à
vous : & c'est comme à mon Sauveur,
que je vous demande avec instance, que
vous dissipiez mes ténébres, & que vous
guérissiez ma foiblesse. *Conduisez-moi
dans votre vérité, & instruisez-moi, parce
que vous êtes Dieu, & que vous êtes mon
Sauveur.*

Et je vous attends	*Et * te sustinui*
pendant tout le jour.	*totâ die.*

Et , n'est pas dans l'hébreu : mais il est supplée à propos.

Ce n'est point une priere interrompuë
V ij

par de longs intervalles qui vous eſt
agréable. Le gémiſſement, capable d'attirer la miſéricorde que je demande ,
doit être continuel : & j'y employe auſſi
tous les jours. Je ne me laſſe point d'é-
lever mes yeux vers vous , quoique mes
yeux s'épuiſent & ſe laſſent. J'implore
votre ſecours dès la premiere veille du
matin , & je continuë juſqu'à la nuit.
Je l'attends à tous les momens, & mon
ſommeil qui interrompt mes cris , ne
peut interrompre mes déſirs. Je me conſole , dans le déſert où je ſuis caché ,
par une attention continuelle à vous.
Et comme il me ſemble que vous ne me
perdez jamais de vuë , je tâche auſſi de
vous regarder toûjours comme préſent.
Ma priere, lors même que vous différez
de m'éxaucer, me tient lieu de ce que
je vous demande , parce qu'elle m'eſt
une caution que vous me l'accorderez.
Elle eſt le fruit de votre grace ; & je n'y
perſévére, que parce que vous m'en inſpirez le ſentiment. Vous l'écouterez
certainement , puiſque vous la formez.
Vous ne mépriſerez pas vos dons. Et
puiſque c'eſt par votre eſprit que je vous
prie , vous reconnoiſſez ſans doute ſa
voix , & vous approuvez tous ſes déſirs.

℣. 6. Souvenez-vous de vos miséricordes, Seigneur : de ces miséricordes que vous éxercez dès le commencement du monde.

℣. 6. *Reminiscere miserationum tuarum, Domine, & misericordiarum tuarum, quæ* * * *à sæculo sunt.*

Regardez-moi , Seigneur , avec la même bonté , que vous avez euë pour les hommes dont nous lisons l'histoire dans vos Ecritures. Souvenez-vous de ce que vous leur avez pardonné , de la maniere toute gratuite dont vous les avez choisis avant qu'ils vous connussent , des miséricordes dont vous les avez comblés. Qu'étoient-ils avant que vous les eussiez rendus saints ! Qui d'entr'eux a pû prévenir votre grace ? Qu'ont-ils eû qu'ils n'ayent pas reçû ! Et si votre miséricorde ne les avoit pas discernés du nombre de ceux qui périssent, comment eussent-ils évité un semblable malheur? Souvenez-vous des motifs qui vous ont porté à les aimer lorsqu'ils n'étoient point aimables ; & ne demandez pas à votre serviteur des mérites que vous n'avez pas éxigés de nos peres , & qui ne peuvent être l'effet que de vos dons. Vous avez voulu que nous sçussions com-

ment Abraham a été appellé : pourquoi Isaac avant sa naissance a été pré-
féré à Ismaël : par quelle miséricorde
Jacob a été aimé, quoiqu'il fût en tout
semblable à Esaü, qui a été l'objet de
votre haine : afin que nous osassions tout
espérer de votre grace, & que nous ne
mesurassions pas notre confiance en vous
sur notre justice & sur nos œuvres.
N'oubliez pas ce que vous avez voulu
que nous n'oubliassions jamais. Nous
croyons vos Ecritures : nous y lisons
l'histoire de votre amour pour les hommes : nous n'avons point de meilleur
titre pour espérer en votre miséricorde,
que de sçavoir qu'elle est éternelle, iné-
puisable, indépendante de nos mauvais
mérites.

℣. 7. *Delicta ju-*	℣. 7. Ne vous sou-
*ventutis * mea, &*	venez point des pé-
ignorantias † meas	chés de ma jeunesse,
ne memineris.	ni des infidélités que
	j'ai commises.

* *pueritia, adolescentia.*
† מפשׁעי : le terme est plus fort, que celui,
d'*ignorantias, pravaricationes.*

En vous conjurant de vous souvenir
de vos anciennes miséricordes, je vous
supplie d'oublier mes anciennes fautes,

L'une de ces graces enferme l'autre, ou en eft la fuite: car à qui feriez-vous du bien, fi vous entriez en jugement avec lui? Perfonne n'eft pur devant vous: & tout le monde doit être muet & abbattu en votre préfence. Un enfant conçû dans le fein de fa mere eft déja coupable. Le péché & la vie fe communiquent en un même moment. Et la corruption cachée dans le fecret du cœur, fe manifefte & fe développe à proportion de ce que l'âge fe fortifie.

Vous m'avez prévenu de bonne heure; & la piété, par votre miféricorde, a prefque dans moi devancé la raifon. J'ai été mieux inftruit que mes maîtres; & dans un âge tendre j'en ai plus fçû que les vieillards, parce que vous m'avez découvert dans votre loi plus de chofes que la prudence humaine, & l'expérience en peuvent apprendre. Dès que j'ai fçû parler, j'ai mis ma joye à raconter vos merveilles; & j'ai reçû de vous un talent particulier pour les chanter fur divers inftrumens, & pour bannir l'efprit impur par ces fons harmonieux.

Mais avec de tels fecours, je n'ai pas laiffé de commettre beaucoup de fautes: & elles ont été grandes à proportion de la lumiere que vous m'aviez donnée. Plus j'avois reçû, plus j'étois obligé de vous rendre ; & mon ingratitude comparée à votre miséricorde, me remplit maintenant de crainte & de douleur. Je ne m'excufe point fur ma jeuneffe. Je ne me raffure point fur le tems qui s'eft écoulé depuis. Je fçai que le tems ne couvre & n'efface rien, & que devant vous tout eft auffi récent que s'il venoit d'arriver. Je ne me repofe point fur les bonnes actions qui ont fuivi. J'ai dû les faire, & éviter le mal ; & je n'ai pas acquitté mes dettes, en n'en contractant pas de nouvelles ; & la feule chofe qui foit capable de modérer mes frayeurs fur ma vie paffée, eft votre miséricorde infinie.

Secundùm mifericordiam tuam memento mei tu, propter bonitatem tuam, Domine.	Mais fouvenez-vous de moi felon votre miféricorde, Seigneur, dans la vuë de votre bonté.

Je laiffe à ceux qui craignent d'être obligés à une trop grande reconnoiffance, de contefter avec vous fur leurs dettes & fur leurs comptes. Je leur laiffe la trifte confolation de vous aimer moins, parce qu'ils s'imaginent que vous aurez moins à leur remettre. Pour moi, Seigneur, je veux tout devoir à votre miféricorde.

féricorde. Je lui rapporte le bien qui eſt en moi, & dont elle eſt le principe. Je lui rapporte le mal qui n'y eſt pas, & dont elle m'a préſervé. Je lui raporte ma pénitence pour celui que j'ai fait, parce que c'eſt elle qui me l'a inſpirée. Je lui rapporte la réconciliation que j'eſpere, parce qu'elle ſera purement gratuite, & que je ne puis m'y préparer que par vos dons. Ne me regardez jamais, ô mon Dieu, qu'avec des yeux attendris par la compaſſion. Ne prenez jamais la qualité de juge en éxaminant ce que je ſuis, ou ce que j'ai été. Voyez mes périls, ſans vous ſouvenir de mes péchez. Ecoutez mes prieres, ſans rappeller des offenſes qui y mettent obſtacle. Recevez le ſacrifice d'un cœur humilié, ſans me reprocher mon ancien orgüeil. Et faites tout cela, qui paroît contraire à la juſtice, parce que vous êtes la bonté, la généroſité, la magnificence même : & que c'eſt par votre propre fond que vous pardonnez : au lieu que c'eſt d'un fond étranger, & de la malice des hommes, que vient votre indignation & votre vengeance.

℣. 8. Le Seigneur eſt bon & juſte : c'eſt pourquoi il inſtruit	℣. 8. *Dulcis**, & rectus Domi- nus : propter hoc

* שׁוֹב *bonus.*

legem dabit delin- | & corrige ceux qui
quentibus in viâ. | s'égarent dans la voie

En implorant votre miséricorde, Seigneur, je pense moins à l'impunité qu'à ma conversion. Je ne regarderois pas même comme un avantage de n'être pas condamné, en demeurant coupable. J'ai besoin que vous ne me jugiez pas, mais c'est afin que je devienne meilleur. Si les hommes étoient mes juges, ils ne pourroient qu'être sévéres, s'ils étoient justes; ou devenir mes complices, s'ils étoient indulgens. Un Ange seroit infléxible, parcequ'il ne seroit que l'éxécuteur de votre justice, & qu'il ne seroit pas en son pouvoir d'abolir le passé, & de me changer pour l'avenir. Mais ce qui fait ma consolation, & qui me remplit d'espérance, est que vous avez une bonté infinie pour me tout pardonner, & une justice égale pour me convertir. Vous me souffrez, mais non mes péchez. Vous m'aimez, mais non mes foiblesses. Vous êtes bon, mais en me rendant bon. Vous êtes juste, mais en me rendant juste. Il n'y a que vous, Seigneur, en qui la miséricorde & la vérité soient une même chose; il n'y a que vous qui remettiez toutes les dettes, sans rien perdre : il n'y a que vous

qui fçachiez vous faire rendre par l'a-
mour & la reconnoiſſance des pénitens,
ce que l'impunité du pécheur paroît
vous ôter.

    C'eſt pourquoi il inſtruit & corrige ceux qui s'égarent dans la voye. | *Propter hoc legem dabit delinquentibus in viâ.*

    C'eſt de votre juſtice, conduite par votre bonté, que vient tout ce que vous faites pour le ſalut des hommes. Ils s'é-garent, ils ſe trompent, ils tombent dans mille crimes : vous en avez com-paſſion, mais ſans faire tort à vôtre ſainteté. Vous les reprennez, vous les effrayez même, vous y ajoûtez de ſalu-taires châtimens : mais, c'eſt pour les préparer à la clémence dont vous vou-lez uſer à leur égard. Si vous les négli-giez, ou ſi vous les jugiez dans la ri-gueur, ils ſeroient également malheu-reux, parce qu'ils ſeroient égalementimpénitens. Mais vous uniſſez utile-ment pour eux le zele à l'indulgence; & vous les rendez dignes du pardon, avant que de leur pardonner.

℣. 9. Il conduit les humbles dans les ſen- | ℣. 9. *Diriget manſuetos* ✶ *in ju-* ✶ מצריע *humiles.*

*humi-
les.

dicio ; docebit mi-
*tes * vias suas.*

tiers de la justice : il
enseigne sa voye aux
humbles.

L'orgüeil est le vice de tous les hommes , & il les porte tous à l'indépen-
dance. C'est le premier & le plus grand
obstacle à leur conversion ; & la premiere victoire que la grace doit rem-
porter sur eux , est de les préparer à
l'humilité. Elle est foible au commencement, & fort combattuë. Elle s'affer-
mit dans la suite ; & le progrès dans la
vertu, est toûjours mesuré sur celui que
l'on fait dans l'humilité. Les saints en
sont bien avertis ; & ils ne pensent qu'à
guérir l'enflure de leur cœur , & à dé-
raciner une fausse opinion de sagesse, qui
est absolument contraire à la vraye. Ils
travaillent à devenir doux & dociles
comme des enfans. Ils descendent tous
les jours de quelque dégré de la vaine
élévation où ils s'étoient placés. Et plus
ils se rapprochent de leur situation naturelle , plus ils s'avancent vers la vérité. Ils découvrent de-là tout ce qui
leur étoit caché , lorsqu'ils pensoient
être très-clairvoyans : parce que Dieu
ne se révele qu'aux humbles. Il leur
parle alors comme à ses amis. Il leur explique ses volontez les plus secretes. Il

écarte pour eux les nuages dont il punit
l'orgueil des autres. Il leur fait voir
dans des préceptes, simples en apparence, une grandeur & une étenduë qu'ils
n'avoient jamais comprise. Il les avertit
de plusieurs dangers, dont jusques-là ils
ne s'étoient jamais défiés. Il leur montre dans la vertu des perfections, dont
ils n'avoient pas même d'idée. Et il approche tellement certaines vérités, qui
avoient fait jusqu'alors peu d'impres-
sion, qu'elles paroissent toutes nouvelles.

ⅴ. 10. Toutes les voyes du Seigneur sont miséricorde & vérité, pour ceux qui gardent son alliance & ses loix.

ⅴ. 10. *Universa via Domini misericordia & veritas, requirentibus* testamentum ejus, & testimonia ejus.*

* *his qui observant, custodiunt pactum ejus.*

Plus on éxaminera la conduite de
Dieu sur ses serviteurs, plus on verra
qu'elle est toute fondée sur sa miséricorde, & sur sa fidélité. Sa miséricorde a tout préparé, & sa fidélité éxécute tout. Il a promis, par une bonté
toute gratuite. Il accomplit ses promesses, avec la même éxactitude, que si
elles étoient des obligations. Nous ne

devons point chercher d'autres motifs de son amour, que son amour même. Il n'a pas supposé le mérite, il l'a fait. Il n'a pas eu besoin, comme nous, que l'objet qu'il choisissoit fût aimable : il l'a rendu tel en l'aimant. Personne ne lui a donné le premier ; & personne n'a pû lui suggérer un conseil. Tout est fondé sur sa liberté aussi indépendante que sa divinité, aussi incapable d'avoir une cause ou un principe étranger. Voilà surquoi l'espérance des saints est établie. Un tel fondement ne peut être ébranlé. Et il faudroit être bien imprudent, pour aimer mieux se fier à sa volonté propre, qu'à la miséricorde de Dieu.

Mais le principal effet de cette miséricorde, est de rendre les Elûs attentifs à la loi de Dieu, & à toutes ses volontés. Ils sont appliqués à en examiner les signes & les témoignages. Ils craignent le moindre écart, comme pouvant avoir des suites funestes. Une désobéïssance libre & avec réflexion, leur paroît une infraction de l'alliance, parce qu'elle peut conduire à l'apostasie. Ils n'esperent point, s'ils se permettent volontairement une faute, de la réparer par leurs seules forces ; & ils ne sçavent pas, si la grace qu'ils auroient méprisée,

leur seroit renduë. Ils sont tremblans &
allarmés sur ce point. Mais ce point est
unique. Ils sont pleinement rassurés
sur tout le reste. Ils sçavent que leur
espérance ne peut les tromper : la bonté & la fidélité de Dieu leur en répon-
dent. Ils méprisent les railleries que les
impies font de leur foy. Ils supportent
avec patience, & même avec joye, toutes les épreuves inséparables de la vertu.
Ils meurent, sans douter un moment
des biens qui leur sont promis. Et ils
sont fortement persuadez, que toute
la puissance des hommes, toute leur
injustice, toute leur haine, n'empê-
cheront point que la miséricorde de
Dieu, & sa fidélité n'ayent à leur égard
tout leur effet : *Toutes les voyes du Sei-*
gneur sont miséricorde & vérité envers
ceux qui gardent son alliance & ses loix.

℣. 11. Seigneur, par-
donnez-moi pour la
gloire de votre nom ;
& remettez-moi mon
iniquité, parce qu'el-
le est grande.

℣. 11. *Prop-*
ter nomen tuum
Domine propitia-
beris * *peccato meo,*
multum † *est enim.*

* S. Jérôme, *propitiare iniquitati meæ, quo-*
niam grandis est.

† On peut rapporter, *multum,* ou à, *no-*
men, ou à, *peccatum,* si l'on ne consulte que
le genre, qui est équivoque en hébreu, comme
dans le latin : mais le sens le détermine au dernier.

Le Prophête venoit de dire que toute la conduite de Dieu sur ceux qui
gardoient son alliance , & qui obser-
voient la loi , étoit pleine de miséricorde , & une preuve continuelle de sa fidélité dans ses promesses. Cette vérité
peu consolante pour les pécheurs, a
rappellé la mémoire des anciennes fautes de David ; & il avouë que si les Elûs
étoient tous innocens , il seroit exclus
de leur nombre. En cela il a rassuré tous
les pénitens ; & il leur a servi de modele. Il ne cherche point de vaines ex-
cuses , comme on l'a déja remarqué. Il
ne rejette point ses fautes sur son peu de
lumiere, sur l'éxemple, sur la foiblesse naturelle , sur la pente au mal commune à
tous les hommes. Il reconnoît que ses péchez sont grands & par la qualité , & par
le nombre: car le terme dont il se sert , signifie l'un & l'autre. Et il ne découvre
aucun moyen d'en obtenir le pardon, ni
dans les sacrifices prescrits par la loi , ni
dans les œuvres qu'elle commande. Il
n'a garde aussi d'alléguer l'alliance que
Dieu a faite avec les hommes. Il s'en est
exclus ; & toutes les conditions de l'alliance sont contre lui. Il n'a pas recours
non plus aux promesses : elles sont con-
verties contre lui en menaces. Il ne
perd pas néanmoins l'espérance : parce

que Dieu ne peut cesser d'être bon ; &
que sa miséricorde ne peut se refuser à
ceux qui y ont recours. Mais excepté
ce motif, il n'en voit aucun autre. Il
s'abbaisse profondément par cette double vûë , que la seule miséricorde de
Dieu peut le sauver : & qu'il s'en est
rendu tout-à-fait indigne. Et dans cet
état humilié , il convertit sa misere même en un nouveau motif de confiance.
Je sçai , dit-il , ô mon Dieu, que vous
pardonnez aux pécheurs : mais que vous
ne le faites, que parce que votre clémen-
ce est infinie ; & parce que vous mettez
votre gloire à montrer jusqu'où votre
miséricorde peut aller. Je suis plus propre qu'un autre à la faire éclatter : parce
que mon péché est plus grand que celui des autres. Je deviendrai une preuve de votre bonté , capable de rassurer
tous les pécheurs touchez de repentir ;
& je contribuërai plus qu'eux à la faire
connoître,& à la faire admirer dans tous
les siécles.

ⅴ. 12. Qui est	ⅴ. 12. *Quis est*
l'homme qui craint	*homo qui timet*
le Seigneur ? Il l'ins-	*Dominum ? Le-*
truit , & le conduit	*gem statuit ei in*
dans la voye qu'il doit	*viâ , quam* * *ele-*

* *quam*, n'est pas dans l'hébreu : mais il
est bien suppléé.

git. * | choifir.

* Ou, *eliget,* ou, *eligat.* C'eft-à-dire, *eli-gere debet.*

Le Prophête après avoir animé les juftes, & confolé les pénitens, s'adreffe à tous en commun ; & il ne regarde comme heureux, que ceux qui ont toûjours confervé la crainte de Dieu, ou qui l'ont recouvrée.

Qui eft l'homme qui craint le Seigneur? Qui d'entre les hommes a reçû cette diftinction honorable, de craindre Dieu, & de ne penfer qu'à lui plaire ! Où eft-il cet homme privilégié ! Sçait-il bien quel eft fon bonheur, & quelle eft fa gloire ! En rend-il graces comme il le doit ! Conferve-t'il un fi riche tréfor avec toutes les précautions dont il eft digne ! Peut-il fe croire malheureux avec de telles richeffes ! Seroit-il poffible qu'il s'affligeât avec excès ou dans la pauvreté, ou dans les perfécutions ! Seroit-il tenté de porter envie un moment à ceux qui joüiffent ici d'une profonde paix ! Et pourroit-il être affoibli par le mépris qu'on fait de fa piété, ou par les mauvais traitemens qu'elle lui attire !

Il l'inftruit, & le conduit dans la voye qu'il doit choifir. Sçait-il bien cet homme, fi digne de l'envie des autres, que

Dieu le conduit pas à pas ? Qu'il s'eſt rendu le compagnon de ſon éxil, & de ſon voyage ; qu'il veille ſur tout ce qui peut lui nuire ; qu'il l'inſtruit de tout ce qui peut lui être utile ; qu'il lui découvre tous les piéges tendus dans le chemin ; qu'il l'empêche de s'engager dans des ſentiers détournés ; qu'il l'anime & l'encourage à marcher conſtamment dans l'unique voye du ſalut ; & qu'il le conſole dans toutes les peines qu'il y rencontre.

✝. 13. Son ame repoſera dans l'abondance des biens ; & ſa race poſſédera la terre.	✝. 13. *Anima ejus in bonis demorabitur* *, *& ſemen ejus hæreditabit terram.*

* *perno ſtabit ; ut hoſpes manebit.*

Les imprudens, & ceux qui ne jugent des choſes que par les ſens, ne connoiſſent point la paix, la joye ſecrete, la liberté, l'innocence d'un homme de bien. Souvent il eſt caché ſous des dehors humilians. Mais dans une caſſine, & ſous le chaume, la ſageſſe éternelle y demeure avec lui. Avec un peu de pain & des herbes, il eſt plus content que ceux qui vivent dans les délices. Il rend graces de tout. Il con-

noît l'usage de tout. Il convertit en mérites, tout ce qui porte les autres à l'impatience & au murmure. S'il a du bien,
il le partage avec les pauvres. S'il peut
préter, il le fait avec joye. S'il est en
autorité, il n'en abuse jamais. S'il a des
enfans, il les instruit avec soin & avec
amour, & plus par son éxemple, que
par ses discours. S'il leur laisse des hé-
ritages, il leur laisse aussi la bénédiction
que ses aumônes y ont attirée. Il les
leur laisse en bon état, sans procès, sans
jalousie ; & le respect qu'on avoît pour
sa vertu, s'étend jusques sur sa famille,
qui est toûjours estimée, si elle ne dé-
génére point : mais qui tombe avec justice dans le mépris, si elle oublie un si
grand modele.

℣. 14. *Firma-mentum est Domi-nus timentibus eum ; & testamen-tum ipsius ut mani-festetur illis.*	℣. 14. Le Seigneur découvre ses secrets à ceux qui le crai-gnent : & il leur donne l'intelligence de son alliance.

Les 70. ont lû יסד *fundamentum* : au lieu que nous lisons dans l'hébreu סוד *arcanum*, secre-tum. Les anciens interprêtes autorisent cette maniere de lire ; & elle est plus liée avec la seconde partie du verset.

Aquila, ἀπόρρητον Κυρίου, *secretum*. Symmaque,

ὁμιλία, *colloquium.* Theodotion, μυστηριον. S. Jérôme : *Secretum Domini timentibus eum, &*
pactum suum ostendet eis.

Quand on craint Dieu, non comme
les esclaves, mais comme les enfans, &
qu'on aime sincérement sa volonté, on
apprend de lui tous les jours des secrets
interdits à tous les autres. On reçoit de
lui l'intelligence des mysteres, dont les
étrangers sont exclus, & l'on entre par
sa lumiere dans les vûës & dans les motifs qu'il a eû en établissant une alliance, qui n'est que la figure d'une autre.
Un homme que Dieu instruit par lui-
même, voit dans les sacrifices, les solemnitez, les cérémonies, toute autre
chose que ce qu'y découvrent ceux qui
n'ont point un tel maître. On leur parle en énigmes, & en chiffres. Mais en
particulier tout est expliqué aux amis :
& ces amis sont presque toûjours ceux
que les sçavans méprisent. Une vaine connoissance les enfle ; & pendant
qu'ils s'applaudissent de sçavoir beaucoup de choses, ou inutiles, ou même
dangereuses : ils ignorent en quoi consiste la vraïe justice. Ils y mettent obstacle par les efforts même qu'ils font
pour y arriver ; & ils prétendent l'acquérir par l'orgüeil & la présomption,
au lieu qu'elle est la récompense de
l'humilité.

⁋. 15. *Oculi mei semper ad Dominum, quoniam ipse evellet de laqueo * pedes meos.*

⁋. 15. J'ai toûjours les yeux élevés vers le Seigneur, parce que c'est lui qui dégagera mes pieds du filet.

Pour moi à qui Dieu a révélé ses mysteres dès ma jeunesse, je n'attend rien, ni de ma propre sagesse, ni de mes efforts. Je sçai que je marche au milieu des piéges qui me sont tendus par mes ennemis, & par moi-même : car je travaille le premier à me séduire ; & je suis comme d'intelligence avec ceux qui désirent ma perte. Mon propre cœur, par une secrette pente, me conduit hors du sentier de la justice ; & mes désirs ont beaucoup de part à mes pensées. Comment prévoir des dangers que j'aime ! Comment éviter ce que je cherche ? Comment rompre des liens, ou que je me suis formés, ou qui me plaisent !

J'éleve, ô mon Dieu, mes yeux vers vous, & je vous invoque à chaque pas que je fais. Vous voyez où je suis, & ce que je suis. Vous connoissez ce qui me lie, & ce qui m'arrête. Vous êtes attentif à mes dangers, & à mes fautes ; & avec une miséricorde qui ne se lasse

point, vous me délivrez aussi souvent
que j'ai l'imprudence de m'engager dans
le péril. Ma foi s'affoiblit, vous la soutenez. Mon esprit se dissipe, vous le
rappellez à vous. Ma priere devient
plus languissante, vous m'inspirez une
nouvelle ferveur. Je tombe, mais toûjours sur votre main. Je suis souvent
même relevé, avant que j'aye sçû que
j'étois tombé. Votre bonté me cache
une infinité de secours, que j'éprouve sans les distinguer. Car quelle attention suffiroit à observer toûjours
la vôtre sur moi ! Et qui seroit capable
de compter des miséricordes sans nombre !

℣. 16. Regardez-moi, & ayez pitié de moi, parce que je suis seul & pauvre.

℣. 16. *Respice in me, & miseře-re mei, quia uni-cus * & pauper ┼ sum ego.*

* יחיד *solus.*
┼ עני *humilis, afflictus, inops.*

Comme j'éleve continuellement mes
yeux vers vous, ô mon Dieu, daignez
abbaisser les vôtres vers moi : mais que
ce soit des yeux de compassion, s'il
vous plaît, & de miséricorde ; & ne me
regardez jamais que dans le dessein de
me secourir. Je suis seul, sans protec-

tion humaine, & fans défenfe. Perfonne ne penfe à moi, que pour m'oppri-
mer. Je ne fuis en état de faire du bien
à qui que ce foit, & il eft au pouvoir
de tout le monde de me nuire. Je n'op-
pofe à la violence & aux deffeins de
mes ennemis, que la patience; & je n'employe ni la médiation des hommes,
ni les follicitations fecrettes auprès des
perfonnes puiffantes, ni les moyens
que la prudence peut fournir, pour
faire changer mon état. Je craindrois
de perdre votre protection, fi j'en cherchois une autre. J'aime mieux être abandonné des hommes, que d'en être aimé. Ma pauvreté & ma folitude, me
raffurent & me confolent, parce qu'il
me femble que vous êtes attentif fur
moi, à proportion de ce que je fuis dé-
laiffé de tous. Les hommes n'en ufent
pas ainfi. Ils fuyent les malheureux,
& ils courent où eft la faveur. Et en
cela ils ont quelque raifon : car ils font
tous foibles, & ils ont tous une infinité de befoins. Ils évitent les malheureux & les pauvres, parce qu'ils le font
eux-mêmes, ou qu'ils craignent de le
devenir. Mais vous, Seigneur, vous
êtes la fource de la puiffance & du bonheur ; & comme le pauvre a befoin de
vous : il femble auffi que vous ayiez
befoin

beſoin de lui, pour faire éclatter votre magnificence & votre bonté.

| ⭒. 17. Les détreſ-ſes dont mon cœur eſt ſerré, ſe multi-plient, délivrez-moi des maux qui me preſſent. | ⭒. 17. Tribu-lationes * cordis mei multiplicatæ † ſunt : de neceſ-ſitatibus * meis erue me. |

* צרות anguſtia.
† רהחיבו dilatata ſunt.
* preſſura מצוקות.

Il y a dans l'original une énergie qu'il eſt difficile de rendre en une autre langue : *Anguſtia cordis mei dilatata ſunt, de preſſuris meis erue me.*

Ce n'eſt point ce qui m'environne, quoique très-affligeant, qui fait ma principale peine : c'eſt ce que j'éprouve au dedans de moi, qui m'eſt plus dif-ficile à ſoutenir. On ſe conſole de tout, quand le cœur eſt en paix : mais quand le cœur eſt dans l'amertume, tous les ſujets de déplaiſir deviennent beaucoup plus ſenſibles. Je ſuis dans une conti-nuelle détreſſe : & j'ai le cœur ſi ſerré, que rien ne peut l'élargir, & que je n'ai pas la liberté de le répandre dans celui d'un ami. Je ſuis chargé de ſoute-nir & de conſoler ceux qui me ſuivent :

mais je n'ai personne qui me console.
Je porte seul mes inquiétudes & mes
incertitudes : & je suis bien foible pour
les porter seul. Je vous les expose, Seigneur ; & je vous supplie de m'en délivrer, ou en répandant dans mon cœur
une goute de cette onction précieuse,
qui guérit en un moment tous les
maux ; ou en me marquant d'une maniere plus claire & plus précise, ce que
vous éxigez de votre serviteur. Je sçai
en général que vous m'ordonnez de
prendre une entiere confiance en vos
promesses, d'attendre en silence votre
secours, & de souffrir avec courage
tout ce que vous permettez qu'il m'arrive. Mais il y a une infinité de choses
dans ma situation qui ne sont pas déci-
dées, & qui me jettent dans de grandes perpléxités. Je crains de sortir de
votre ordre, & de vous tenter, en vous
demandant plus de lumiere. Je crains
aussi de suivre mes propres pensées, en
ne vous consultant point sur les moindres circonstances. Dans un état plus
tranquille, je n'aurois pas besoin de vous
demander si souvent des réponses sur
mes doutes : parce qu'ils seroient presque tous résolus par les régles générales de cet état. Mais dans le mien, tout
est nouveau chaque jour, & tout y est

incertain. Les miracles y devroient être, ce me semble, aussi fréquens, que mes dangers, & mes incertitudes. Faites-le cesser, Seigneur; ou parlez-moi plus souvent, & plus clairement que vous ne faites.

⊽. 18. Jettez les yeux sur mon humiliation & ma peine; & pardonnez-moi tous mes péchez. *A la lettre*, portez tous mes péchez.

⊽. 18. *Vide humilitatem meam & laborem meum, & dimitte * universa delicta mea.*

* Saint Jérôme, *porta*. C'est dans le fond la même chose.

Ne mesurez pas, ô mon Dieu, mes souffrances, sur ce que j'ai mérité de souffrir: mais sur ma foiblesse. Voyez mon accablement, & non mes péchez. Il me semble que l'épreuve à laquelle vous m'exposez, est plûtôt un châtiment, qu'un remede: car vous appesantissez votre main sur moi, sans daigner considérer que j'y succombe. Vous ne traittez point ainsi les enfans, que vous reprenez avec bonté; & je crains que vous ne me regardiez comme un esclave qui s'endurcit sous les coups, & que les châtimens ne changent point.

Hélas ! Seigneur , je suis par votre grace très-éloigné d'une telle disposition. Je me prosterne à vos pieds , & je vous supplie de considérer mon humiliation , & ma douleur. Je suis coupable , je l'avouë : mais sans vouloir défendre mon péché. Vous voulez que j'en porte le poids : mais cela n'est pas possible : il m'écraseroit. J'ose au contraire vous supplier de le prendre sur vous , & de m'en décharger. Car je sçai bien qu'il ne peut être remis , sans être expié : mais je sçai bien aussi que les plus sévéres châtimens, & ceux mêmes qui seroient éternels , ne peuvent l'expier. Ma confiance est en celui qui sera l'hostie de propitiation pour les péchez de tout le monde , & pour les miens, & qui les abolira, en s'en chargeant. Et ma confiance au médiateur promis, n'est point différente de celle que j'ai en vous. Car ce sera vous, qui vous réconcilierez le monde dans la personne du Messie.

℣. 19. *Respice inimicos meos , quoniam multiplicati sunt , & odio iniquo * oderunt me.*	℣. 19. Considérez que le nombre de mes ennemis est grand, & que la haine qu'ils me portent, est injuste.

* Heb. *iniquita-tis.*

Outre mes péchez , qui m'inquiet-
tent , & mes perpléxitez , qui me jettent dans des détreſſes dont je ne vois
point d'iſſuë : je ſuis accablé d'ennemis , dont le nombre augmente tous les
jours , & dont la haine eſt irréconcilia-
ble. Si je pouvois m'en délivrer par des
voyes légitimes , j'acheterois la paix aux
dépens de tout. Mais il faudroit , pour
les ſatisfaire , vous déſobéïr , & renoncer à vos promeſſes. Car je ne leur ſuis
odieux , que parce que vous m'aimez ;
& ils ne me perſécutent , que parce que
vous m'avez choiſi. Ils reſſemblent en
cela à d'autres ennemis , moins viſibles ,
mais plus redoutables , qui ne ſont irri-
tés contre moi , que parce que vous me
faites du bien. Ils ne me haïſſent qu'à
cauſe de vous. Votre miſéricorde pour
moi les met en fureur. Et c'eſt la piété
& la vertu , plûtôt que moi , qu'ils perſécutent. Daignez , Seigneur , vous in-
téreſſer à une guerre , qui vous regarde plus immédiatement que votre ſerviteur. Défendez contre mes ennemis
vos propres dons. Protégez ce que je
ne puis conſerver que par vous. Aſſûrez
le choix que vous avez fait de moi pour
me mettre ſur le trône. Aſſûrez encore
plus mon élection éternelle. Montrez
à mes ennemis que votre amour eſt in-

vincible ; & , dans ma perſonne , faites voir que ni la haine , ni l'envie , ni les hommes , ni les eſprits de ténébres , ne peuvent rien contre vos Elûs.

| ℣. 20. *Cuſtodi animam meam, & erue me : non eruveſcam , quoniam ſperavi in te.* | ℣. 20. Conſervez mon ame , & délivrez-moi : que je ne demeure point confus , puiſque je mets mon eſpérance en vous. |

Je ſerois perdu , ſi j'eſpérois conſerver ou ma vie , ou mon ſalut , par mes précautions , ou par ma réſiſtance. Je mets l'une & l'autre en dépôt entre vos mains , & je vous conjure de ne me pas exclure de votre ſein où je cherche un azile. Soyez mon pere , & mon tuteur , & répondez à ma pleine confiance en vous , par une charité qui n'ait point de bornes. C'eſt votre vérité que j'invoque : ſeroit-il poſſible qu'elle me trompât ! C'eſt à votre miſéricorde abſolument gratuite que j'ai recours : faut-il autre choſe pour la mériter , que d'y recourir ! Ajoûtez à ma confiance , ſi elle eſt imparfaite. Soutenez ma priere , ſi elle eſt affoiblie par quelque héſitation. Mais ne me rejettez pas, puiſque je n'eſpere qu'en vous.

Conservez, & délivrez. Couronnez, ô
mon Dieu, ce que j'ai reçû: ajoûtez-y ce
qui me manque. Mettez en sureté vos miséricordes: prévenez-moi par de nouvelles. Affermissez ma santé dans ce que vous
avez guéri : guérissez ce qui est encore
malade. Défendez-moi contre les ennemis qui m'attaquent : arrachez-moi de
leurs mains , s'ils m'ont déja vaincu.
Servez-moi de bouclier & d'épée. Gar-
dez-moi , & délivrez-moi. *Custodi animam meam , & erue me.* Accomplissez ce
que la sage Abigaïl m'a prédit , & que
j'ai regardé comme une prophétie que
votre esprit lui avoit inspirée. Renfer-
més ma vie dans votre puissante main.
Conservez-là avec celle de vos Elûs & de
vos amis. Mettez mes ennemis comme
dans une espéce de tourbillon , qui les
agite & les dissipe. Jettez-les bien-loin,
comme avec une fronde , & écartez-les
pour toûjours. (a) *S'il s'éleve un jour*
quelqu'un qui vous persécute , ce font les
paroles de votre servante, & qui cherche
à vous ôter la vie , votre ame sera conser-
vée dans le Seigneur votre Dieu,comme étant
liée dans le faisseau des vivans; mais l'ame

1. Livre
des Rois.
ch. 25. &
29.

(a) Si surrexerit aliquan-
do homo persequens te ,
& quærens animam tuam ,
erit anima (tua) custodita
quasi in fasciculo viventium
apud Dominum Deum tuum:
porro inimicorum tuorum
anima rotabitur quasi in im-
petu & circulo fundæ,

dé vos ennemis sera agitée & jettée bien-
loin, comme une pierre qui est lancée d'une
fronde avec grand effort.

℣. 21. * Inno- | ℣. 21. L'innocence
centes & recti ad- | & la droiture me con-
hæserunt mihi, | serveront : parce que
quia sustinui te. | je vous ai attendu
| avec patience.

* Simplicitas & æquitas servabunt me, saint
Jérôme.

Il y a dans le texte original : *Innocentia &
rectitudo servabunt me.* Et quoiqu'on puisse,
avec d'autres points lire, *innocens & rectus,*
on ne sçauroit changer le terme qui signifie,
servabunt, en celui qui pourroit signifier,
adhæserunt. * David se plaint qu'il est seul. Ici
il diroit, ce semble, le contraire. La liaison
du Pseaume demande qu'on lise comme le
texte primitif.

Si je parois occupé des dangers qui
menacent ma vie, & du nombre de mes
ennemis, ce n'est que par rapport aux
promesses qui m'ont été faites, & dont
je dois désirer l'accomplissement, à
cause qu'elles ont une étroite liaison
avec celles qui regardent tout Israël.
Sans cette raison, qui est essentielle,
je mépriserois & la vie, & le trône. Je
rentrerois avec joye dans ma premiere
condition de berger, & je renoncerois
sans

sans peine à des prétentions qui allarment ceux qui ne me connoissent pas. Mes désirs sont plus ambitieux qu'ils ne croyent. Ce n'est ni le royaume de Saül, ni celui du monde entier que je souhaite. Je porte mes vûës bien plus haut & bien plus loin. Je ne puis être content, si je ne deviens bien saint & bien juste. Je pense continuellement à le devenir : & j'espere que Dieu écoutera les prieres que je lui offre sans cesse pour ce sujet. Que me serviroit-il en effet de commander à mes freres, ou de conquérir tout le monde, si j'avois l'imprudence de me perdre ? Il n'y a que l'innocence & la vertu qui puissent m'acquérir l'immortalité. Il n'y a qu'une vie pure, simple, sincere, conforme en tout à la justice, qui puisse êtré éternelle. Je ne compte pas ce qui finit. Je ne veux pas finir moi-même. Je m'attache à des biens qui subsistent toûjours, & qu'on ne peut m'ôter. Ils me conserveront, si je les conserve. Je demande à Dieu cette grace unique ; & je l'espere de sa bonté, puisque c'est lui qui m'inspire & le désir, & la confiance dont je suis plein. Je cache, pour les étrangers, ces sentimens, sous l'ombre de mes affaires extérieures, & des événemens de ma vie. Mais l'Esprit saint révélera un jour à un peuple fidele, ce qu'il y avoit de secret dans mon cœur, & qui échappe ici en plusieurs manieres : & les cantiques que le peuple nouveau aimera le mieux, seront ceux où il verra plus clairement la conformité de ses désirs & de ses gémissemens avec les miens.

℣. 22. *Libera* *, *Deus Israël*, *ex omnibus tribulationibus suis.*	℣. 22. O mon Dieu, délivrez Israël de tous les maux qui l'affligent.

* *Redime Deus Israelem ex omnibus angustiis suis.*

La situation où je suis maintenant dans le désert, sans appui visible, manquant de tout en apparence, poursuivi par des ennemis puissans qui ont conjuré ma perte, est une vive image de l'état des justes en cette vie : & ce que j'éprouve au-dedans de moi, est une expression fidelle de leurs sentimens mêlés de crainte & d'espérance, de leurs tentations, de leurs doutes, de leurs afflictions, de leur persévérance dans la priere. C'est eux que j'ai en vûë, en découvrant mes dispositions. C'est pour eux, & avec eux que je prie. Je préviens les siécles futurs, où les vrais Israëlites

seront répandus dans toute la terre ; &
je m'unis maintenant à tous les justes,
qui sont comme moi éprouvez en différentes manieres. J'apprends par mes
propres périls à trembler pour les leurs ;
& le besoin que j'ai de consolation & de
force, me rend sensible à de pareils besoins pour mes freres. Heureux celui
qui joindra ses prieres aux miennes
pour Israël ! Heureux qui répétera avec
une foi & un amour sincere ce qu'il entend ! Heureux qui perpétuera mes
désirs; qui suppléera dans chaque siécle,
à ce qui manque à l'étenduë de mon
zéle pour l'Eglise ; qui méritera par
sa patience dans les persécutions, de
devenir tendre & compatissant pour
tous les saints qui en souffrent de sem-
blables.

PSEAUME XXV.

⋎. 1. **D**E David.

Seigneur soïez mon juge : car ma conduite est pure & inno-
cente : j'espere en
vous, & je ne serai

⋎. 1. *I*N finem, *Psalmus
David.
Judica me, Domi-
né, quoniam ego
in innocentiâ meâ
ingressus sum: &
in Domino sperans*

Z ij

non infirmabor.

point ébranlé.

℣. 2. *Probame,
Domine, & tenta
me : ure renes
meos, & cor meum.*

℣. 2. Eprouvez-
moi, Seigneur, &
éxaminez ce que je
suis. Eprouvez par le
feu mes reins, & mon
cœur.

℣. 3. *Quoniam
misericordia tua
ante oculos meos
est : & complacui
in veritate tuâ.*

℣. 3. Car votre mi-
séricorde m'est toû-
jours présente, &
votre vérité est la
régle de ma conduite.

℣. 4. *Non sedi
cum concilio vani-
tatis : & cum ini-
qua gerentibus non
introibo.*

℣. 4. Je n'ai point
fait de liaison avec
des hommes trom-
peurs, & je n'ai point
eu d'union avec des
hommes dissimulés.

℣. 5. *Odivi ec-
clesiam malignan-
tium : & cum im-
piis non sedebo.*

℣. 5. J'ai haï l'af-
semblée des méchans;
& je n'ai point pris
place parmi les im-
pies.

℣. 6. *Lavabo in-
ter innocentes ma-
nus meas : & cir-
cumdabo altare
tuum, Domine;*

℣. 6. Je laverai mes
mains, & je les ren-
drai pures; & j'envi-
ronnerai votre autèl,
Seigneur;

℣. 7. *Ut audiam
vocem laudis : &
enarrem universa*

℣. 7. Afin que je
publie vos loüanges,
& que j'annonce tou-

tes vos merveilles.

℣. 8. Seigneur, j'ai aimé la beauté de votre maison, & le lieu où réside votre gloire.

℣. 9. Ne confondez pas mon ame avec les impies : *Ou:* ne rendez pas ma mort égale à celle des impies : ne m'ôtez point la vie comme aux homicides.

℣. 10. Le crime est dans leurs mains, & la récompense est dans leur droite.

℣. 11. Pour moi je continuërai à marcher dans l'innocence : rachetez-moi, Seigneur ; & prenez pitié de moi.

℣. 12. Mes pieds s'affermiront de plus en plus dans la droite voye: je vous bénirai, Seigneur, dans les assemblées.

mirabilia tua.

℣. 8. *Domine, dilexi decorem domus tuæ : & locum habitationis gloriæ tuæ.*

℣. 9. *Ne perdas cum impiis Deus animam meam: & cum viris sanguinum vitam meam.*

℣. 10. *In quorum manibus iniquitates sunt: dextera eorum repleta est muneribus.*

℣. 11. *Ego autem in innocentiâ meâ ingressus sum : redime me, & miserere mei.*

℣. 12. *Pes meus stetit in directo: in ecclesiis benedicam te Domine.*

℣. 1. *In finem,* | ℣. 1. De David.
Psalmus David. |

Le titre est fort simple dans l'original.

SUJET DU PSEAUME.

Il est le même que celui du septiéme & de quelques-autres, où David prend Dieu à témoin de son innocence, & de ses intentions droites à l'égard de Saül son persécuteur, qui, pour justifier ses violences, accusoit David d'ambition & d'infidélité.

Ce Pseaume convient encore plus à Jesus-Christ qu'à David, & pour l'innocence, & pour les calomnies. Il est aussi la consolation des martyrs, & de tous ceux qui souffrent pour la justice. Et il est une prophétie pour tous les siécles, que les calomnies ne nuiront point aux gens de bien ; qu'en vain l'on s'efforcera de les confondre avec les méchans ; que Dieu les séparera des injustes ; & qu'il les fera entrer dans sa maison & dans son temple, dont ils ont toûjours désiré la gloire, & dont ils ont tâché, par toutes sortes de moyens, de se rendre dignes.

Ce Pseaume est aussi une grande ins-

truction pour tous ceux qui s'approchent de l'autel, ou pour y offrir le divin sacrifice, ou pour y participer. Et
les dispositions qu'ils doivent avoir,
sont clairement marquées par celles de
David, par son innocence & sa pure-
té : par sa patience dans les maux, & sa
constance dans les persécutions : par
son zele pour la gloire de Dieu : par sa
reconnoissance, & par son amour: & par
une application nouvelle à devenir jusqu'à la fin de sa vie plus saint & plus
pur.

Tous ces sens sont si liés, & si voisins, que ce seroit un soin inutile de
les traiter séparément. Le premier, qui
regarde David, étant bien entendu,
découvre tous les autres : & il suffira
dans l'occasion d'avertir par quelques
mots, que David n'est pas attentif à
lui seul dans ce cantique.

EXPLICATION DU PSEAUME.

Seigneur, soyez mon juge : car ma conduite est pure & innocente : j'espere en vous, & je ne se-	*Judica me Domine, quoniam ego in innocentiâ* meâ ingressus † sum, & in Domino spe-*

* *in integritate.* |. *in simplicitate* , S. Jérôme
† *Heb. ambulavi.*

Z iiij

rans, non infirma- | rai point ébranlé.
bor. *

* Heb. *Non deficiam.*|.S. Jérôme, *non vacillabo.*

Je ne puis avoir, ô mon Dieu, d'autre juge que vous. Mes ennemis ont toute l'autorité ; & ils ont intérêt, pour se justifier, que je sois coupable. Les récompenses sont pour ceux qui m'accusent, les disgraces pour ceux qui parleroient pour moi. Jonathas lui-même a failli à se perdre, pour avoir dit un mot en ma faveur. Tous ceux qui craignent, ou qui esperent, sont muets, ou me calomnient. Il n'y a que vous, Seigneur, de qui je puisse attendre justice.

Car ma conduite est pure & innocente. Vous sçavez avec quelle modestie j'ai vêcu depuis que Samuël m'a choisi pour régner sur Israël, & qu'au milieu de mes freres, il a versé sur ma tête l'onction royale. Je n'en ai pas été moins humble, ni plus dégouté de l'emploi de berger. Lorsque Saül m'a fait venir auprès de lui pour chasser les vapeurs noires qui le troubloient, & qu'il m'a fait son Ecuyer, je n'ai point pensé à m'établir à la cour, & je suis revenu à mes brebis avec une grande satisfaction. J'avois l'habit de berger, lorsque

je vainquis Goliath , & mon extérieur
pauvre m'avoit rendu si méconnoissable , que Saül après la victoire me de-
manda qui j'étois. Il avoit promis sa fil- *1. Ib. ch. 17. v. 25.*
le en mariage au vainqueur , mais je ne
pensai point à la demander. Et lorsqu'il *1. Ib. ch. 18. v. 18. & 23.*
me fit proposer l'aînée , & ensuite la
cadette , au cas que je me rendisse par
de nouveaux exploits digne de cette
alliance , je répondis toûjours qu'elle
étoit fort au-dessus de ma naissance &
de mes prétentions. Lorsqu'il m'a con- *Ibid. v. 17.*
fié une partie de ses troupes , je n'ai
pensé qu'à le bien servir , quoique je
susse qu'il ne m'en donnoit le commandement , que pour m'exposer aux
dangers. J'ai eû la confiance & l'estime *Ibid. v. 16, & 22.*
des grands & du peuple , sans m'en pré-
valoir. J'ai vû la jalousie, les défiances
& les mauvais desseins du prince , sans
prendre pour ma sûreté d'autre précaution , que la vigilance & la fuite. Je n'ai
fait ni liaison , ni traité avec personne.
Je n'ai entretenu intelligence ni au-
dedans, ni au dehors de l'Etat. Je suis
demeuré dans la simplicité & la modération d'une personne privée. Comme
je n'ai point désiré d'être choisi pour
Roy, je n'ai point désiré d'en avoir
l'autorité. J'ai compris de qui je tenois
la place ; & j'ai été bien aise de lui res-

sembler par l'humilité & la patience, parce que je sçai, que c'est par l'une & & l'autre qu'il doit régner.

J'espere en vous, & je ne serai point ébranlé. Mais je n'ai point fait consister l'humilité à douter de ma grandeur future, parce que ç'eût été douter des promesses divines. Je vis maintenant dans la bassesse & l'obscurité : mais je n'en suis pas moins sûr de régner un jour. Je ne veux employer aucuns moyens humains : mais ce n'est que parce que j'espere tout de la protection de Dieu. Personne ne m'ôtera cette espérance, & il n'est pas au pouvoir de personne de la rendre vaine. La main sur laquelle je m'appuye, est celle du tout-puissant : & toutes celles qui s'efforcent de me renverser, sont les mains des enfans des hommes. Ils ne voyent que ma foiblesse, & ils se trompent. Je ne vois que mon défenseur, & je suis en repos. Ils passeront ; & leur haine impuissante passera avec eux. Mais celui qui m'a destiné au trône, est un Roy immortel.

℣. 2. *Proba me Domine, & tenta me : ure renes meos, & cor*	℣. 2. Eprouvez-moi, Seigneur, & éxaminez ce que je suis. Eprouvez par le feu

mes reins, & mon | *meum.*
cœur.

On peut donner quelque vrai-semblance aux accusations qu'on forme
contre moi. On sçait que je ne désa-
voüe pas que je suis Roy, & que je
déclare, quand il le faut, que c'est vous,
Seigneur, qui m'avez choisi pour conduire votre peuple. On voit que je re-
fuse de rentrer dans la condition d'un
homme privé, & que je ne congédie
pas ceux qui m'ont suivi dans le désert.
On connoît les inquiétudes que ma
retraite donne à Saül; & bien des gens
trouvent ses défiances bien fondées.
Mais vous sçavez, ô mon Dieu, si je
me conduis en cela par des vûës d'ambition, & si je veux régner comme les
princes de la terre. Mon royaume n'est
pas comme le leur. Il a une origine
céleste, & il n'est pas de ce monde.
Je ne pense qu'à vous obéïr, dans le
tems qu'on me poursuit comme rebelle.
Je ne désire que la paix, lorsqu'on me
traite comme un séditieux. Je n'ai pas
la moindre impatience, que la vie & le
régne de Saül soyent terminés. Je ne
forme aucun dessein pour l'avenir, &
qui soit fondé sur sa mort. Personne
n'est plus zélé que moi pour son ser-

vice & pour sa gloire ; & je serois bien
fâché de comparer ma fidélité à celle
de tant de flateurs, qu'il regarde comme
ses amis.

Mais, Seigneur, qui d'entre les hommes
est assez juste & assez désintéressé pour
juger de mes dispositions par les siennes!
Et qui me croira capable d'une si grande modération, & d'une si éxacte probité, en se mettant avec moi dans les
mêmes circonstances où je suis! Il n'y
a que vous qui connoissiez mon cœur,
& mes plus secrets désirs. J'expose à
vos yeux ce qu'il y a dans moi de plus
caché. Portez vos regards jusqu'où je
ne puis aller moi-même. Sondez un abîme impénétrable à mon égard. Je ne
crois pas que vous y découvriez aucun
mouvement d'ambition, aucun em-
pressement pour régner, aucun sentiment contraire à la plus éxacte fidélité.
J'ose sur cela demander l'éxamen le
plus sévére ; & je ne crains point la plus
rigoureuse épreuve, ni la plus souvent réïtérée.

℣. 3. *Quoniam misericordia tua ante oculos meos est, & complacui * in veritate tuâ.*	℣. 3. Car votre miséricorde m'est toûjours présente, & votre vérité est la régle de ma conduite.

* ambu-
  lavi.

Je n'ai garde d'employer des moyens humains pour faire réüſſir vos deſſeins de miſéricorde ſur moi, ni d'aſſurer la vérité de vos promeſſes par des voyes injuſtes. Je ſçai par quelle bonté vous m'avez choiſi. Je ſçai à qui je me fie en eſpérant en vous. Votre amour, & votre fidélité, ſont l'unique objet de mes penſées. Je ne les perds jamais de vûë, & elles font ma conſolation & ma ſûreté. Car, Seigneur, qui s'oppoſeroit à votre miſéricorde ! Ou qui pourroit mettre obſtacle à votre vérité ! Ne m'avez-vous pas connu, quand vous m'avez choiſi ! Avez-vous fait dépendre mon élection de mes mérites ! Et ceux que vous m'avez préparés, ne doivent-ils pas être l'effet & non la cauſe de votre amour ! Pouvez-vous oublier ce que vous avez promis ! Etes-vous capable de promettre ce que vous ne pouvez accomplir ! Et tous les dons qu'il vous a plû de renfermer dans une promeſſe abſoluë, ſont-ils ſujets au repentir !

℣. 4. Je n'ai point fait de liaiſon avec des hommes trompeurs; & je n'ai point

℣. 4. *Non ſedi cum concilio* * *vanitatis ; & cum iniqua gerentibus*

* מתי שוא *viris mendacii.*

non introibo. |eu d'union avec des hommes diſſimulés.

Le terme original * qui a été traduit par l'interprête Latin, *iniqua agentes*, ſignifie des hommes couverts & cachés, qui montrent ce qu'ils ne penſent pas, & qui ſont habiles à feindre & à diſſimuler.

* נעלמים *homines tecti, vafri, verſuti, qui cor tegunt & ſimulant.*

Je n'ai dans aucun tems aimé l'artifice, & le déguiſement. A la cour, comme à la campagne, je n'ai fait cas que de la vérité. Ce qu'on appelle intrigue, politique, myſtere, m'a toûjours parû une lâche tromperie, & une étude honteuſe du menſonge. J'ai regardé tous ceux qu'on eſtime dans le monde comme de grands hommes d'état, parce qu'ils ſçavent tromper les autres par une profonde diſſimulation, comme des hommes corrompus, qui ont intérêt de cacher leurs ſentimens parce qu'ils ſont injuſtes, & qui mériteroient la haine publique, ſi leur cœur étoit connu de tous.

J'aurois pû, ſi j'avois voulu, m'attacher pluſieurs perſonnes de ce caractere. Ils ſeroient entrés dans mes paſſions, ſi j'avois conſenti à favoriſer les leurs ; & je ne doute point , que ceux qui m'ont offert leurs services, dans le tems où je paroiſſois pouvoir préten-dre à tout , ne m'ayent regardé depuis ma diſgrace , comme un homme peu ha-bile pour ſa fortune , & peu capable d'une premiere place. Mais je leur laiſſe ſans envie , la gloire d'exceller en perfi-die. Je ne connois de chemin ſûr , que l'éxacte & ſimple vérité. Je ne veux rien de ce qu'on ne peut obtenir, que par le menſonge. La ſouveraine puiſſance ne me tente pas , s'il faut, pour y arri-ver, manquer à quelqu'un de mes de-voirs. Tout ce qui n'eſt poſſible que par d'injuſtes moyens, eſt impoſſible à mon égard. J'attends tout de Dieu ; & je ſerois bien malheureux, ſi je me ren-dois indigne de ſa miſéricorde , & de ſa bonté , en employant l'injuſtice & le menſonge.

℣. 5. J'ai haï l'aſ-ſemblée des méchans; & je n'ai point pris place parmi les im-pies.

℣. 5. Odivi Ec-cleſiam malignan-tium , & cum im-piis non ſedebo.

On appelle ordinairement ſages & prudens , ceux qui ſçavent diſſimuler, & qui ſont aſſez habiles pour ſe joüer des autres hommes. Mais pour moi, je les ai toûjours regardés comme les ennemis de la société publique : comme des gens sans conscience, & sans honneur : comme des impies qui convertissent la religion en politique, & comme plus coupables que les méchans les plus déclarés; parce qu'à tous les autres vices, ils ajoûtent l'hypocrisie. J'ai toûjours mis entre moi & ces hommes marqués, le plus grand intervalle que j'ai pû. Je leur ai refusé ma confiance, & n'ai point voulu de la leur. J'ai méprisé leur bassesse lorsque j'étois en crédit ; & je la méprise encore dans l'état d'humiliation où je suis réduit. Je ne me repens point de n'avoir ménagé aucun de ceux qui parlent aujourd'hui à Saül contre moi, & qui ont souvent essayé de me sonder en me parlant contre lui. Une misere plus grande que celle où je suis réduit, ne me portera point à recourir à eux. Je hais leur malice & leur fourberie ; & bien-loin de vouloir parvenir au trône par leurs intrigues & leur cabale, j'en descendrois si j'y étois parvenu, & que je ne pusse m'y maintenir, que par de si indignes moyens.

℣. 6. *Lavabo inter innocen-* | ℣. 6. Je laverai mes mains, & je les rendrai

rai pures : & j'envi- | tes * *manus meas ;*
ronnerai votre autel , | *& circumdabo al-*
Seigneur. | *tare tuum Domine.*

* Il y a dans l'original , *in innocentiâ*, & S.
Jérôme traduit ainſi. C'étoit une loi pour les
Prêtres de ſe laver les mains , & même les pieds
avant le ſacrifice. Voïez Exode chapitre 30. verſet 19. C'eſt à cet uſage que David fait allu-
ſion.

Il n'eſt pas néceſſaire que je régne ,
mais il eſt néceſſaire que je vive ſans
crime. Lorſque je régnerai, ce ſera pour
le bien des autres : mais lorſque je con-
ſerve l'innocence & la vertu, c'eſt pour
moi. Je ne préfere pas ce qui m'eſt étranger, à ce que je ſuis ; & je m'eſtime plus
que le monde entier, s'il faut l'acheter
aux dépens de ma conſcience. Saül &
ceux qui l'irritent contre moi , ne connoiſſent rien de plus grand, que la ſouveraine autorité,& ils me croïent capable de
ſacrifier tout pour elle, parce qu'ils n'hé-
ſiteroient pas à le faire. Mais je ne connois de véritable grandeur , que celle
d'être véritablement homme de bien ;
ni d'ambition raiſonnable ,que celle de
tâcher à le devenir davantage. Je regarde tout le reſte comme n'étant déja
plus, parce que dans quelques momens
il ceſſera d'être. Mais l'innocence eſt un

bien éternel, & la seule voye pour régner toûjours. Je travaillerai donc sans
relâche à purifier mes mains , non comme le font les hypocrites , qui substi-
tuent l'eau à l'innocence , & les mains
à leur cœur. Je ne compte pour pur ,
que ce qui l'est aux yeux de Dieu. Je
crains ses yeux , mais je ne crains que
les siens. Je veux lui plaire , mais c'est
à lui seul que je le veux.

*Et circumdabo** *altare tuum Do-mine.*	Et j'environnerai votre autel, Seigneur.

* Voyez le Pseaume suivant , verset 11. selon
les Septante , & le Pseaume 117. verset 25.

Ceux qui me poursuivent comme
l'ennemi de l'état , & comme un homme dévoré par une ambition furieuse,
me connoissent bien peu. Je ne suis
occupé que du soin de me conserver
dans une telle innocence , que je sois
en état d'approcher de l'autel , dès que
j'en aurai la liberté. Je ne trouve rien
de dur dans mon éxil , que d'en être séparé. Je ne me promets point de plus
douce consolation , quand la paix me
sera renduë , que celle d'y offrir des victimes qui tiennent ma place , & qui
soient l'image de mes sentimens. Et le

privilége attaché à la royauté qui me
flatte le plus, est qu'il ne fera au pouvoir de personne, de m'interdire la vûë
du tabernacle & de l'autel, & de mettre obstacle à ma religion & à ma piété.

ꝟ. 7. Afin que je publie vos loüanges; & que j'annonce toutes vos merveilles.	ꝟ. 7. *Ut audiam vocem laudis, & enarrem universa mirabilia tua.*

Il est mieux de traduire : *ut audiri faciam*,
comme une ancienne note des Hébreux nous en
avertit.

Les Masoretes avertissent qu'au lieu de lire,
לשמע comme il est écrit, il faut lire לישמיע,
& cette note est bien fondée.

Je me répandrai alors en actions de
graces, sans que personne ait droit de
me réduire au silence. Je publierai alors
à haute voix, ce que je retiens maintenant dans le secret de mon cœur. Je
donnerai aux Lévites les cantiques que
Dieu m'inspire dans mon éxil pour me
consoler ; & ils les feront retentir sur
les instrumens de musique dans les
solemnités d'Israël. On sçaura pour
lors, ô mon Dieu, tout ce que vous
m'avez révélé, tout ce que vous avez
fait pour moi ; tout ce que vous m'a-
vez promis. Je joindrai aux graces que
j'ai reçûës de vous, le souvenir de vos

anciennes merveilles. Je deviendrai plûtôt votre Prophéte & votre Pontife ,
que le Roy de votre peuple. Et ces
tems me paroiſſent ſi voiſins & ſi proches , que pendant qu'on me croit perdu , & qu'on traite mes eſpérances de
vaines chiméres , je prépare déja les cantiques d'actions de graces pour le jour
ſolemnel où vous m'établirez ſur le
trône.

⅄. 8. *Domine, di-*	⅄. 8. Seigneur , j'ai
lexi decorem **do-*	aimé la beauté de vo-
mus tua , & lo-	tre maiſon , & le lieu
cúm habitationis	où réſide votre gloi-
glória tua.	re.

* *habitaculum* , S. Jérôme. Dans le fond
c'eſt la même choſe, que ce que l'interprête Latin , après les Septante , a voulu dire.

Mon premier ſoin , lorſque toutes
les Tribus m'auront reconnu pour leur
chef , ſera de faire rendre à l'Arche de
votre alliance , ô mon Dieu , le culte
qui lui eſt dû ; de la tranſporter avec
toute la pompe digne d'elle , de la maiſon particuliere où elle eſt comme ou-
bliée , depuis qu'elle a été captive chez
les ennemis de votre nom ; de lui préparer un tabernacle ſur la montagne de
Sion , où vous m'avez appris que vous

voulez établir le centre de la religion ; &
de changer enfuite ce tabernacle en un
temple majeftueux , qui par fa magnificence ait quelque proportion avec votre fuprême grandeur.

Je ne confens à être Roy , que pour
être plus en état de faire une dépenfe,
qui eft au-deffus des forces d'un particulier. Je deftine à cela toutes les dé-
poüilles des ennemis que vous me fou-
mettrez. J'y confacre dès maintenant
une grande partie des revenus, dont vous
me rendrez le maître. J'amafferai , par
mes épargnes , un fond qui étonnera
les Princes les plus riches. Je mettrai
un grand ordre dans le culte public qui
vous fera rendu , dans les familles facer-
dotales , dans les fonctions des Lévites,
dans les folemnités , dans le chant, dans
tout ce qui pourra contribuer à votre
gloire. Et je penfe dès maintenant, avec
une confolation infinie , que je ferai lo-
gé aux portes de votre temple , que
j'habiterai dans fes parvis ; & qu'il me
fera permis d'aller, dans tous les tems, me
profterner devant votre fanctuaire , &
de m'y abandonner à la joye de me con-
facrer pleinement à vous , & d'inviter
tout le monde au même devoir.

℣. 9. Ne confon- | ℣. 9. Ne per-

das * cum impiis | dez point mon ame
Deus animam | avec les impies : *Ou:*
meam, & cum vi- | ne rendez point ma
ris sanguinum vi- | mort égale à celle des
tam meam. | impies : ne m'ôtez
 | point la vie comme
 | aux homicides.

* Heb. *ne auferas*, ou, *ne colligas* אסף a ces deux significations , & l'une & l'autre conviennent ici.

Je ne borne point mes défirs à cette feule félicité d'être auprès de votre temple en cette vie. Il y a un autre lieu que le tabernacle , où vous montrez votre gloire. Vous avez ailleurs un autre trône que l'arche. Vous habitez dans un fanctuaire que la main des hommes n'a point formé , & qui eft inacceffible aux injuftes. Ils font maintenant les maîtres de tous les lieux,où nos peres vous ont adoré. Ils font en poffeffion , & du tabernacle , & de l'arche. Tous les dehors de la religion font à eux , & toutes les apparences d'une entiere excommunication me conviennent. Je fuis chaffé de toutes les affemblées. On défire que je ferve des Dieux étrangers. On publie même que je fuis coupable de cette apoftafie ; & ma retraite chez les infideles , ou dans leur voifinage , fert de prétexte à cette

calomnie. Mais tout ce qui n'eſt qu'extérieur, me touche peu. Les opinions
des hommes ne ſont rien. Ma crainte
n'eſt pas qu'ils me confondent avec les
injuſtes : mais que ce ſoit vous, Seigneur, qui me confondiez avec eux.
Je conſens à le paroître, mais non à le
devenir. J'aurai, ſi vous le voulez, l'humiliation de leur reſſembler toute ma
vie, en demeurant éloigné de votre
autel & de votre maiſon : mais ſéparez-
moi d'eux à la mort ; & mettez de la
différence dans le terme, ſi vous voulez
nous confondre dans le chemin.

Je ne demande point à être délivré
de la mort : c'eſt une loi générale ; &
ce ſeroit un malheur que d'être immortel dans le lieu de mon éxil. Je ne demande point non plus de mourir avec
plus de gloire, plus de tranquillité,
plus de regrets de la part de mes ſujets, que les injuſtes. La plûpart d'entr'eux paroiſſent en mourant plus heureux que les gens de bien, dont pluſieurs meurent dans l'oppreſſion & la
miſere. Et quelle différence d'ailleurs y
auroit-il, entre ma mort & celle des plus
méchans, ſi le moment qui la ſuivroit,
rendoit tout égal. Je demande donc,
Seigneur, que vous ne me jugiez pas
comme eux à la mort ; que vous ne m'en-

veloppiez pas dans leur condamnation; que vous ne me sépariez pas comme eux de l'assemblée des justes ; que vous ne me refusiez pas comme à eux, l'entrée de votre maison éternelle. Ceux qui vous aiment, entendront tout le sens de cette priere. Ceux qui ne l'approfondiront pas , mériteront bien de n'y avoir aucune part. Et ceux qui chercheront à l'obscurcir , malgré l'évidence des termes dont je me sers, seront plus coupables que les infidéles : *Ne confondez point mon ame avec les impies : ne rendez pas ma mort égale à celle des méchans.*

*Et cum viris sanguinum * vitam meam.*	Ne m'ôtez point la vie comme aux homicides.

* *homicidis.*

L'injustice & l'homicide sont presque inséparables. Toutes les passions sont extrêmes. Les plus douces en apparence, deviennent enfin cruelles , si elles ne peuvent obtenir ce qu'elles désirent, que par des moyens inhumains. Elles n'ôtent pas toûjours la vie à ceux qui leur résistent , mais elles portent toûjours à désirer qu'ils ne soient plus : & ils ne seroient plus en effet , si le désir étoit tout-puissant. Ils ne doivent leur conservation qu'à sa foiblesse : & le cœur

est

est homicide alors, quoique la main soit innocente. Il n'y a que la vertu, qui soit patiente & modérée jusqu'à la fin. Il n'y a que la charité qui ne s'irrite jamais, parce qu'elle est toûjours désintéressée. Elle ne haït personne, parce qu'elle n'aime rien de ce qu'on lui peut ôter. Et elle ne se porte jamais à des moyens injustes, parce qu'elle ne veut conserver que la justice.

Vous m'avez fait, Seigneur, la grace de me mettre dans ces dispositions. Conservez-les jusqu'à la fin; & ne permettez pas que l'injuste persécution qu'on me fait, me porte enfin à imiter ceux qui me persécutent, à rendre le mal pour le mal, à opposer la haine à la haine, à désirer la mort de ceux qui ne pensent qu'à m'ôter la vie. *Ne m'ôtez point la vie comme aux homicides.*

℣. 10. Le crime est dans leurs mains, & la récompense est dans leur droite.

℣. 10. *In quorum manibus iniquitates * sunt, dextera eorum repleta est muneribus.*

* זִמָּה *Scelus.*

Lorsque la calomnie est récompensée, elle devient bientôt générale; & lorsqu'on peut s'avancer par le crime, il devient bientôt public. Saül n'a eu besoin que de dire une fois à ceux qui font dans les emplois & les charges ; que le fils d'Ifaï ne fçauroit leur donner ni biens, ni revenus, & toute fa cour eft devenuë pleine de délateurs contre moi, & contre ceux qui m'ont rendu quelque fervice. Un feul mot de Doëg contre le grand-prêtre Achimelech, qui m'avoit donné quelqu'affiftance dans mon extrême néceffité, a coûté la vie non feulement au fouverain pontife, mais encore à quatre-vingt-cinq prêtres revêtus de l'habit facerdotale, & à tous les habitans de Nobé. Il n'y a point de crimes que l'avarice ne confeille. Il n'y a point de noirceurs, dont une ame intéreffée, & dès-lors lâche & perfide, ne foit capable. Et l'éxemple de ceux qui ont renoncé les premiers à la pudeur & à la probité pour s'avancer, & qui par de tels moyens y ont réuffi, entraîne enfin les autres, & ôte au crime la honte en le rendant univerfel.

| ⅴ. 11. *Ego autem in innocentiâ mea ingreffus * fum : redime me, & miferere mei.* | ⅴ. 11. Pour moi je continuerai à marcher dans l'innocence : rachetez - moi, Seigneur ; & prenez pitié de moi. |

Empêchez, Seigneur, que la corruption générale ne devienne pour moi une tentation. Faites que le crime soit toûjours à mon égard auſſi horrible, que s'il étoit ſans éxemple. Otez-lui les dehors de la faveur & de l'autorité, qui cachent ſa honte & ſa malice. Augmentez l'amour que vous m'avez donné pour l'innocence & la vertu. Apprenez-moi à faire plus d'état d'une conſcience droite, que de tous les tréſors de la terre. Faites que j'aye le même reſpect pour la juſtice, lors même qu'elle eſt opprimée, que j'aurois pour elle ſi elle étoit ſur le trône. Affermiſſez-moi contre le torrent des paſſions & des préjugés des hommes. Délivrez-moi de ce ſiécle injuſte & corrompu. Continuez-moi les miſéricordes dont vous m'avez comblé juſqu'ici. Préparez-moi à en recevoir de nouvelles, par la reconnoiſſance. Et ne permettez pas que j'attribuë à mes mérites le diſcernement que vous avez fait de moi, & d'une infinité de perſonnes qui ne connoiſſent ni vous ni la piété : puiſque ce diſcernement n'eſt fondé que ſur votre miſéricorde ; & que ſi vous ne m'aviez délivré de l'aveuglement général, je ſerois dans les mêmes ténébres que tous les autres. *Rachetez-moi Seigneur, & prenez pitié de moi.*

✳. 12. *Pes meus stetit in directo : in Ecclesiis benedicam te* ✳ *Domine.*

✳. 12. Mes pieds s'affermissent de plus en plus dans la droite voye : je vous bénirai, Seigneur, dans les assemblées.

✳Heb. *be-nedicam Domino.*

J'espere, Seigneur, par votre protection que je demeurerai ferme dans le bien, & que la contagion générale ne servira qu'à m'affermir. Je comprendrai par le malheur des autres, quel est mon bonheur. Je conserverai avec soin un trésor devenu fort rare. Je me souviendrai de tout le bien que j'ai reçû de la piété. Je ferai de sérieuses réfléxions sur tout ce que vous avez fait pour moi jusqu'ici. Et je m'attacherai fortement à vous, pour me rendre digne des promesses qui n'ont pas encore été accomplies. Ce que j'ai éprouvé, me répond de ce que j'attends. Les obstacles à mon établissement, cesseront. Ce qui est aujourd'hui, demain ne sera plus. La puissance qui paroît si redoutable à des hommes qui ne voyent que le présent, est une fleur qui séche aussi promptement que celle de l'herbe. Votre vérité, Seigneur, triomphera de tout. Elle s'accomplira, comme vous me l'avez révélé. Les délais viennent de vous, & non de mes ennemis. Lorsque vous

vous ferez fervi d'eux pour m'éprouver, ils difparoîtront. Et vous me conduirez par la main jufqu'au trône, & ce qui m'eft infiniment plus précieux, jufqu'à votre autel, que je chargerai de victimes en actions de graces, & devant lequel je chanterai, & j'apprendrai à toute votre Eglife à chanter avec moi vos miféricordes, & vos bienfaits. Mes cantiques pafferont d'âge en âge : d'une Eglife, ils feront tranfmis à une autre. Votre Efprit qui me les a dictés, m'apprend qu'ils feront éternels; & que tous ceux qui vous connoîtront, vous béniront avec moi, & par mon miniftere. *Je vous bénirai, Seigneur, dans les affemblées.*

PSEAUME XXVI.

ⅴ. 1. **D**E David.	ⅴ. 1. **P**Salmus David priufquam liniretur.
Le Seigneur eft ma lumiere, & mon falut : Qui craindrai-je !	Dominus illuminatio mea, & falus mea : quem timebo ?
Le Seigneur eft le protecteur de ma vie :	Dominus protector vita mea : à

quo trepidabo?

qui pourra m'intimider?

℣. 2. *Dum appropiant super me nocentes: ut edant carnes meas.*

℣. 2. Dans le tems que les méchans étoient tout prêts à me dévorer.

Qui tribulant me inimici mei: ipsi infirmati sunt, & ceciderunt.

Mes persécuteurs & mes ennemis se sont heurtés, & sont tombés.

℣. 3. *Si consistant adversùm me castra: non timebit cor meum.*

℣. 3. Quand une armée camperoit autour de moi, mon cœur ne craindra point.

Si exurgat adversùm me prælium: in hoc ego sperabo.

Si cette armée en vient au combat contre moi: dans le combat même je serai plein de confiance.

℣. 4. *Unam petii à Domino, hanc requiram: ut inhabitem in domo Domini omnibus diebus vitæ meæ.*

℣. 4. J'ai demandé une seule chose au Seigneur; & je ne cesserai de la lui demander: c'est d'habiter tous les jours de ma vie dans la maison du Seigneur.

Ut videam voluptatem Domini: & visitem tem-

Afin que je contemple les beautés que le Seigneur y a tracées,

& que j'étudie avec attention son temple.

℣. 5. Car il me couvrira de l'ombre de son tabernacle, dans les jours d'affliction : il me retirera dans le secret de son temple.

℣. 6. Il me placera sur une roche élevée : & dès maintenant il me rendra supérieur à tous mes ennemis, qui sont autour de moi.

Je lui offrirai dans son tabernacle des sacrifices accompagnés de cris de joye. Je chanterai des cantiques & des hymnes à la loüange du Seigneur.

℣. 7. Seigneur, écoutez ma voix, je crie vers vous : ayez pitié de moi, & éxaucez-moi.

℣. 8. Mon cœur

plum ejus.

℣. 5. Quoniam abscondit me in tabernaculo suo : in die malorum protexit me, in abscondito tabernaculi sui.

℣. 6. In petrâ exaltavit me : & nunc exaltavit caput meum super inimicos meos.

Circuivi, & immolavi in tabernaculo ejus hostiam vociferationis: cantabo, & psalmum dicam Domino.

℣. 7. Exaudi, Domine, vocem meam, quâ clamavi ad te : miserere mei, & exaudi me.

℣. 8. Tibi dixit

cor meum, exquisivit te facies mea : faciem tuam, Domine, requiram.
vous parle : mon visage vous cherche : Seigneur, je chercherai toûjours le vôtre.

℣. 9. Ne avertas faciem tuam à me : ne declines in irâ à servo tuo.
℣. 9. Ne me cachez pas votre visage : ne vous détournez point de votre serviteur dans votre colere.

Adjutor meus esto, ne derelinquas me : neque despicias me, Deus salutaris meus.
Vous êtes mon appui, ne me quittez pas, ne m'abandonnez pas, ô Dieu mon Sauveur.

℣. 10. Quoniam pater meus & mater mea dereliquerunt me : Dominus autem assumpsit me.
10. Car mon pere & ma mere m'ont abandonné : mais le Seigneur a pris soin de moi. *à la lettre :* m'a ramassé.

℣. 11. Legem pone mihi, Domine, in viâ tuâ ; & dirige me in semitam rectam propter inimicos meos.
℣. 11. Seigneur enseignez-moi votre voye, & conduisez-moi dans un sentier droit à cause de mes ennemis.

℣. 12. Ne tradideris me in animas tribulantium me : quoniam insurrexerunt in me te-
℣. 12. Ne m'abandonnez pas à la passion de ceux qui me persécutent : parce que de faux témoins

se sont élevés contre moi, & que leur iniquité, *ou*, calomnie, est évidente : *ou* : & qu'ils ont avancé en l'air des calomnies contre moi.

℣. 13. Je suis certain de voir un jour les biens du Seigneur dans la terre des vivans.

℣. 14. Attendez le Seigneur, agissez courageusement : que votre cœur se fortifie , & attendez le Seigneur.

stes iniqui, & mentita est iniquitas sibi.

℣. 13. Credo videre bona Domini, in terrâ viventium.

℣. 14. Expecta Dominum, viriliter age : & confortetur cor tuum, & sustine Dominum.

TITRE DU PSEAUME.

Dans l'original il y a simplement, *de David.* Les Septante tels que nous les avons , ajoûtent : *avant qu'il fût sacré, πρὸ τȣ̃ χριϑῆναι : priusquam ungeretur* , ou , comme a traduit l'interprête Latin , *liniretur.* Quelques exemplaires Grecs avoient cette inscription , au rapport de Theodoret : mais celui des éxaples ne l'avoit pas. On peut la regarder comme une preuve , que c'étoit la pensée des anciens que David composa ce Pseaume , avant qu'il fût sacré à Hébron par la Tribu de Juda , ou par toutes

S. Jérôme, David.

2. Livre des Rois, ch. 2. v. 5.

les Tribus d'Ifraël, & qu'il étoit alors perſécuté par Saül. Cette penſée eſt très-conforme
à la vérité. Et ceux qui different ce Pſeaume
juſqu'à la vieilleſſe de David, ne l'ont pas éxa-
miné avec ſoin : car tout ce qui y eſt dit, a un
rapport viſible au tems de Saül.

SUJET DU PSEAUME.

Il eſt en bien des choſes conforme
à celui du Pſeaume précédent. Mais
dans celui-ci, David fait paroître une
confiance, qui ſemble être le fruit & la
récompenſe de la priere qui a précédé.

Sous l'image de ſes perſécutions, il
prédit celles des martyrs & des élus : &
ſa confiance dans le ſecours de Dieu, eſt
une aſſurance pour les ſaints, que rien
ne ſera capable de les ſéparer de ſon
amour.

Il couvre ſon déſir des biens futurs,
& du ciel, ſous l'empreſſement qu'il a
de voir le ſanctuaire où Dieu réſide.

Il eſt clairement la figure de Jeſus-
Chriſt, non ſeulement dans ſes perſécutions, & dans la promeſſe qui lui eſt faite
que tous ſes ennemis lui ſeront ſoumis :
mais dans le deſſein qu'il a de ne régner
que pour faire régner la piété, & pour
contribuer à la gloire de la maiſon de
Dieu.

Il apprend aux ſaints à prier, & à

rendre graces ; à joindre l'espérance à la crainte ; à mettre en Dieu toute leur confiance , & à ne jamais préſumer d'eux-mêmes ; à ne ſe décourager jamais dans le danger , & à ne ſe croire jamais hors du péril.

EXPLICATION DU PSEAUME.

℣. 1. Le Seigneur eſt ma lumiere , & mon ſalut : Qui craindrai-je !

℣. 1. *Dominus illuminatio mea, & ſalus mea , quem timebo ?*

Il ne paroît du côté des hommes aucune apparence de ſalut pour moi. Tout ce qui m'environne, n'eſt capable que de m'intimider. Une ſombre nuit me couvre & m'enveloppe. Mes amis ſont plongés dans la triſteſſe ; & leur découragement eſt peu différent du déſeſpoir. Mais je ne ſuis attentif qu'à Dieu , & à ſa bonté. Son viſage ſerein me raſſure contre toutes mes craintes. Il me regarde avec des yeux qui me promettent tout, & qui m'exhortent à tout eſpérer. Il eſt ma lumiere, & ma joye. Il écarte toutes les penſées affligeantes. Il prévient tous mes doutes. Il me découvre dans l'avenir mille ſujets de conſolation. Il m'apprend que c'eſt lui ſeul qui ordonne tout ce qui m'arrive ; & il m'inſtruit des raiſons de ſa conduite, & du fruit que j'en dois tirer. Il me dit, mais en des termes qui ne ſe peuvent répéter, qu'il eſt mon ſalut. Il le dit d'une maniere ſi claire, que je ne puis en douter, & ſi efficace, que mon cœur en eſt tranſporté de joye. Quelle nuit une telle lumiere n'eſt-elle pas capable de diſſiper ? Quels dangers peuvent paroître grands en préſence d'un tel libérateur ! Que ſont les hommes devant Dieu ? Que peut l'argile contre l'ouvrier qui la manie & la figure ! Quels ennemis puis-je craindre, ſi Dieu eſt mon défenſeur, & leur ennemi.

Dominus protector vitæ meæ, à quo trepidabo ?	Le Seigneur eſt le protecteur de ma vie, qui pourra m'intimider !

On leve contre moi des armées. On promet des récompenſes à tous ceux qui pourront m'ôter la vie, ou découvrir mes retraites. On choiſit les plus hardis & les plus vîtes à la courſe, pour me ſuivre juſqu'aux rochers les plus eſcarpés. Mais je demeure tranquille au milieu de tant de périls & de tant d'ennemis, parce que Dieu s'eſt chargé du soin de ma vie. Elle est dans ses mains : Il en est garand. Il faudroit ou le vaincre, ou le surprendre, pour arriver jusqu'à moi. Tout ce qu'on fait contre moi, le regarde avant moi. C'est sa cause, plus que la mienne : Il s'agit de sa gloire plus que de ma vie. Et comme je sçai qu'on ne surmontera ni sa puissance, ni sa sagesse, ni son amour, je suis aussi sûr que mes ennemis ne pourront rien contre moi, que je suis assuré que Dieu est invincible.

Tout le monde en lisant ceci se souvient de ce que dit l'Apôtre : *Si Dieu est pour nous, qui sera contre nous ?* Mais pour entrer dans tout le sens de cette parole, & de celle de David, il faut les regarder comme dites au nom de tous les élus, qu'aucune créature ne sera capable de séparer de l'amour de Jesus-Christ qui les a reçûs de son Pere, & qui ne souffrira pas qu'aucun de leur nombre périsse.

Rom. ch. 8. v. 31.

Ibid. 32.

℣. 2. Dans le tems que les méchans étoient tout prêts à me dévorer.	℣. 2. *Dum appropiant super me nocentes, ut edant carnes meas.*

La haine que me portent mes ennemis va plus loin que la fureur. Ils vou-

droient pouvoir me mettre en piéces,
manger ma chair, & se désaltérer de
mon sang. Ils me cherchent dans ce
dessein : ils me poursuivent sans relâche : ils sont prêts de me saisir ; & je ne
suis séparé d'eux, que par une très-pe-
tite distance. Mais je me regarde comme dans un lieu inaccessible pour eux.
Je vois sans frayeur ces bêtes carnacieres, parce qu'elles sont renfermées, &
que je suis en liberté. La protection de
Dieu a mis entre moi & ces furieux
une barriere invisible, contre laquelle ils
font d'inutiles efforts. Les lions & les
tigres trouvent par tout le pasteur, &
jamais la brebi. Je le vois ce pasteur,
qui se jouë de tout ce qui m'épouvante.
Il me rassure par un souris ; & il met en
fuite mes ennemis par un seul regard
plein de menaces.

*Qui tribulant ** *me inimici mei, ipsi infirmati † sunt, & ceciderunt.*	Mes persécuteurs & mes ennemis se sont heurtés, & sont tombés.

* Heb. *Hostes mei , & inimici mei.*
† כשלו *impegerunt, corruerunt, collapsi sunt.*

Plusieurs fois toutes les troupes qu'on
avoit levées contre moi, se sont inutilement lassées à me chercher. Tous les

projets de mes ennemis se sont exhalés en fumée. Leur haine & leur fureur se sont terminées à des désirs impuissans. Autant de fois qu'ils m'ont attaqué, autant de fois une main invisible les a renversés. Qui cherchez-vous ? disoit mon pasteur : & tout le monde à ce seul mot tomboit par terre. La fin répondra à ce que j'ai si souvent éprouvé. Une seule journée fera périr tous ceux qui sont maintenant attentifs à ma perte. Et l'on m'apportera, lorsque j'y penserai le moins, le diadême de mon principal ennemi.

℣. 3. Quand une armée camperoit autour de moi , mon cœur ne craindra point.	℣. 3. *Si consistant adversùm me castra , non timebit cor meum.*

J'ai vû quelquefois d'une hauteur l'armée entiere des ennemis campée dans un vallon, & j'ai osé en me confiant en Dieu, traverser le camp moi seul avec un écuyer, & emporter de la tente du prince ce que j'ai voulu. Je me suis vû réduit à un rocher dont une partie de l'armée faisoit l'enceinte, & l'autre s'attachoit à me suivre : & dans ce péril , qui paroissoit inévitable , je n'ai

1. Livre des Rois, ch. 26. v. 7.

1. Livre des Rois, ch. 23. v. 26.

point perdu l'efpérance. Une autre fois je n'avois pour toute retraite qu'une caverne, dont tous les environs étoient occupés par mes ennemis, fans qu'il me reftât aucune iffuë : & mon protecteur me livra dans ce moment le prince qui me pourfuivoit. Quand donc je ferois feul expofé à tous les traits de mes ennemis, & qu'ils m'environneroient de toutes parts : je n'en ferois que plus intrépide : parce que ce feroit alors à Dieu même à me défendre ; & que rien n'étant poffible en cette occafion à la prudence & à la force humaine, il me paroîtroit évident, que ce feroit le moment que Dieu fe feroit réfervé pour faire éclater fa miféricorde & fon pouvoir.

1. Livre des Rois, ch. 24. v. 4.

*Si exurgat adverfùm me prælium, in hoc * ego fperabo.*	Si cette armée en vient au combat contre moi : dans le combat même je ferai plein de confiance.

* בזאת il fe rapporte à מלחמה & je ne vois point pourquoi l'on traduiroit, *in hâc re*, comme le prétendent quelques interprêtes, en le liant avec les premiers verfets.

Si Dieu permettoit que la fuite, la
vigilance,

vigilance, & toutes les précautions dont je me sers, ne pussent me garantir de mes ennemis, & que je fusse seul à soutenir tous leurs efforts, dans cette extrêmité même je serois plein de confiance ; parce que ce n'est pas sur moi qu'elle est fondée, & que celle que j'ai en Dieu n'est pas bornée à certains dangers, ni à certaines circonstances. Je dois éviter tout ce qu'il m'est possible d'éviter. Ce n'est point à moi à attaquer, parce que ce n'est point à moi à m'exposer : je serois alors téméraire, & indigne d'être secouru. Mais si c'est mon libérateur même qui m'expose : c'est alors une preuve qu'il veut vaincre ; & je dois être moins occupé du combat, qui paroît me regarder seul, que de la victoire qu'il veut partager avec moi. Je n'éxamine point alors comment il peut me délivrer. Je ne vois rien en détail: mais j'espere tout. Je tâche de répondre à sa bonté infinie par une confiance infinie. Il peut infiniment plus de choses que je n'en sçaurois comprendre : mais j'ai la consolation d'en attendre autant de lui, qu'il est résolu d'en faire pour me protéger.

L'Eglise, en répétant sans cesse les paroles de cet admirable Pseaume, est persuadée qu'il n'a pas pour unique,

ni même pour principal objet, la protection temporelle de David. Elle croit
y voir des promesses qui regardent tous
ses véritables enfans; & elle les exhorte
à y mettre toute leur confiance. Si elle
se trompe aujourd'hui dans ce point important, ce sont les Apôtres que Jesus-
Christ lui a donnés pour maîtres, qui
l'ont trompée : car c'est d'eux qu'elle a
reçû les pseaumes comme sa priere,
& sa principale consolation. Si l'Eglise
ne se trompe pas, les pseaumes, & en
particulier celui que nous expliquons,
ne se bornent pas à la personne de David, ni aux principales circonstances de
sa vie. Les promesses que nous y lisons,
s'étendent à tous les saints & à tous les
élus. Elles embrassent tous les tems. Elles conviennent à chaque fidele qui ose
s'y fier. Elles ne tromperont aucun de
ceux qui y mettront leur confiance. Elles ne sont donc pas de simples conjectures, ou de simples vrai-semblances,
qui n'ont aucun solide fondement dans
la révélation divine. Elles ne sont pas
d'agréables illusions d'une imagination
séduite par la conformité des termes,
avec ses besoins, quoique le Prophête
n'y ait jamais pensé. Elles ne sont pas
une vaine extension de ce que le Saint-
Esprit n'a promis qu'à un seul : & elles

ne lui attribuent point ce qu'il n'a ni voulu, ni prédit.

David n'eſt plus parmi nous ; & ſi les pſeaumes ne regardent que lui, nous répétons ſans fruit ce qui ne nous eſt point donné. Nous eſpérons mal-à-propos, ce qu'il eſpéroit. Nous imitons à contre-tems la confiance. Nous croyons ſans fondement, ce qui n'étoit raiſonnable ni fondé que pour lui. Nous nous rempliſſons de faux préjugés, & nous les faiſons paſſer aux autres auſſi imprudemment, que nous les avons reçûs de ceux qui nous ont précédés. Notre piété en un mot porte en l'air ; elle eſt toute arbitraire, & c'eſt plûtôt un uſage introduit par l'ignorance du vrai ſens des pſeaumes, que le fruit de la lumiere & de l'intelligence.

℣. 4. J'ai demandé une ſeule choſe au Seigneur ; & je ne ceſſerai de la lui demander : c'eſt d'habiter tous les jours de ma vie dans la maiſon du Seigneur.

℣. 4. *Unam* * *petii à Domino, hanc* * *requiram, ut inhabitem in domo Domini omnibus diebus vitæ meæ.*

* C'eſt ſelon l'Hebreu ; il faut traduire : *Vnum hoc.*

Autant que je suis en repos sur ce qui ne regarde que ma sûreté & ma vie, autant je suis plein de désir & d'impatience pour un autre bien, qui m'est plus précieux que ni ma vie ni ma sûreté. Je ne pense qu'à ce seul bien : je le demande seul : je le demande toûjours. Tout le reste sans lui m'est indifférent, ou même insipide. Avec un tel bien, je consens avec joye de manquer de tous les autres, si néanmoins il est possible, quand on l'a, de manquer de quelque chose. C'est, ô mon Dieu, que je puisse entrer dans votre maison, & qu'il me soit permis d'y demeurer toute ma vie. Un seul jour auprès de vous, vaut mieux que mille autres. La moindre place dans votre maison, est préférable à toutes celles qu'on peut avoir auprès des grands de la terre, qui ne le sont d'ordinaire que par leur orgüeil & leurs crimes. Je ne veux de distinction, que celle de la piété. Je renonce à toute autre gloire qu'à celle de vous servir. Donnez à d'autres, si vous le voulez, le diadême & le trône : je ne vous demande que d'être l'un de vos domestiques. Que je sois ignoré de tous les hommes, pourvû que je sois connu de vous. Que je sois même dans l'indigence, s'il est nécessaire, pourvû que je ne sois pas éloigné de votre préfence. Tout ce que vous me donneriez, en me refufant ce bonheur, me laifferoit dans la pauvreté. Otez-moi tout, & mettez-moi auprès de vous, & je ferai fatisfait. Ceux qui fe contentent des autres biens, font fans ambition. Vous feul, ô mon Dieu, pouvez remplir la mienne : & tout ce qui n'eft pas vous, eft à mon égard une véritable mifere.

Délivrez-moi, Seigneur, d'une perfécution qui m'éloigne de votre tabernacle, & qui me fépare de votre autel. Exercez-moi, s'il m'eft utile d'être encore éprouvé. Mais que ce ne foit plus par cette efpéce d'anathéme qui m'interdit la participation des chofes faintes, & qui eft comme une image de votre colere contre moi. Les jugemens que les hommes font de moi, me touchent peu. Leur haine & leur calomnies ne vont point jufqu'à me troubler. Mais je ne puis foutenir la penfée, que c'eft peut-être un châtiment, plûtôt qu'une épreuve falutaire, que je fois ainfi féparé de vous. Je puis avec votre fecours tout fouffrir du côté des hommes : mais tout ce qui porte quelque idée que vous êtes irrité contre votre ferviteur, m'eft infupportable, & doit me l'être.

Il me semble, ô mon Dieu, que je n'ai qu'un devoir en cette vie, qui est celui de vous adorer, & de vous rendre graces. Toutes les autres occupations me déplaisent, & elles me paroissent toutes des distractions à l'égard de celle qui est uniquement nécessaire. Pourquoi ne m'est-il pas permis de ne vivre que pour vous, puisque je ne suis qu'à vous ? Pourquoi la religion ne remplira-t'elle pas toute ma vie, puisqu'elle doit m'occuper tout entier ! Faites, Seigneur, que tout ce qui partage maintenant mon esprit, céde à l'unique soin de vous plaire. Bannissez mes inquiétudes. Donnez-moi le calme, & la paix. Fixez mon cœur, & mes désirs, en m'établissant pour toûjours dans votre maison. Et après beaucoup d'agitations, & de mouvemens, permettez-moi de me réunir tout entier dans votre amour.

Ut videam vo-luptatem * *Domini, &* † *visitem templum ejus.*	Afin que je contemple les beautés que le Seigneur y a tracées, & que j'étudie avec attention son temple.

* נעם *amænitatem.*
† לבקר *ut scæulò inquiram.*

Saint Jérôme traduit, *ut videam pulchritu-
dinem Domini, & attendam templum ejus.*

Il y a dés myfteres infinis dans tout
le culte public, dans la ftructure du tabernacle, dans les différens facrifices,
dans tout ce qui a été révélé à Moyfe
fur la montagne, & établi par fon miniftere. J'ai reçû l'intelligence de plu-
fieurs de ces myfteres ; & Dieu a bien
voulu m'inftruire en fecret des profondeurs de fa fageffe. Je pafferois les jours
& les nuits à les méditer, à les comparer, à les pénétrer avec un humble refpect, fi j'avois le bonheur d'habitèr auprès de l'arche, & de l'autel. Je verrois
fur la terre une légere ébauche du ciel.
Je confidérerois dans les victimes, celle
que nous attendons. Je verrois dans leur
fang l'image de celui qui doit nous laver.
Je foupirerois en voyant le fanctuaire
fermé, & inacceffible à tout autre qu'au
grand-prêtre, mais qui en entrant laiffe
toûjours le voile abattu. Je m'enflam-
merois par la vuë des figures, dans l'a-
mour de la vérité. Je ferois plus occupé
de ce qui nous eft promis, que de ce
que nous avons reçû. Je monterois par
dégrés jufqu'à la véritable maifon de
Dieu ; & un temple me conduiroit à un
autre. *Afin que je contemple les beautés
que le Seigneur y a tracées, & que j'étudie
avec attention fon temple.*

C'eſt la maiſon éternelle, c'eſt le temple où Dieu réſide avec tout l'éclat de
ſa majeſté, que j'ai principalement en
vûë. Toutes mes expreſſions le ſignifient, & elles ne peuvent être priſes à
la lettre, ſans découvrir ma penſée. Car
il ne m'eſt point permis, ſelon la loi,
d'habiter dans le tabernacle, ni dans les
parvis des Prêtres & des Lévites. Il
m'eſt défendu d'entrer dans le ſanctuaire où réſide l'arche, & même dans
la premiere partie, où eſt l'autel des
parfums. Ce ſeroit une témérité, &
non une action de religion, ſi j'oſois
éxaminer avec les yeux ou les mains,
ce que les voiles me cachent. Il eſt d'ailleurs difficile qu'étant appellé à la royauté, toute ma vie ſe paſſe dans le temple. Je n'aurois pas été éxaucé, ſi je n'a-
vois demandé que cela : & j'aurois eu
tort de regarder ce privilége comme
l'unique grace que je duſſe déſirer,
puiſqu'il étoit au pouvoir des hommes
d'y mettre obſtacle ; & qu'un homme
de bien peut être éloigné du temple extérieur, ſans avoir pour cela moins de
vertu ; comme un injuſte peut y entrer
ſans en devenir moins criminel. Mais ſi
l'on compare mes expreſſions & mes déſirs avec l'auguſte temple où Dieu ſe
découvre à ſes ſerviteurs : il ne faut rien
ſuppléer,

suppléer, rien diminuer , rien expliquer dans ce que je dis ; & cela seul est une preuve de ce que j'ai pensé en le disant.

℣. 5. Car il me cou vrira de l'ombre de son tabernacle dans les jours d'afflictions: il me retirera dans le secret de son temple.

℣. 5. *Quoniam abscondit me in tabernaculo suo* * *: in die malorum protexit me, in abscondito tabernaculi sui.*

* Dans l'hébreu & dans le grec , *in die malorum*, est joint à la premiere partie.

Dans l'original tout est au futur , & il semble que le sens en est plus clair.

Je vous demande , Seigneur , avec instance, que vous me permettiez de chercher un asile auprès de votre maison , & que vous me délivriez de la vie errante & tumultueuse que je mene. Il me semble qu'alors je serois couvert par la nuée même , qui couvroit autrefois le tabernacle ; & que la majesté de votre présence écarteroit tous mes ennemis, comme elle a souvent écarté les rébelles qui avoient conjuré contre Moïse. Vous me cacheriez dans un lieu inconnu à tous les hommes. Vous me rendriez invisible à leur égard. Vous me couvririez d'une ombre salutaire ; & au lieu que je suis occupé de mille foins , je n'aurois que celui de vous bénir & de vous rendre graces.

Pendant ce tems-là , les jours de tentation & d'orage paſſeroient. J'attendrois en paix que vos momens fuſſent arrivés. Je donnerois lieu à la colere de mes ennemis , & je ne les aigrirois pas , en donnant malgré moi quelque prétexte à leur défiance & à leur jalouſie. Pourquoi faut-il que j'employe l'intervalle , que votre providence a jugé néceſſaire , à changer de retraites , à chercher des lieux ſûrs , à vivre dans une continuelle inquiétude ! Pourquoi ces années ſi précieuſes ne ſont-elles pas employées à un ſaint loiſir , où vous m'inſtruiriez en ſecret , & où je vous écouterois avec une conſolation infinie ! Pourquoi ne me traitez-vous pas comme Moïſe , en me conduiſant comme lui dans la ſolitude , juſqu'à ce que le tems de ma manifeſtation ſoit venu ! J'ai regret à tout ce que les diverſes néceſſités , qui me preſſent , m'enlevent de tems. Je leur donne , en gémiſſant , l'attention que je ne puis leur refuſer. Et je ſouhaiterois , Seigneur , que puiſque je n'ai d'ennemis que ceux qui ſont les vôtres , vous priſſiez ſeul le ſoin de me défendre, & que je ne fuſſe que ſpectateur de votre victoire.

℣. 6. Il me placera sur une roche élevée: & dès maintenant, il me rendra supérieur à tous mes ennemis, qui m'environnent.

℣. 6. * *In petrâ exaltavit me, & nunc exaltavit caput meum super inimicos meos.*

* Dans la division des verfets de l'hébreu, *in petrâ exaltavit me*, eſt joint au verſet précédent.

C'eſt encore ici un futur, ſelon le texte primitif.

Vous avez, Seigneur, une infinité de moyens, pour me délivrer de mes ennemis, ſans qu'il m'en coûte ni diſtraction, ni inquiétudes. Vous pouvez m'élever ſur un lieu où ils ne puiſſent atteindre, ſi vous ne voulez pas me cacher dans votre tabernacle. Vous pouvez me tranſporter ſur la montagne de Sinaï, où Moïſe a été deux différentes fois, pendant pluſieurs jours, uniquement attentif à vous, & à votre loi. Vous pouvez me préparer un lieu, d'où je regarde ſans crainte tous les efforts de ceux qui me haïſſent, & où j'aye la liberté de ne penſer qu'à vous. Vous pouvez enfin, Seigneur, terminer mes agitations en terminant la guerre qu'on me fait. Accompliſſez votre ouvrage, & délivrez votre ſerviteur. Soumettezmoi ceux que vous avez promis de me soûmettre. Rendez-moi la paix intérieure, en m'accordant celle du dehors. Faites que je n'aye plus d'ennemis, afin que je ne sois plus partagé dans le culte que je dois, & que je désire vous rendre.

Circuivi, & immolavi in tabernaculo ejus hostiam * *vociferationis; cantabo, & Psalmum dicam Domino.*

* Heb. *hostias.*

תרועה
jubili. S. Jérôme, *clangens.*

Je lui offrirai dans son tabernacle des sacrifices accompagnés des cris de joie : je chanterai des cantiques & des hymnes à la loüange du Seigneur.

Dans le texte original, le terme que la vulgate, en suivant les Septante, (a) a traduit par celui de *circuivi,* signifie, *circuitus mei,* ou, *circum me.* Et il est joint avec la fin du verset précédent dans le texte, & par S. Jérôme : *Nunc quoque exaltabit caput meum super inimicos meos, qui sunt in circuitu meo.*

(a) Les Septante ont lû סבותי *circuivi,* au lieu que nous lisons סביבותי *circuitus mei.*

Lorsque vous m'aurez affermi sur le trône, ô mon Dieu, & que je n'aurai plus d'ennemis, je ne serai occupé que de la religion. Je ne penserai qu'à vous rendre graces ; & je m'acquitterai

alors de tous les vœux que je fais maintenant. Je multiplierai les sacrifices : j'y
joindrai des pseaumes & des cantiques : j'employerai les trompettes &
les instrumens. Je me livrerai sans mesure aux sentimens qui sont maintenant
retenus. Je tâcherai de suppléer à l'impuissance de ma voix, par des instrumens,
dont le son soit plus fort & plus éclat-
tant. Je soulagerai mon cœur, en lui
prêtant & ma voix, & celle de tous les
Lévites, & même de tout Israël. Je
témoignerai mon ravissement par des
transports, où j'oublierai tout, excepté
la piété, & où je ne me souviendrai d'ê-
tre roy, que pour vous en rendre graces, & pour en être devant vous plus
humble & plus petit. Je regarderai les   2. Livre
bienséances inventées par les hommes,   des Rois,
                                             ch. 6. v.
& attachées à ma dignité, comme une   15. & 16.
gêne inutile & contraire à mon zele.
Je paroîtrai yvre d'amour, & de reconnoissance. Je le serai en effet. Et cette   Ibid. v.
                                             21. & 22.
yvresse, qui viendra de votre esprit, ne
servira qu'à me rendre plus sage, & plus
modeste, en me portant à m'humilier
devant vous sans égards, & sans ména-
gement, ni pour moi, ni pour tout le
peuple qui en sera témoin : *Je lui offri-*
rai des sacrifices accompagnés de cris de
joye, & je chanterai des cantiques &

des hymnes à la loüange du Seigneur.

✝. 7. *Exaudi, Domine, vocem meam, quâ clamavi ad te ; miserere mei, & exaudi me.*	✝. 7. Seigneur, écoutez ma voix, je crie vers vous : ayez pitié de moi , & éxaucez-moi.

Mais , en attendant ma liberté , je gémis maintenant , & je vous expose ma douleur dans ma priere. Ecoutez mes cris , & soyez touché de mon état. Voyez à quoi se passe ma vie , & prenez compassion d'une situation aussi triste & aussi contraire au désir de me consacrer tout à vous , qu'est la mienne. C'est vous-même , Seigneur , qui me la rendez pénible , en me faisant éprouver dans de certains momens combien vous êtes doux , & combien je serois heureux si je pouvois l'éprouver toûjours. Vous me découvrez , comme dans un éclair rapide, des mysteres, qui demanderoient une profonde paix , pour les approfondir. Vous me détrompez tous les jours de la vanité des grandeurs que les hommes admirent. Vous m'apprennez qu'un seul jour, passé tranquillement auprès de vous, surpasse tous les biens du monde. Et après cela, Seigneur, vous me laissez en proye à mille soins dévorans: vous

me refusez tout loisir & tout repos :
vous permettez à peine que je m'entre-
tienne quelques instans avec vous :
vous me laissez porter tous le poids du
jour, sans rafraichissement & sans consolation. Et pourquói, Seigneur ! Pour
une dignité que je ne vous ai point dé-
mandée, que je ne désire point, &
qui ne vaut pas les inquiétudes qu'elle
me cause. *Ayez pitié de moi, & éxaucez-
moi.*

| ℣. 8. Mon cœur vous parle : mon visage vous cherche, Seigneur, je chercherai toûjours le vôtre. | ℣. 8. *Tibi dixit cor meum, exqui-sivit * te facies mea, faciem tuam, Domine, requiram.* |

* Il y a dans le texte, *quarite faciem meam* בקשו פני. Mais il faut lire, *quasivit vultus meus* בקשו פני, comme traduit S. Jérôme. L'autre ponctuation obscurcit ce qui étoit fort simple & fort clair ; & il y a de l'apparence que les Massoretes ne l'ont préférée, que parce qu'ils n'ont pas compris le sens de, *dixit cor meum*, & qu'ils ont crû que ce qui suit, est la chose que le cœur ou l'esprit de David avoit pro-noncé. L'interprête latin a bien suppléé, *te*, qui manque dans l'original, & qui ne manque peut-être que parce qu'il falloit répéter deux fois את פניך. & qu'en copiant, l'un des deux a été omis ; ce qui arrive quelquefois.

Mon cœur, au milieu de ses agitations, s'en plaint à vous par son amour. Il soupire de ce que vous ne lui permettez pas de se fixer, & de se reposer en vous. Il vous parle par ses désirs ; & sa seule consolation, est de s'affliger en votre présence de ce que vous vous refusez à lui. Il vous suit, & vous paroissez le fuïr. Il vous cherche, & vous vous cachez. Il s'élance vers vous ; & parce qu'il ne vous trouve pas, ou qu'il ne vous trouve que pour vous perdre de vûë un moment après, il retombe dans lui-même par son propre poids ; & il compare tristement ses ténebres à votre lumiere, & sa misere au bien qui est en vous.

Je crois être dans une sombre nuit, quand je ne vous vois pas : & cette nuit est encore plus réelle que je ne pense. Quand le soleil est sous l'horison, toute la nature disparoît, & elle est à notre égard, comme n'étant plus. Quand vous vous cachez, Seigneur, qu'est-ce que tout ce qui est visible ! Quel intérêt y ai-je ! En quoi peut-il me rendre heureux ? Je ne vois plus alors ni la lumiere qui doit me conduire, ni le sentier où je dois marcher. Tout est pour moi couvert de ténebres ; tout est pour moi plein de dangers. Mes yeux alors vous cherchent par tout.

Mon visage attend & désire le vôtre.
Je marche alors comme à tâtons, pour
aller au-devant de vous. Je marche au
son de votre voix sans vous discerner.
Mais, jusqu'à ce que vous paroissiez,
je serai dans le gémissement & les larmes : & jusqu'à ce que vous paroissiez,
je vous chercherai.

℣. 9. Ne me cachez pas votre visage : ne vous détournés point de votre serviteur dans votre colere.

℣. 9. *Ne avertas faciem tuam à me, ne declines* ✱ *in* ✱ *ira à servo tuo.*

* Dans le texte, il y a, *ne declinare facias in iram servum tuum :* אל תט באף עבדך , ce qui est dur dans la construction, & ne signifie rien. Il faut אל תט , *ne declines in irâ tuâ à servo tuo.* La traduction de S. Jérôme est conforme. Comme on peut être touché de ce que la pré-position, *in*. manque dans le texte ; il est bon de sçavoir qu'elle n'est pas nécessaire : *ne præter-mittas in irâ servum tuum.*

Je sçai, ô mon Dieu, que dans cette
vie, il est rare que vous vous montriez;
& que nous ne serions pas éxilés, si
nous vous voyions souvent dans notre
éxil. Mais je crains que ce qui est pour
d'autres une conduite utile à leur salut,
ne soit pour moi un effet de votre colere. Je ne sçai, lorsque je ne vous vois

pas, si vous vous cachez pour vous faire désirer, ou pour me punir. Je ne puis, & je ne dois pas sonder vos jugemens. Mais la seule incertitude où ils me laissent, me glace de crainte. Je consens à tout, excepté à devenir l'objet de votre colere. Traitez-moi comme il vous plaira, mais que ce soit toûjours par miséricorde. Si vous vous cachez, que ce soit pour me rendre plus attentif & plus humble. Si vous vous montrez, que ce soit pour m'inspirer plus de patience dans les maux, & plus de courage. Regardez-moi toûjours comme votre serviteur. Ne méprisez dans aucun tems ma confiance & mon amour. N'affectez pas de m'éviter, lorsque je vous cherche. Ne souffrez pas que je m'engage dans des sentiers qui m'éloigneroient de vous, où j'entrerois par imprudence, & où vous me laisseriez continuer pour m'en punir.

*Adjutor meus esto * ; ne derelinquas me, neque despicias † me Deus salutaris * meus.*	Vous êtes mon appui, ne me quittez pas : ne m'abandonnez pas, ô Dieu, mon Sauveur.

* Heb. *auxilium meum fuisti.* S. Jérôme traduit ainsi.

† Heb. *nec dimittas me*, S. Jérôme.

* Heb. *Deus salutis meæ*, ou, *salvator meus.*

Vous avez été jufqu'ici , ô mon Dieu , ma force , mon appui , mon conſeil , ma fageſſe : ne m'abandonnez pas au milieu de ma courſe ; & ne laiſſez pas votre ouvrage imparfait. Je ſçai que rien ne m'eſt dû ; & ce n'eſt point par une fauſſe modeſtie, que je vous ſupplie de ne me point abandonner. Je vous en donne de très-frequens & de très-juſtes ſujets ; & c'eſt par la connoiſſance de mes infidélités , que je ſuis ſi allarmé ſur le châtiment qu'elles méritent. Mais, Seigneur , dès le commencement ne m'avez vous pas connu ! Avez-vous éxigé de moi quelque choſe , quand vous m'avez choiſi , qui dût précéder votre choix ! Et puis-je vous donner le premier, ou pour commencer, ou pour perſévérer , ce que je n'aurois pas reçû de vous ! Prévenez mes fautes , ou pardonnez-les. Ne m'expoſez point aux dangers , ou délivrez-m'en. Faites toûjours , ce que vous avez fait jufqu'ici. Conſervez , & augmentez même , les ſentimens d'humilité que vous m'avez inſpirez. Eloignez de moi toute préſomption , & toute ingratitude. Rendez ma priere continuelle & ſervente. Rempliſſez-moi de ſaints déſirs ; & pénétrez-moi d'une vive crainte d'être ſéparé de vous. C'eſt ce que je vous demande, en vous suppliant de ne me pas abandonner : car vous étés bien près des humbles ; & quand vous nous rendez tels , nous sommes bien près de vous.

℣. 10. *Quoniam pater meus & mater mea dereliquerunt me ; Dominus autem assumpsit * me.*

* Heb. *collegit me.*

℣. 10. Car mon pere & ma mere m'ont abandonné : mais le Seigneur a pris soin de moi: *à la lettre :* m'a ramassé.

1. Livre des Rois, ch. 22. ℣. 1.

Il est rapporté dans le premier livre des Rois, que les freres de David , & tous ceux de sa maison , se rendirent auprès de lui dans le désert, & s'attacherent à ses intérêts. Son pere & sa mere sont nommés en particulier dans le même endroit. Ils étoient avec lui dans Maspha , place forte du païs de Moab ; & il les recommanda au Roy de Moab, quand il sortit de ses états. On ne voit donc pas comment il peut dire qu'il en a été abandonné. Et l'on voit encore moins le préjudice qu'ils lui auroient porté en l'abandonnant, puisqu'ils n'étoient point en état de le secourir, & qu'ils n'étoient capables que de lui donner du soin & de l'inquiétude.

Ibid. ℣. 3. & 4.

Mais David parle d'un autre tems,

& il remonte aux premieres années de
sa vie. Et voici le sens de ses paroles.
Je suis né, dit-il, après plusieurs freres, tous plus grands, & mieux faits
que moi. J'ai été négligé, comme le
font ordinairement les derniers dans les
familles nombreuses. On ne m'a crû
capable, que de l'emploi de berger. Et
mon pere & ma mere, en me reléguant
à la campagne, non-seulement n'ont
pris aucun soin de mon éducation, mais
ils ont presque oublié que je fusse leur
fils. Cela parut clairement, lorsque Samuël vint pour moi dans la maison de
mon pere : car ils firent venir devant lui
tous mes freres, sans se souvenir de moi ;
& il fallut que le Prophéte me rappel-
lât dans leur mémoire, en leur demandant s'ils n'avoient point encore un autre fils. Après même l'onction royale,
qui fût répanduë sur ma tête, je ne
leur parus digne que de mon premier
emploi. Et c'étoit si fort l'opinion de
toute ma famille, que je ne pouvois
rien prétendre de plus, qu'Eliab mon
aîné, à qui, par l'ordre de mon pere,
j'avois porté des raffraichissemens à l'armée, (a) m'accusoit d'orgüeil, parce

1. Livre des Rois, ch. 6. v. 7. & suivans.

Ibid. v. 11.

Ibid. v. 19. ch. 17. v. 15.

1. Livre des Rois, ch. 17. v. 28.

(a) Pourquoi êtes-vous venu, & pourquoi avez-vous
abandonné dans le désert ce
peu de brebis que nous avons?
Je sçai quel est votre orgüeil &
la malignité de votre cœur,
& que vous n'êtes venu ici
que pour voir le combat. 1.
Livre des Rois chap. 17. v. 6.

que, même pour son service, j'avois quitté un moment mes brebis.

Mais dans le tems, où mon pere & ma mere m'avoient oublié, de quelle miséricorde Dieu ne me prévint-il point! Quel soin ne prit-il pas de m'instruire! Quels mysteres ne me découvrit-il pas? Avec quelle bonté la sagesse éternelle s'abbaissa-t-elle jusqu'à un enfant! Avec quelle tendresse me tint-elle lieu de mere! Avec quelle familiarité s'entretint-elle avec moi! Les hommes ignoroient mon bonheur: mais il n'en étoit que plus en sureté, de ce qu'ils l'ignoroient. Ils me méprisoient : & Dieu me traittoit comme son fils. De-là vient tout ce que je sçai aujourd'hui. Et de-là vient aussi cette conduite égale que j'ai tenuë, dans l'humiliation, & dans la gloire, sans m'étonner ni de l'une ni de l'autre ; sans être surpris de ce qu'on me choisissoit pour Roy , sans être touché de ce qu'après un tel choix, on me laissât dans la condition de berger.

Ce sont ces premieres miséricordes, non-seulement gratuites & inespérées, mais singulieres & miraculeuses , qui me consolent dans mes afflictions, & qui nourrissent mon espérance pour l'avenir. Je pense à ce que j'étois par moi-même, & à ce que je suis devenu par la bonté de Dieu. Je ne puis croire qu'il ait eu pour moi dans le commencement tant d'indulgence , & même tant d'amour , & qu'il m'abandonne dans la suite. Ce que j'ai éprouvé, me raſſure contre ce que je crains. Je me demande, ſi dans ces premiers tems, je méritois quelque choſe, ſi j'avois même l'idée des biens que j'ai reçûs, ſi j'ai pû déſirer ce qui m'étoit abſolument inconnu ? Et je m'exhorte ainſi à eſpérer , que de tels biens ne me feront pas refuſez, maintenant que j'en connois le prix, que je les demande avec inſtance , & que je joints à la priere de vives actions de graces pour le paſſé.

℣. 11. Seigneur, enſeignez-moi votre voye, & conduiſez-moi dans un ſentier droit à cauſe de mes ennemis.	℣. 11. *Legem pone * mihi Domine in viâ tuâ, & dirige † me in ſemitam rectam propter inimicos meos.*

* *Doce me viam tuam.*
† S. Jérôme *oſtende* , heb. *deduc me.*

Vous m'inſtruiſiez, Seigneur, de vos volontez les plus ſecrettes, lorſque je n'étois qu'un enfant & qu'un ſimple berger. Je n'étois alors expoſé à aucun

péril important. Mon emploi me fer-
voit d'aſile, en me cachant au monde,
& à ma propre famille, qui ajoûtoit à
vos dons une nouvelle ſureté, en me
mépriſant. Mais maintenant je marche
au milieu des piéges & des périls. Tous
mes pas ſont d'une dangereuſe conſé-
quence ; & le ſentier étroit, où je ſuis,
eſt bordé de précipices. Enſeignez-moi,
Seigneur, moment à moment ce que je
dois faire. Marquez-moi tous mes devoirs en détail, & ne laiſſez rien à ma
propre ſageſſe à décider. Je vous inter-
roge ſur tout : répondez-moi, s'il vous
plaît, ſur tout. Les plus petits événemens en apparence, ont des liaiſons avec
les plus importans & les plus eſſentiels,
& ces liaiſons ne ſont connuës que de
vous. Je ne découvre qu'un point à la
fois, mais vous voyez tout. Mes conjectures ſont foibles & incertaines :
mais votre lumiere diſſipe tous les nuages, & leve toutes les perpléxitez. Je
dois toûjours vous obéïr : parlez-moi
donc toûjours. Votre volonté eſt mon
unique régle ; daignez donc, s'il vous
plaît, me la manifeſter en toutes choſes.

Mais ne vous contentez pas de cette
grace : conduiſez-moi par la main, &
ſoutenez-moi. Je puis voir le chemin ,
&

& tomber, parce que je suis foible. Je puis le voir, & refuser d'y marcher, parce que je suis injuste. Ne vous reposez sur moi de quoi que ce soit. Je suis à moi-même mon propre séducteur ; & je ne vous suis fidele, qu'à proportion de ce que vous ayez de bonté & de miséricorde pour moi.

Mes ennemis, que votre protection étonne, esperent qu'elle ne durera pas toûjours. Ils ne sçavent même, si c'est votre assistance, ou ma seule bonne conduite, ou même le hazard, qui m'a jusqu'ici délivré de leurs mains. Ils attendent qu'un malheur, ou une imprudence de mon côté, leur apprennent si l'espérance que j'ai en vous, est bien fondée, & si ce que je dis de vos promesses, est un artifice de ma part, ou une vérité. Délivrez-moi pour l'intérêt de votre gloire. Sauvez la religion, en me sauvant ; & n'éxaminez pas si je mérite votre secours, mais si vos ennemis n'insulteront pas à vos Prophétes, & à la piété, au cas que vous m'abandonniez.

℣. 12. Ne m'abandonnez pas à la passion de ceux qui me	℣. 12. *Ne tradideris me in animas * tribulantium* * Heb. *anima*

me, quoniam insur-
rexerunt in me tes-
tes iniqui*, & men-
tita est iniquitas si-
bi.

persécutent : parce-
que de faux témoins
se sont élevés contre
moi, & que leurs ca-
lomnies sont éviden-
tes : *Ou* : & qú'ils ont
avancé en l'air des ca-
lomnies contre moi.

* *Mendacii falsi*, רופח חמס. *& apertum men-*
dacium, S. Jérôme. Ou, *aperta iniquitas, vio-*
lentia. C'étoit comme avoit traduit Aquila au
rapport de Théodoret : ϗ, ἐξεφάνη ἡ ἀδικία, *&*
apparuit iniquitas. On ne voit pas néanmoins
comment ce qui est dit dans le texte, peut
avoir ce sens à moins que les Septante, S. Jérôme & Aquila n'ayent lû, יפתח, au lieu que
nous lisons maintenant, יפח de פוח *loquens*,
ou, *flans. Loquutus est*, *sufflavit.*

Il y a beaucoup d'apparence, que le nom,
ou le verbe, qui est dans l'original ; avoit une
signification odieuse, & connuë de tout le
monde, comme calomniateur, inventeur de
choses fausses. Et alors les Septante ont rendu
le sens par une périphrase, sans s'attacher ri-
goureusement aux termes. Il y a dans le 6. chapitre des Proverbes, verset 19. une expression
très-semblable à celle-ci. יפיח כוזבים עד שקר
proferens mendacia testis fallax. Peut-être que
le texte de quelques exemplaires avoit יפתח,
aperietur.

Mes ennemis sont préparés à me dévorer : mais sans vous, ils ne peuvent
rien contre moi. Ne me livrez pas à

leur haine & à leur fureur, & éxaucez
plûtôt ma priere que leurs injustes défirs. Vous paroîtrez, Seigneur, en leur
permettant de m'engloutir, justifier les
calomnies dont ils me noircissent, &
autoriser les faux témoignages qu'ils
portent contre moi. Je consens à mourir, si je vous déplaîs : & je vous offre
avec une pleine soumission le sacrifice
de ma vie : mais je ne puis me résoudre
à mourir comme rébelle, ou comme
séditieux. Je ne sçaurois empêcher, que
des hommes sans conscience & sans honneur, ne m'accusent de l'être ; & qu'ils
ne soient écoutés par un prince soup-
çonneux, à qui tout paroît vrai-semblable, quand il s'agit de son autorité. Mais
l'évidence est absolument pour moi ; &
rien n'est plus clair que mon innocence.
Ceux qui m'accusent en secret, n'oseroient le faire en public. Ils m'attribuent des desseins, dont les uns com-
battent les autres. Et je n'ai besoin que
de leurs propres contradictions, pour
me justifier, & pour les convaincre.

Mais si je tombe dans leurs mains,
les plus fausses accusations deviendront
des crimes prouvés. Tout sera crû, si
je suis malheureux. On jugera de moi
par l'événement. Et le moindre des re-
proches qu'on me fera, sera celui d'a-

E e ij

1. Livre
des Rois,
ch. 16. ⅴ,
19.

Ibid.
ch. 24.
ⅴ. 10,

voir été trompé par de fausses espérances. On y ajoûtera l'imposture, l'hypocrisie, la révolte, & l'ingratitude. Délivrez-moi de l'apparence de tous ces crimes, en me continuant votre protection. Et repoussez les bêtes farouches, que votre présence a tenuës jusqu'ici dans le respect.

Il paroît surprenant, que David supplie avec tant d'instance de n'être point livré à ses ennemis, après avoir dit si hautement qu'il ne craignoit rien, parce que Dieu étoit sa lumiere & son protecteur. Il est, ce semble, maintenant trop timide, ou il étoit au commencement trop assuré. Mais nous nous trompons, si nous jugeons la priere contraire au courage, ou à la confiance. Elle en est la source, parce que c'est elle qui obtient le secours de Dieu : & la priere la plus efficace, est la plus humble. Les saints ont une charité qui croit tout, & qui espere tout : mais ils ont aussi une humilité qui ne s'attribuë rien. Ils sçavent que la miséricorde de Dieu a tout promis. Mais ils sçavent aussi à qui elle a tout promis. Sa bonté qui ne les traitte pas selon leurs mérites, ne les aveugle pas. Ils s'y fient, sans devenir présomptueux, & ils demandent ce qu'elle leur a préparé, comme n'y aïant aucun droit, que par ce qu'elle le leur a préparé. Leur unique titre, est la promesse qui leur est faite. Ils ne peuvent remonter plus haut : car cette promesse ne leur étoit pas dûë. Mais ils osent s'appuyer sur ce titre, & représenter à Dieu avec une profonde humilité, que si elle ne s'accomplissoit pas, il n'y auroit que les ennemis de sa gloire qui s'en réjoüiroient; & que ce seroit pour tous ses serviteurs la matiere d'une douleur éternelle : *Ne m'abandonnez pas à la passion de ceux qui me persécutent : parce que de faux témoins se sont élevez contre moi, & qu'ils ont avancé en l'air des calomnies contre moi.*

℣. 13. Je suis certain de voir un jour les biens du Seigneur dans la terre des vivans.

℣. 13. *Credo videre bona Domini, in terrâ viventium.*

Il y a dans le texte primitif: *Si non credidi :* Si je ne suis certain : ce qui est une maniere d'assurer avec une espéce de serment: *Ego autem credo quòd videam bona Domini,* S. Jérôme. Ceux qui croyent qu'il faut suppléer : *Defecissem in istis malis, si non credidissem,* affoiblissent la pensée & l'expression du Prophéte.

Pour entrer dans son sentiment, il est nécessaire d'expliquer ce qu'il entend par * la terrre des vivans. Les uns pensent qu'il entend le ciel : & les autres qu'il entend cette vie. Ces derniers le prouvent par ce qui est dit dans le cantique d'Ezéchias : (a) *J'ai dit, je ne verrai plus le Seigneur mon Dieu dans la terre des vivans. Je ne verrai plus aucun homme, aucun de ceux qui habitent dans le monde.* Ce qui signifie, je ne verrai plus le temple, ni Jérusalem, ni ceux qui y habitent. Et ils le prouvent encore plus clairement par ce qui est dit du Messie dans le 53. chapitre d'Isaïe (b) *Il a été retranché de la terre des vivans. Je l'ai frappé à cause des crimes de mon peuple.* Car il est évident que cette expression ne signifie que sa mort.

On peut néanmoins leur accorder le sens de ces passages, qui est incontestable, sans convenir qu'il soit le même dans le Pseaume que nous expliquons. Le terme, dont il s'agit, dans le propre, signifie cette vie : & dans le figuré, il peut signifier le ciel. Et pour connoître lequel de ces deux sens est le vrai, il faut éxaminer dequoi il est ques-

* Le Caldaïque, *terram vita æterna.*

Isaïe ch. 38. v. 11.

v. 8.

(a) Dixi : non videbo Dominum Deum in terrâ viventium, non aspiciam hominem ultrà.

(b) Abscissus est de terrâ viventium : propter scelus populi mei percussi eum.

tion. Lorsqu'on oppose la terre des vivans à la mort naturelle : il est clair que la terre des vivans, est l'état de cette vie. Mais si l'on oppose la terre des vivans à l'état même de cette vie : il n'est pas vrai alors qu'elle signifie cette vie.

Or, il paroît évident que David ne l'oppose pas à sa mort. Il est dans la terre des vivans prise dans le sens simple : & il dit qu'il en espere une autre. Il l'entend donc dans le sens figuré ; & les biens du Seigneur qu'il ajoûte à cette idée, & dont il espere d'avoir la joüissance, rendent cette explication très-vrai-semblable, pour ne pas dire certaine.

Il faut néanmoins supposer que David ne parle ici qu'en mystere, & qu'il couvre une espérance sous une autre : celle de voir Dieu, sous celle de voir son temple : celle de régner avec lui, sous celle de régner pour le faire connoître, & pour rétablir la majesté de son culte. [.

Je suis maintenant séparé du commerce des hommes, & je les évite comme mes ennemis, parce qu'ils ne sont attentifs qu'à me nuire. Les cavernes & les forêts me servent, comme aux bêtes sauvages, de tanieres & de retraites. A peine m'est-il permis de joüir de la lumiere, & je suis contraint de ne marcher presque que la nuit. Un homme enfermé vivant dans un tombeau, est l'image de ma vie ; & à comparer celle que je mene avec celle des hommes, qui ont une pleine liberté, elle mérite mieux le nom de mort, que de vie.

Mais elle en est encore bien plus digne par rapport aux éxercices publics de religion, dont je suis absolument exclus. Mon nom est devenu odieux, & personne ne se voudroit charger de présenter de ma part une victime aux ministres du Seigneur : une partie de la race d'Aaron a été égorgée pour une action d'humanité à mon égard, dont le grand Prêtre seul étoit coupable. Je n'oserois assister à aucune assemblée. Aucune fête ne l'est pour moi. Je suis plus étranger que ni les Iduméens, ni les Gentils. Je suis mort, & compté pour tel. Et il y a même des hommes assez méchans pour désirer que j'abandonne le culte de Dieu, & qui ne m'excluënt de l'héritage du Seigneur, que pour me contraindre à y renoncer : *Ils m'ont chassé aujourd'hui, afin que je n'habite point dans l'héritage du Seigneur, en me disant : Allez, servez les Dieux étrangers.*

1. Livre des Rois ch. 26. ℣. 19.

Mais j'atteste les promesses divines, & l'immuable

l'immuable vérité de celui qui m'a choisi pour son Christ, que malgré la triste
vie que je mene, & malgré tout ce qui
s'oppose à mon établissement sur le trône, je ne doute pas un seul moment,
que je n'y arrive, & que je ne passe
d'un état où l'on me croit mort & perdu, à un autre plein de gloire qui sera
l'admiration de tous les siécles.

Je ne serai pas seulement maître alors
de tout le pays, où l'on ne veut pas que
je possede tranquillement une seule caverne : j'aurai de plus une suprême in-
tendance sur le culte public, comme
Prophête, & comme représentant la
souveraine autorité du Messie. Et la
honte d'avoir été rejetté de toutes les
assemblées de religion, sera hautement
réparée par la gloire d'en être le modé-
rateur.

Mais ceux qui s'arrêteront à cela, &
qui ne verront rien de plus, ne sçavent
pas ce que j'entends par la terre des vivans. Je ne donne point ce nom à celle
d'Israël, où l'on ne vit pas plus long-
tems qu'ailleurs, & où les injustes sont
admis comme les autres. Le culte du
vrai Dieu qui y est connu, & qui la re-
leve infiniment au-dessus des autres nations, s'il se termine à la mort, est peu
de chose : puisqu'alors les impies & les

serviteurs de Dieu sont égalés. Je ne fais cas que de ce qui dure toûjours. Je n'appelle terre des vivans, que celle où l'on ne meurt point. Je ne regarde comme félicité, que celle qui ne finira jamais. Les biens du Seigneur que j'espere de voir, sont éternels : & la terre, où j'espere de les voir, est très-différente de celle-ci, qui, dans le dernier jour, ne couvrira que des morts. *Je suis certain de voir un jour les biens du Seigneur dans la terre des vivans.*

℣. 14. *Expe-cta Dominum, viriliter * age, & confortetur † cor tuum, & sustine * Dominum.*

* Heb. *conforiare.*

† Heb. *roboretur.*

* *expecta.*

℣. 14. Attendez le Seigneur, agissez courageusement : que votre cœur se fortifie, & attendez le Seigneur.

Il y en a qui croyent que David dans ce verset se parle à soi-même : & l'on ne peut douter, qu'il ne se mette du nombre de ceux à qui il parle. Mais il est visible (*a*) que son dessein est de parler à tous : & par cette exhortation générale, il découvre la véritable fin de tout le Pseaume que nous venons d'expliquer.

(*a*) La construction autrement seroit très-rude, & peu conforme au génie de la langue hebraïque.

Tous ceux, dit-il, qui sont appellés à un royaume, dont celui qui m'est promis, est le gage aussi-bien que la figure, auront comme moi des ennemis, seront comme moi long-tems éprouvés, seront abandonnés par les uns, & persécutés par les autres; verront contr'eux l'autorité & la puissance armée, seront jugés indignes de tous les droits de la société civile, & de tous ceux de la religion; succomberont à la calomnie; chercheront un asyle & auront peine à le trouver; meneront une vie errante, exposée à mille dangers, & pleine de perpléxités & d'inquiétudes. Mais Dieu qui me protége, m'ordonne de leur dire de sa part, qu'ils ne perdent jamais sa confiance en lui. Je parle ici à tous les saints de tous les siécles futurs, sans faire aucune distinction entr'eux. Leurs épreuves seront diversifiées en mille manieres: mais la promesse est pour tous: & ils ne peuvent y prendre une trop grande confiance. Le Seigneur les délivrera, s'ils l'attendent. Il viendra, s'ils l'esperent. Les délais sont inconnus: mais la fin est certaine. Ses serviteurs n'ont besoin que de patience & de courage. La vérité ne sçauroit les tromper: & elle subsistera après tout ce qui paroît l'obscurcir.

F f ij

Apoc.ch.
33. v.10.

Qu'ils se souviennent donc, que c'est ici le tems de la foi & de la patience des saints ; qu'ils opposent à de grandes tentations une grande fermeté , & à de longues épreuves une espérance qui dure plus qu'elles. Qu'ils s'appuyent, lorsqu'ils seront battus par les vents & par les flots, sur l'ancre immobile d'une confiance qui triomphe de tout, & qui s'éleve jusqu'au trône de Dieu ; qu'ils prient sans interruption & sans hésita-tion ; & qu'ils soient pleinement per-suadés qu'ils ne seront point trompés dans leur attente. *Mon fils lorsque vous*

Eccli.ch.
2. v.1.
jusqu'au
6.

entrerez au service de Dieu , [demeurez ferme dans la justice & dans la crainte ,] & préparez votre ame à la tentation..... humiliez votre cœur, & attendez avec pa-tience , [prêtez l'oreille, & recevez les paroles de la sagesse,] & ne vous hâtez point au tems de l'obscurité... [Souffrez les suspensions & les retardemens de Dieu,] demeurez uni à Dieu, & ne vous lassez point d'attendre, afin que votre vie soit à la fin plus abondante... Acceptez de bon cœur tout ce qui vous arrivera, [demeurez en paix dans votre douleur,] & au tems de votre humiliation, conservez la patience... [Car l'or & l'argent] s'épurent par le feu ; mais les hommes que Dieu veut recevoir au nombre des siens, s'éprouvent dans le fournçau de l'humiliation.

Mais si le juste, qui espere en Dieu, & qui l'attend, meurt avant le secours, que deviendra son espérance? Si ses ennemis lui ôtent la vie: s'il périt de faim, dans le désert, & dans les rochers, où il s'est caché: s'il est jetté dans une obscure prison, & ensuite oublié: si les calomnies dont on le noircit passent pour des crimes certains, & qu'il n'en soit point justifié en cette vie: de quelle utilité lui a été sa confiance en Dieu, & quel fruit lui a apporté sa patience! Il faut nécessairement que son espérance subsiste après sa mort; ou l'on l'exhorte en vain à espérer jusqu'à la fin. Le plus grand nombre des justes meurent dans l'oppression: & ce sont ceux qui meurent ainsi, qui donnent une plus grande preuve de leur justice. Ils recevront donc après cette vie, une récompense digne de leur foi & de leur courage: ou le Prophête les trompe en leur commandant de l'attendre.

Ces endroits de l'Ecriture, sont l'interprétation de tous les autres, où les biens futurs sont annoncés sous d'autres noms & sous d'autres images. Rien ne peut obscurcir la lumiere qui brille dans les uns; & il est juste que de là elle se répande sur tous les autres.

David, comme appellé divinement à

la royauté, eſt l'image de la vocation des ſaints, qui ſont appellés au royaume céleſte. Comme perſécuté, avant qu'il régne actuellement, il eſt l'image de ce qu'il en doit coûter aux ſaints pour régner. Comme régnant avec beaucoup d'éclat & de gloire, après avoir vaincu tous ſes ennemis, il eſt l'image de la gloire & de la paix des ſaints après leur victoire. Mais ce qui a été réuni dans David, eſt diviſé dans les ſaints. Ils éprouvent ici tout ce que ce Prophête a ſouffert : & ce ne ſera que dans une autre vie qu'ils ſeront comblés d'une gloire, dont celle de ce roi a été la figure.